Blockchain e Tecnologia

iCoLab
Instituto Colaborativo de Blockchain

Blockchain e Tecnologia

Livro 1 da coleção
"A Nova Economia e o Futuro da Sociedade"

BRASPORT

Rio de Janeiro
2025

Editor: Antonio Muniz
Idealização da coleção e produção do livro: iCoLab
Coordenação geral: Fábio Junges e Sandra M. Heck
Coordenadora de pesquisa: Giulia Willcox
Coordenador editorial: Jônadas Techio
Curadoria de conteúdo: Bernardo Madeira e Gabriel Aleixo
Coordenadora do projeto: Deise Batista Bayma
Produção de pesquisa e conteúdo: autores
Operação: Monaliza Rosario
Produção Editorial: Marina Oliveira
Editoração Eletrônica: Abreu's System
Capa: Rinaldo Mickus

Este projeto foi realizado com recursos da Lei Federal de Incentivo à Cultura – Lei nº 8.313/91 (Lei Rouanet), por meio do Ministério da Cultura do Governo Federal.

Dados Internacionais de Catalogação na Publicação (CIP)
(Câmara Brasileira do Livro, SP, Brasil)

Blockchain e tecnologia / iCoLab – Instituto Colaborativo de Blockchain. – 1. ed. – Rio de Janeiro : Brasport Livros e Multimídia, 2025. – (Coleção a nova economia e o futuro da sociedade ; 1)

Vários colaboradores.
Bibliografia.
ISBN 978-65-6096-079-4

1. Algoritmos de computadores 2. Blockchains (Base de dados) 3. Criptografia de dados (Computador) 4. Inteligência artificial - Inovações tecnológicas 5. Tecnologia I. Série.

25-287529 CDD-005.82

Índices para catálogo sistemático:

1. Criptografia : Computadores : Segurança : Processamento de dados 005.82

Aline Graziele Benitez – Bibliotecária – CRB-1/3129

BRASPORT Livros e Multimídia Ltda.
Rua Sete de Setembro, 48, 3º andar, loja 301
Centro, Rio de Janeiro, RJ, CEP 20050-009
Tel./Fax: (21)2568.1415
e-mails: administrativo@brasport.com.br
vendas@brasport.com.br
editorial@brasport.com.br
www.brasport.com.br

iCoLab

Instituto Colaborativo de Blockchain

Blockchain e Tecnologia

Prova de anterioridade do livro via *hash* registrado em *blockchain* pública.
Blockchain: Bitcoin

ISBN do livro impresso: 978-65-6096-079-4

ISBN do e-book: 978-65-6096-078-7

QR CODE do iCoLab

QR CODE do Livro

URL do QR Code do iCoLab: https://linktr.ee/ICOLABBRASIL

URL do QR Code do Livro:
https://mempool.space/pt/tx/b69e82f3d2b077801e404f3ea84e66c15699
e546cd952571631b465058fde8ec

Prefácio #1

Ronaldo Lemos

É com grande satisfação e honra que aceitei o convite para escrever o prefácio desta obra. Antes de tudo, quero agradecer ao iCoLab pela oportunidade e, sobretudo, pelo excelente trabalho desenvolvido neste livro. Em um momento em que ativos digitais transcendem a categoria de novidade tecnológica e se consolidam como elementos estruturais da economia global, esta obra surge como uma verdadeira bússola, oferecendo orientação clara e precisa para navegar nesse mar ainda em formação.

O fenômeno das criptomoedas e a tecnologia *blockchain* vieram para ficar, transformando profundamente a maneira como transacionamos valor, garantimos confiança em ambientes digitais e protegemos dados críticos em diversos setores econômicos. Exemplos concretos não faltam: no Brasil, o uso de *stablecoins* já é uma realidade para remessas internacionais, reduzindo drasticamente custos e tempo em relação aos métodos tradicionais. No cenário global, países como El Salvador adotaram o Bitcoin como moeda oficial, permitindo a inclusão financeira de milhares de cidadãos anteriormente excluídos do sistema bancário tradicional.

Um caso emblemático que ilustra a importância prática das criptomoedas aconteceu recentemente durante o conflito na Ucrânia. Com as vias financeiras tradicionais bloqueadas, o país recorreu às criptomoedas, arrecadando mais de US$ 100 milhões em doações globais rapidamente, de forma segura e transparente. Destaco inclusive o papel desempenhado pela *Stellar Development Foundation* (SDF), que gere o projeto XLM/Lumen e criou uma plataforma internacional acessível e simples para tornar possível a contribuição em causas como essa. E, vale dizer, faço parte do conselho da SDF. Essas experiências destacam a força disruptiva e positiva dessa tecnologia em contextos críticos, servindo como lição e inspiração para aqueles que desejam compreender e aplicar soluções digitais inovadoras.

Por fim, os próprios Estados Unidos abraçaram de vez a tecnologia, revertendo políticas de incerteza que perduraram por anos. O tema dos ativos digitais agora faz parte dos objetivos estratégicos norte-americanos, tendo reflexos inclusive em suas agências reguladoras e também no arcabouço legal do país.

É nesse contexto que os autores apresentam uma visão ampla e detalhada sobre a história e a evolução das tecnologias relacionadas ao *blockchain*. O primeiro capítulo introduz as origens do dinheiro digital, abordando pioneiros como David Chaum e seu DigiCash, passando pela criação revolucionária do Bitcoin por Satoshi Nakamoto. Essa contextualização histórica é essencial para compreender como chegamos até aqui e para onde vamos.

Em seguida, a obra oferece uma abordagem técnica precisa, explicando os fundamentos essenciais da *blockchain*, tais como criptografia, consenso distribuído e estruturas de dados. Com exemplos práticos e didáticos, o leitor é conduzido por conceitos complexos, como funções *hash* e árvores de Merkle, essenciais para a segurança e a transparência das transações.

Um capítulo especialmente valioso é dedicado às aplicações práticas da tecnologia *blockchain* em diversos setores. Os autores descrevem casos reais que ilustram o impacto dessa inovação, como o uso da *blockchain* para rastreamento na cadeia de suprimentos de alimentos, garantindo segurança alimentar, ou no setor de saúde, com o registro seguro e transparente de dados médicos, permitindo maior interoperabilidade e controle pelos pacientes.

A seção dedicada aos contratos inteligentes apresenta uma das maiores inovações da tecnologia *blockchain*, com exemplos detalhados usando a linguagem de programação Solidity, permitindo que desenvolvedores e profissionais compreendam profundamente como automatizar processos complexos e garantir segurança jurídica e operacional em transações digitais. Os casos reais de *DeFi* (Finanças Descentralizadas) ilustram como os contratos inteligentes estão revolucionando os serviços financeiros tradicionais.

Isso é especialmente importante à luz do Drex, projeto do Banco Central do Brasil de construção do Real Digital, que pode trazer eficiências e ainda mais competitividade ao setor financeiro do país, tudo isso sem perder de foco a questão da segurança e da privacidade.

Os autores ainda abordam extensivamente as *dApps* (aplicações descentralizadas), detalhando como funcionam em setores variados como jogos, armazenamento de dados, privacidade e mercados preditivos.

Outro capítulo relevante é dedicado ao rastreamento *on-chain*, essencial para garantir segurança e conformidade regulatória em transações envolvendo criptomoedas. As ferramentas de rastreamento apresentadas neste capítulo são fundamentais para prevenir fraudes e lavagem de dinheiro, garantindo um ambiente mais seguro para usuários e empresas.

Não menos importante, o livro discute detalhadamente as *blockchains* empresariais, destacando plataformas como Hyperledger Fabric e outras. As soluções corporativas são exploradas com exemplos de aplicação prática, permitindo ao leitor entender como empresas tradicionais podem integrar com sucesso a tecnologia *blockchain* em suas operações diárias.

Não é por acaso que esta obra é assinada por alguns dos nomes que estão entre os maiores especialistas em *blockchain* e criptomoedas, pioneiros nesse campo, que acumulam extensa experiência e contribuem de forma decisiva para o amadurecimento do ecossistema brasileiro e internacional.

Portanto, recomendo fortemente a leitura atenta deste livro a todos que desejam compreender e participar ativamente da revolução digital impulsionada pela *blockchain*. Este é um guia precioso para entender não apenas a tecnologia, mas também suas implicações profundas no mundo real.

Ronaldo Lemos
Advogado, diretor do Instituto de Tecnologia e Sociedade do Rio de Janeiro

Prefácio #2

Francisco Carvalho

Vivemos um momento de profunda transformação na maneira como fazemos negócios. A *blockchain*, antes vista como uma promessa disruptiva, já se consolidou como uma tecnologia essencial para reconfigurar mercados, redefinir modelos de confiança e impulsionar novas formas de colaboração e inovação. Empresas de todos os setores estão despertando para essa realidade, e o movimento da web3 está deixando de ser uma tendência para se tornar a espinha dorsal de um novo ecossistema digital.

Como CEO do **Blockchain RIO**, tenho a oportunidade de estar na linha de frente desse movimento, unindo **o mundo corporativo ao universo *blockchain***, promovendo conexões estratégicas entre empresas, reguladores, investidores e inovadores. No Brasil e na América Latina, esse movimento se intensifica à medida que empreendedores, desenvolvedores e grandes instituições começam a construir soluções que vão muito além das criptomoedas, trazendo aplicações reais para áreas como **finanças, saúde, *supply chain*, identidade digital, tokenização de ativos e governança descentralizada**.

O Brasil já abriga algumas das mais avançadas iniciativas regulatórias e empresariais no setor. A integração entre **bancos, *fintechs*, corporações, *startups* e órgãos reguladores** tem criado um ambiente fértil para a experimentação e adoção em larga escala. A América Latina, por sua vez, emerge como um dos polos mais dinâmicos da economia digital, com soluções inovadoras para inclusão financeira, identidade descentralizada e gestão de ativos tokenizados. Esse cenário reforça a importância de conectar esse ecossistema com a economia tradicional, permitindo que empresas de todos os portes e setores explorem o real potencial da *blockchain* para seus negócios.

Blockchain e Tecnologia não é apenas um livro sobre tecnologia – é um guia essencial para líderes empresariais, profissionais, empreendedores e gestores que desejam compreender **como essa revolução está sendo aplicada** ao seu dia a dia. Aqui, reunimos os **realizadores, pensadores e construtores** que estão transformando a web3 em realidade. Profissionais que não apenas falam sobre *blockchain*, mas que constroem, regulam, testam e aplicam essa tecnologia em ambientes corporativos e governamentais.

Nesse contexto, iniciativas como esta, promovida pelo Instituto **iCoLab**, são fundamentais para o avanço da adoção da *blockchain* no ambiente acadêmico, corporativo e no setor público. O **Blockchain RIO tem orgulho de apoiar esta iniciativa**, pois acreditamos que **o conhecimento é o principal combustível para a inovação.** Nossa missão é conectar protagonistas, fomentar negócios e impulsionar a adoção da *blockchain* em todo o ecossistema. Este livro reflete essa visão: **congregar fundamentos, conhecimento prático e estratégico para que mais empresas possam se preparar para o futuro da economia digital.**

Convido você, leitor, a explorar essas páginas com o olhar de quem enxerga além.

A *blockchain* não é apenas uma tecnologia – é um movimento que está moldando o futuro dos negócios.

🚀 **O futuro já começou. E ele é descentralizado.**

Francisco Carvalho
CEO, Blockchain RIO

iCoLab: uma jornada de propósito e de inteligência coletiva

Sandra M. Heck[1]

Ao celebrar os seis anos de história do iCoLab, convido você a revisitar conosco uma jornada marcada por conquistas e aprendizados, legado e coragem. Mais do que um marco temporal, este é um momento de superação e reflexão sobre tudo o que construímos e o que ainda queremos construir.

O iCoLab é um instituto de *blockchain* sem fins lucrativos, que nasceu em 2019 de um sonho coletivo, enraizado na minha vontade genuína de servir, aprender e impactar positivamente a vida das pessoas. Guiado por um senso de propósito profundo, é o primeiro e único instituto independente e colaborativo do Brasil dedicado à pesquisa, educação e consultoria sobre *blockchain* e web3 para pessoas, empresas e governos.

A semente da transformação

Minha trajetória como cofundadora do iCoLab nasce da minha vivência em educação, tecnologia e inovação. Sou cientista da computação, mestre em Gestão e Negócios com dupla titulação entre a UNISINOS e a Universidade de Poitiers, na França. Fui executiva, sou professora, conselheira, empreendedora, mentora, investidora anjo. Durante o mestrado, liderei como a primeira mulher presidente da ASUG no Brasil, uma experiência que expandiu meu olhar e fortaleceu meu desejo de criar algo com impacto a partir da inteligência coletiva.

As primeiras sementes do que viria a se tornar o iCoLab foram plantadas em 2012, quando assumi, com coragem e pioneirismo, a presidência da ASUG no Brasil, tornando-me a primeira mulher a ocupar esse cargo em 15 anos de história da entidade. Essa experiência expandiu minha visão e fortaleceu uma liderança colaborativa que rompeu fronteiras. Três anos depois, em 2015, outro momento marcante: meu filho voltou de Cincinnati, após sua imersão pelo programa Ciência sem Fronteiras, empolgadíssimo com o Bitcoin. Na época, tudo aquilo ainda parecia distante da

1 Idealizadora e cofundadora do iCoLab.

minha realidade corporativa e familiar, mas a curiosidade me moveu a estudar e me aprofundar nesse novo universo da blockchain. Essas duas vivências, tão distintas e complementares, marcaram o início de uma jornada que se tornaria muito maior do que eu poderia imaginar.

Em 2019, o iCoLab ganhou forma e passou a concretizar um sonho que marca uma nova fase da minha vida: uma existência em que a colaboração, o conhecimento e a inclusão são fundamentos essenciais nessa construção de pontes e na promoção de uma atuação coletiva rumo a uma sociedade mais humana e inovadora.

Desafios que fortaleceram a nossa jornada

Criar algo novo é desafiador. E eu não romantizo esse processo. Atrás de cada conquista há trabalho, dedicação, quedas e superação. Passamos por muitos momentos de incerteza, dúvidas do caminho, cansaço, barreiras de conhecimento, escassez de recursos, pandemia, enchentes, mudanças no time. Liderar um instituto em meio a tudo isso exigiu de mim muita sabedoria, coragem, resiliência e ousadia.

Errei, aprendi e segui em frente. Caminhei com o coração aberto, liderando pelo exemplo, com amor genuíno e o apoio incondicional da minha família e de tantas pessoas incríveis que estiveram ao meu lado. Porque nada grande se constrói sozinho. Juntos, transformamos desafios em força, e incertezas em coragem para continuar acreditando. Meus pais e irmãos me ensinaram, com seus gestos e atitudes, o verdadeiro significado de coragem, amor e espírito empreendedor. Minha família e meus filhos são a luz que me guia – sua admiração silenciosa e inspiração constante sustentam cada passo dessa jornada. Eles são, todos eles, os pilares que mantêm vivo e vibrante este sonho que é também modo de viver. Porque ele é real, é autêntico, é quem sou em essência. E, acima de tudo, é um privilégio imenso compartilhar esse caminho com pessoas que acreditam, constroem, aprendem, ensinam, celebram e se divertem juntas. É isso que dá sentido a tudo – as conexões verdadeiras, o propósito compartilhando e a beleza de sonhar grande e realizar com alma.

Conquistas que inspiram o futuro

Hoje celebramos com orgulho os resultados dessa trajetória guiada por significado e valores intergeracionais. Nesses seis anos foram entregues muitas pesquisas, laboratórios, experimentos, eventos, educação com os cursos do iCoLab School, parcerias e projetos relevantes que são exemplos de como a tecnologia *blockchain* pode ser aplicada para entregar uma nova forma de construir, confiar e trocar ativos de valor na nova economia. Destacamos com orgulho os artigos científicos, as capacitações e os projetos-piloto que são fruto do projeto Minha Saúde Digital, criado em plena crise da covid-19; o projeto de rastreabilidade e tokenização do vinho da Serra Gaúcha; a parceria com o nosso primeiro associado, o Instituto Hercílio Randon (IHR); e nossa atuação solidária diante da tragédia climática no Rio Grande do Sul. Essas iniciativas reforçam nosso compromisso com a inovação, a educação e a pesquisa aplicada – pilares fundamentais que orientam nosso propósito de impulsionar o crescimento do ecossistema. Unimos esforços para transformar desafios em oportunidades, desenvolvendo soluções que valorizam o conhecimento, fortalecem conexões e colocam a inovação a serviço dos negócios e da transformação social.

Em 2024, ao celebrar cinco anos de trajetória, reconhecemos com gratidão nossos parceiros no Blockchain.Rio e marcamos esse ciclo com uma conquista coletiva: a produção da coleção *A Nova Economia e o Futuro da Sociedade*, fruto da inteligência colaborativa de mais de 60 autores do iCoLab Academy. A coleção é composta por dois livros (*Blockchain e Tecnologia* e *Blockchain para Negócios*) reunindo experiências, aprendizados e perspectivas de futuro de quem trabalha diariamente para moldar um mundo melhor por meio da inovação.

Em 2025, damos mais um passo significativo com a criação do iCoLab School – uma escola de negócios em *blockchain* voltada para um público diverso que inclui empresas, órgãos públicos, cooperativas, universidades, associações, aceleradoras, *startups,* líderes, profissionais e estudantes em formação no universo de *blockchain* e web3. Com trilhas temáticas que conectam teoria, prática e impacto real, o programa oferece uma experiência educacional personalizada, voltada à formação de profissionais e lideranças corporativas preparadas para impulsionar a transformação rumo à nova economia.

Hoje, somos mais que um instituto – somos uma comunidade viva, em constante crescimento orgânico, guiada por um propósito comum e profundo: conectar a pesquisa ao mercado, ampliar horizontes e incluir pessoas e negócios na construção da nova economia. Seguimos impulsionando transformações para criar caminhos mais colaborativos e inovadores.

Visão para o amanhã

Seguimos firmes em nossos valores inegociáveis: ética, justiça, colaboração e inovação. Nossa missão é clara e constante – transformar conhecimento em impacto real, conectando especialistas ao mercado por meio da tecnologia e da inovação. Acreditamos na expansão dos paradigmas da abundância e das trocas de valor, sempre ancorados em princípios humanos e essenciais. Atrás de cada CNPJ, existem pessoas que lideram com coragem, servem com propósito e transformam realidades.

O iCoLab é uma comunidade viva e pulsante, onde cada voz conta, cada conexão importa e cada iniciativa carrega significado. Porque, no fim das contas, o que dá sentido à vida é viver com propósito.

A bola de ouro do iCoLab foi lançada e seguimos com o mesmo espírito de origem: servir, conectar, colaborar e gerar valor com responsabilidade, impacto real e, acima de tudo, profundo respeito por quem realmente importa – você.

Vamos juntos construir pontes, inspirar transformações que tocam vidas e dar significado à mudança. Que nossa jornada deixe um legado vivo e duradouro para o ecossistema de web3 e *blockchain* – no Brasil e além. Quando agimos a partir da nossa essência, o impacto transcende fronteiras e se torna atemporal.

Sandra M. Heck
iCoLab, idealizadora e cofundadora

Sobre o livro

PARTE I: FUNDAMENTOS DA TECNOLOGIA *BLOCKCHAIN* – DESVENDANDO A BASE

Nesta primeira parte, construímos juntos a fundação do seu conhecimento sobre *blockchain*. Pense nesta seção como o alicerce sobre o qual todo o entendimento posterior será erguido. Começaremos no **Capítulo 1**, voltando no tempo para entender as ideias que plantaram as sementes da *blockchain*: as primeiras tentativas de se criar um dinheiro digital e o surgimento das redes P2P (ponto-a-ponto), responsáveis pela comunicação direta entre computadores sem um servidor central. Vemos como essas ideias culminaram na criação do Bitcoin em 2008 por Satoshi Nakamoto, um marco que não apenas introduziu uma nova moeda, como também a tecnologia revolucionária que sustenta ainda várias outras aplicações hoje: a *blockchain*.

No **Capítulo 2**, mergulhamos a fundo na *blockchain* para entender como ela funciona por dentro. Desmistificamos a criptografia, explicando conceitos como as **funções *hash*** (que criam "impressões digitais" únicas para os dados) e a **criptografia assimétrica** (o sistema de chaves pública e privada que garante a segurança das transações). Exploramos também as **estruturas de Merkle**, que organizam as transações de forma eficiente, e o papel vital dos **nós** (os computadores que participam da rede). Discutimos os **algoritmos de consenso**, que são as regras que garantem que todos na rede concordem sobre a validade das transações, mesmo sem uma autoridade central.

Finalmente, no **Capítulo 3**, abordamos a diversidade do mundo *blockchain*. Você descobrirá que não existe apenas um tipo de *blockchain*. Comparamos as ***blockchains* públicas** (como a do Bitcoin, abertas a todos), as **privadas** (restritas a um grupo específico, comuns em empresas) e as **híbridas** (que combinam características de ambas). Analisamos os fatores que levam à escolha de um tipo sobre o outro, incluindo o famoso "trilema da *blockchain*" (o desafio de equilibrar segurança, escalabilidade e descentralização). Vemos exemplos de como as empresas estão utilizando a *blockchain*

(**blockchain empresarial**), quais são suas particularidades, como a governança funciona nesses ambientes e quais os desafios de performance e otimização. Ao concluir esta parte, você terá uma base conceitual e técnica para prosseguir.

PARTE II: DESENVOLVIMENTO E IMPLEMENTAÇÃO EM *BLOCKCHAIN* – COLOCANDO A MÃO NA MASSA

Com os fundamentos estabelecidos, a segunda parte do livro nos leva ao lado prático: como construir e implementar soluções usando *blockchain*. Aqui, o foco é transformar a teoria em ação. Começamos no **Capítulo 4** com os *smart contracts* (contratos inteligentes). Imagine contratos que se executam automaticamente quando certas condições são cumpridas, sem intermediários. Exploramos de onde veio essa ideia, como eles funcionam na prática, suas diversas aplicações (incluindo os *tokens*) e o que os diferencia dos contratos tradicionais de papel. Detalhamos também seu ciclo de vida: como são criados, ativados, executados e, eventualmente, atualizados ou destruídos.

No **Capítulo 5**, fazemos uma imersão na engenharia de *blockchain* com um exemplo prático: construiremos uma *blockchain* simples usando a linguagem de programação Python. Você aprenderá sobre a estrutura básica, as classes essenciais (*Block* e *Blockchain*) que representam os blocos e a cadeia, e entenderá o processo de **mineração** usando o *Proof of Work* (Prova de Trabalho), o mecanismo que valida as transações no Bitcoin, por exemplo.

O **Capítulo 6** será um guia pelas ferramentas do desenvolvedor *blockchain*. Apresentamos as principais plataformas usadas para criar *smart contracts*, desde as mais acessíveis que rodam direto no navegador (como o popular Remix IDE) até ambientes de desenvolvimento mais completos instalados no computador (como Truffle e Hardhat). Também conheceremos plataformas robustas voltadas para empresas (Hyperledger Fabric) ou para escalar a rede Ethereum (Polygon).

No **Capítulo 7**, focamos nas linguagens de programação usadas para escrever esses *smart contracts*. Damos atenção especial à **Solidity**, a linguagem mais popular no ecossistema Ethereum. Você aprenderá sua sintaxe básica, como estruturar um contrato, definir funções, lidar com entradas e saídas de dados, e verá um exemplo prático de como escrever um contrato inteligente simples.

Para fechar esta parte, o **Capítulo 8** introduz as **aplicações descentralizadas** (dApps). Entenderemos o que são, por que são diferentes dos aplicativos tradicionais, como sua arquitetura funciona (conectando a interface do usuário à *blockchain*), o papel essencial das *wallets* (carteiras digitais como a MetaMask) e exploraremos os diversos tipos de dApps existentes, analisando suas vantagens e os desafios para sua criação e adoção. Ao final desta seção, você terá uma visão clara sobre ferramentas, linguagens e processos envolvidos na criação de aplicações *blockchain*.

PARTE III: O ECOSSISTEMA *BLOCKCHAIN* – EXPLORANDO O UNIVERSO E SEUS DESAFIOS

Agora que entendemos os fundamentos e como construir na *blockchain*, a terceira parte nos convida a olhar para o quadro geral: o vasto ecossistema que se formou ao redor dessa tecnologia, suas características únicas e os desafios que ainda precisam ser superados. No **Capítulo 9**, investigamos os **ativos** que vivem na *blockchain*, principalmente os *tokens*. Discutimos a importância da transparência e da rastreabilidade nesse ambiente, introduzindo a **análise *on-chain*** – o estudo das transações diretamente na *blockchain*. Vemos como técnicas de *machine learning* (aprendizado de máquina) estão sendo usadas para analisar esses dados, identificar padrões e até mesmo auxiliar na conformidade regulatória (KYC/AML).

O **Capítulo 10** abordará uma estratégia popular para distribuir *tokens* e descentralizar projetos: os *airdrops*. Explicamos o que são, por que os projetos os utilizam (marketing, engajamento, governança), como funcionam os critérios para receber esses *tokens* "gratuitos" e quais os riscos e desafios envolvidos nessa prática.

No **Capítulo 11**, conhecemos os **oráculos de *blockchain***. Eles são peças fundamentais que atuam como pontes, permitindo que os *smart contracts* (que vivem isolados na *blockchain*) acessem informações do mundo real (como cotações de moedas, resultados de jogos, dados climáticos). Entendemos como eles funcionam, os diferentes tipos existentes e veremos um estudo de caso da **Chainlink**, um dos oráculos mais utilizados.

A segurança é um tema recorrente e crucial. O **Capítulo 12** é focado nos riscos específicos das **redes** *blockchain*. Discutiremos ameaças como o **ataque de 51%** (onde um grupo mal-intencionado controla a maior parte do poder da rede), os **ataques Sybil** (criação de múltiplas identidades falsas) e os ataques de **negação de serviço (DoS)**. Para cada um, analisamos como funcionam e quais as estratégias para mitigá-los. O **Capítulo 13** complementa essa visão, focando na segurança das **aplicações** construídas sobre a *blockchain*. Falaremos sobre a importância da **auditoria de contratos inteligentes** (revisar o código em busca de falhas), como escolher o **mecanismo de consenso** mais seguro para cada caso e o uso de ferramentas como o OpenZeppelin.

O **Capítulo 14** traz uma visão realista dos **desafios práticos** enfrentados pelas redes *blockchain* no dia a dia. Abordamos questões como **escalabilidade** (a capacidade de processar muitas transações rapidamente), **latência** (o tempo de espera para confirmação), o crescente problema do **armazenamento** de dados e a dificuldade de fazer diferentes *blockchains* conversarem entre si (**interoperabilidade**).

Finalmente, no **Capítulo 15**, teremos um estudo de caso aprofundado sobre a **Rede Blockchain Brasil (RBB)**. Analisamos essa iniciativa brasileira, que busca criar uma infraestrutura *blockchain* público-permissionada para aplicações de interesse público. Exploraremos seu histórico, seus objetivos, como funciona sua governança descentralizada, a tecnologia por trás (Hyperledger Besu, QBFT) e os desafios específicos que ela enfrenta. Ao final desta parte, você terá uma visão completa do ecossistema *blockchain*, seus pontos fortes, fracos e as complexidades envolvidas.

PARTE IV: INTRODUÇÃO ÀS APLICAÇÕES E CASOS DE USO – A *BLOCKCHAIN* NO MUNDO REAL

Chegamos à última parte do livro, em que a teoria encontra a prática de forma clara. O objetivo aqui é mostrar como a tecnologia *blockchain*, com todos os conceitos, ferramentas e desafios que discutimos, está sendo aplicada concretamente para resolver problemas e criar novas oportunidades em diversos setores. Esta parte funciona como uma vitrine de **casos de uso**. Vemos exemplos tangíveis que ilustram o potencial transformador da *blockchain*.

Exploramos como ela pode revolucionar a **gestão e a interoperabilidade de dados na saúde**; o "Minha Saúde Digital (MSD II)" torna os registros médicos mais seguros, acessíveis e controlados pelo paciente e integra, harmoniza e unifica dados clínicos de diferentes fontes, utilizando inteligência artificial, *blockchain* e padrões internacionais de interoperabilidade como o HL7 FHIR na construção de um **gêmeo digital de saúde** para cada pessoa. Viajamos para o agronegócio, onde um caso específico no setor de **vinhos** demonstrará como a *blockchain* pode trazer mais transparência e rastreabilidade para a cadeia produtiva, garantindo a origem e a qualidade do produto com certificado digital em cada garrafa.

A **sustentabilidade** também entra em cena, com um capítulo dedicado a mostrar como a *blockchain* pode ser usada para gerenciar e rastrear **ativos ambientais**, de forma mais confiável e transparente. Navegamos pelo complexo mundo dos **ativos digitais**, analisando seus **aspectos jurídicos e regulatórios** dentro do contexto brasileiro, um tema de crescente importância à medida que a adoção de criptoativos aumenta.

Investigamos como a *blockchain* pode simplificar e baratear **pagamentos globais** (transações *cross-border*), eliminando intermediários e agilizando processos que hoje são lentos e caros. Por fim, abordamos o tema da **identidade digital descentralizada**, explorando como a *blockchain* pode devolver aos indivíduos o controle sobre seus próprios dados de identificação, aumentando a privacidade e a segurança *on-line*.

Cada um desses casos servirá para conectar os pontos, mostrando como os fundamentos (Parte 1), as ferramentas de desenvolvimento (Parte 2) e as características do ecossistema (Parte 3) se unem para criar soluções inovadoras e com impacto real (Parte 4). Esta parte final solidificará seu entendimento, demonstrando a versatilidade e o alcance prático da tecnologia *blockchain*.

Sumário

PARTE I.
FUNDAMENTOS DA TECNOLOGIA *BLOCKCHAIN* – DESVENDANDO A BASE

PARTE II. DESENVOLVIMENTO E IMPLEMENTAÇÃO EM *BLOCKCHAIN* – COLOCANDO A MÃO NA MASSA

PARTE III. O ECOSSISTEMA *BLOCKCHAIN* – EXPLORANDO O UNIVERSO E SEUS DESAFIOS

PARTE I. FUNDAMENTOS DA TECNOLOGIA *BLOCKCHAIN* – DESVENDANDO A BASE

1. *Blockchain*: conceitos iniciais e história da tecnologia

Adriana Siliprandi
Gabriel Aleixo
Rafael Heck

1.1. As origens do dinheiro digital

A história da tecnologia *blockchain* está intimamente ligada ao desenvolvimento das moedas digitais, embora suas raízes técnicas remontem a avanços anteriores em criptografia e sistemas distribuídos. Na década de 80, o cientista computacional David Chaum deu um passo pioneiro ao criar o DigiCash, o primeiro sistema de dinheiro digital. O DigiCash introduziu conceitos fundamentais que posteriormente influenciaram o Bitcoin, incluindo o uso de assinaturas digitais e chaves públicas para validação de transações.

O sistema desenvolvido por Chaum permitia que quantias digitais fossem assinadas por instituições bancárias e utilizadas em estabelecimentos autorizados, representando uma primeira tentativa de criar um sistema de pagamentos digitais seguro. No entanto, o DigiCash ainda dependia de instituições centralizadas para seu funcionamento, uma limitação que seria posteriormente superada pelo Bitcoin.

1.2. O surgimento do Bitcoin e a revolução *blockchain*

Em 31 de outubro de 2008, em meio à crise financeira global, um documento intitulado *Bitcoin: a peer-to-peer electronic cash system* foi publicado por uma pessoa ou grupo usando o pseudônimo Satoshi Nakamoto. Esse trabalho apresentou uma solução revolucionária para um problema que havia desafiado cientistas da computação por décadas: como criar um sistema de dinheiro digital verdadeiramente descentralizado que eliminasse a necessidade de intermediários.

O Bitcoin se diferenciou de tentativas anteriores por resolver efetivamente o problema do gasto duplo[2] sem recorrer a uma autoridade central. Isso foi alcançado por meio de

[2] É o problema de segurança em sistemas de pagamento digital onde a mesma unidade monetária poderia ser gasta mais de uma vez. Antes do Bitcoin, este era um dos principais desafios para moedas digitais, pois arquivos digitais podem ser facilmente duplicados.

uma combinação inovadora de criptografia, teoria dos jogos e sistemas distribuídos, culminando na criação da tecnologia *blockchain*. A primeira implementação prática do sistema foi lançada em janeiro de 2009, quando o conjunto de aplicações que o permitia funcionar foi publicamente disponibilizado na internet, de forma integralmente gratuita e livre de direitos autorais, reforçando o caráter colaborativo e *open source* do projeto desde sua introdução.

1.3. Da Segunda Guerra Mundial à internet: a evolução dos sistemas distribuídos

Para compreender plenamente a *blockchain*, é necessário examinar a evolução histórica dos sistemas computacionais distribuídos. Durante a Segunda Guerra Mundial (1939-1945), Alan Turing desenvolveu uma máquina revolucionária baseada na combinação de símbolos e números com dispositivos de entrada, saída e memória. Essa invenção auxiliou no esforço de guerra e estabeleceu as bases para a computação moderna.

Na década de 1950, a corrida espacial impulsionou avanços significativos em tecnologia de computação. O projeto SAGE (*Semi-Automatic Ground Environment*), desenvolvido pela IBM em 1957, representou um marco importante. Os computadores AN/FSQ-7 utilizados nesse projeto eram extraordinários para sua época: cada unidade continha 49 mil tubos de vácuo, ocupava aproximadamente 2 mil m^2 de área útil, pesava 275 toneladas e consumia até três megawatts de energia, alcançando um desempenho de cerca de 75 mil instruções por segundo.

1.4. O desenvolvimento das redes P2P

O conceito de redes ponto-a-ponto (P2P) surgiu como resposta a necessidades específicas de comunicação militar. Em 1957, o lançamento do Sputnik soviético levou à criação da *Advanced Research Projects Agency* (ARPA) nos Estados Unidos. Joseph Carl Robnett Licklider, vinculado ao MIT, desenvolveu o conceito revolucionário de "Simbiose Homem-Computador", que previa uma interação cooperativa entre humanos e máquinas para facilitar o pensamento e a tomada de decisões.

Esse trabalho foi fundamental para o desenvolvimento da ARPANET, precursora da internet moderna. A primeira experiência com sub-redes foi realizada em 1970, conectando quatro universidades americanas. Em 1983, a ARPANET se uniu à NSFNET (*National Science Foundation Network*), expandindo significativamente a rede de computadores conectados globalmente.

1.5. Arquitetura e funcionamento da *blockchain*

A *blockchain* representa uma evolução significativa na forma como dados são armazenados e validados em sistemas distribuídos. Em sua essência, funciona como um livro-razão distribuído onde cada participante mantém uma cópia completa ou parcial do registro de transações. O termo "blockchain" deriva da estrutura fundamental do sistema: uma cadeia de blocos interligados criptograficamente. Cada bloco na cadeia contém três elementos essenciais:

- ✓ Um cabeçalho com metadados, incluindo *timestamp* e identificador único.
- ✓ O conteúdo das transações.
- ✓ Uma referência criptográfica (*hash*) ao bloco anterior.

Essa estrutura garante que qualquer tentativa de modificar um bloco existente seja imediatamente detectável, pois alteraria todas as referências subsequentes na cadeia. A validação de novos blocos ocorre em um processo de consenso distribuído, eliminando a necessidade de uma autoridade central.

O problema do consenso em sistemas distribuídos foi formalizado por Lamport, Shostak e Pease em 1982 através do "Problema dos Generais Bizantinos". Esse problema ilustra o desafio de se chegar automaticamente a um acordo em um sistema onde os participantes podem ser maliciosos ou defeituosos e não podem recorrer a terceiros, a intermediários.

O consenso na *blockchain* é alcançado através de diferentes mecanismos, sendo o pioneiro a Prova de Trabalho (*Proof of Work* – PoW), utilizada originalmente pelo Bitcoin. Nesse sistema, os participantes (mineradores) competem para resolver um problema matemático que demanda grande esforço computacional, mas cujo resultado é facilmente verificável. O primeiro a encontrar a solução ganha o direito de adicionar o próximo bloco à cadeia e é remunerado com moedas digitais, sejam elas recém-criadas para introdução no sistema contábil do protocolo ou pagas por usuários na forma de taxas para o processamento de transações.

1.6. Estrutura de dados e criptografia

A *blockchain* utiliza várias estruturas de dados e conceitos criptográficos para garantir sua segurança e eficiência.

1.6.1. Funções *hash*

As funções *hash* são fundamentais para a segurança da *blockchain*. O padrão SHA-256, utilizado no Bitcoin, transforma qualquer entrada em uma sequência de 64 caracteres hexadecimais. Essas funções possuem propriedades essenciais:

- ✓ São unidirecionais (impossível reverter o processo).
- ✓ Uma pequena mudança na entrada resulta em uma mudança significativa na saída.
- ✓ É computacionalmente inviável encontrar duas entradas diferentes que produzam o mesmo *hash*.

1.6.2. Árvores de Merkle

As árvores de Merkle permitem verificar eficientemente a integridade de grandes conjuntos de dados. Na *blockchain*, são utilizadas para organizar as transações dentro de um bloco, permitindo verificações rápidas sem necessidade de processar todas as transações.

1.7. Tipologia de falhas e mecanismos de proteção

A robustez da *blockchain* depende de sua capacidade de lidar com diferentes tipos de falhas que podem ocorrer em um sistema distribuído. Essas falhas podem ser categorizadas em três grupos principais, conforme definido por Tanenbaum e Steen (2007):

> *Falhas transientes são aquelas que ocorrem temporariamente e podem ser causadas por sobrecarga momentânea do sistema ou erros na transmissão de dados. Estas falhas geralmente se resolvem automaticamente ou com mínima intervenção. As falhas intermitentes se caracterizam por um padrão de aparecimento e desaparecimento, como no caso de conexões de rede instáveis. Já as falhas permanentes exigem intervenção direta para serem corrigidas, geralmente envolvendo a substituição de componentes do sistema.*

O sistema também precisa lidar com falhas específicas de resposta, que podem ser de dois tipos: falhas de valor, em que o sistema responde incorretamente a uma solicitação, e falhas de transição de estado, nas quais o servidor reage de forma inesperada a determinadas entradas. A *blockchain* implementa diversos mecanismos para garantir a resiliência do sistema frente a essas falhas.

1.8. O problema dos generais bizantinos

O desafio fundamental em sistemas distribuídos como a *blockchain* é garantir o consenso entre participantes que podem ser maliciosos ou apresentar falhas. O **problema dos generais bizantinos** foi formalmente definido por Lamport, Shostak e Pease em 1982 por meio de uma analogia militar em que generais do exército bizantino precisam coordenar suas ações de forma distribuída. No cenário proposto, um general comandante deve enviar ordens aos seus tenentes-generais de modo que: (1) todos os tenentes leais obedeçam à mesma ordem e (2) se o comandante for leal, então todo tenente leal obedecerá à ordem enviada por ele.

A solução matemática provou que, em um sistema com k processos falhos, só é possível alcançar consenso se houver $2k+1$ processos funcionando corretamente, para um total de $3k+1$ participantes. Em outras palavras, o acordo só é viável se mais de dois terços dos processos estiverem operando adequadamente. Na *blockchain*, essa proporção se traduz nos requisitos mínimos para validação de transações e manutenção da integridade do sistema mesmo na presença de nós maliciosos ou defeituosos.

Na rede *blockchain*, os nós são os dispositivos eletrônicos que participam da rede, cada um identificado por um endereço IP único. Esses *nodes* desempenham papel fundamental na validação e propagação de transações. Um *node* pode trabalhar para verificar a legitimidade de cada transação, o que é fundamental para manter a integridade do sistema sem depender de uma autoridade central.

1.9. Arquitetura em camadas

A *blockchain* opera em uma arquitetura de três camadas principais. A camada de apresentação é responsável pela interface com o usuário, na qual aplicativos e interfaces permitem a interação com a rede. A camada de aplicação gerencia o processamento das transações e a execução de contratos inteligentes. A camada de dados, baseada no conceito de *distributed ledger*, mantém o registro imutável de todas as transações e garante a consistência dos dados em toda a rede.

As implementações de *blockchain* podem ser categorizadas com base em seus níveis de permissionamento e acesso. Existem duas dimensões principais para essa classificação: o acesso à validação de transações e a participação no processo de consenso.

Blockchains públicas não permissionadas, como o Bitcoin, permitem que qualquer participante valide transações e participe do processo de consenso. Esse modelo maximiza a descentralização, mas pode enfrentar desafios de escalabilidade. *Blockchains* públicas permissionadas mantêm o acesso público aos dados, mas restringem a validação a um grupo selecionado de participantes.

No âmbito privado, as *blockchains* permissionadas limitam tanto o acesso quanto a validação a participantes autorizados, sendo comum em aplicações empresariais e governamentais. As *blockchains* privadas não permissionadas representam um modelo híbrido onde o acesso é restrito, mas o consenso permanece aberto.

A tecnologia *blockchain* segue um fluxo constante de evolução. Em sua versão inicial, representada pelo Bitcoin, estabeleceu os fundamentos da tecnologia com foco em transações monetárias. Já em sua primeira grande transformação, ocorrida em 2015, quando surgiu na prática com a rede Ethereum, foram introduzidos os contratos inteligentes, que permitiram a programação de regras e condições automatizadas. Mais recentemente, a *blockchain* vem tendo suas aplicações expandidas para além do setor financeiro, incorporando protocolos de segurança avançados, maior interoperabilidade com sistemas legados e outras aplicações descentralizadas, bem como aderindo às inovações na seara da inteligência artificial.

1.10. Aplicações práticas e transformações setoriais

A tecnologia *blockchain*, embora inicialmente desenvolvida para viabilizar transações financeiras descentralizadas, vem demonstrando potencial transformador em diversos setores da economia e da sociedade. Sua capacidade de criar registros imutáveis e transparentes, combinada com a execução automatizada de contratos inteligentes, está revolucionando processos tradicionalmente dependentes de altos custos, grande pessoal e ineficiências afins.

No setor de entretenimento, a *blockchain* tem proporcionado novas formas de gestão de direitos autorais e propriedade intelectual. Artistas e criadores de conteúdo podem agora rastrear e monetizar o uso de suas obras de maneira mais eficiente e transparente. A tecnologia permite a criação de sistemas de distribuição de *royalties* automatizados, garantindo que os criadores sejam remunerados adequadamente pelo uso de seu trabalho.

No âmbito da saúde, a *blockchain* está revolucionando a gestão de registros médicos e a interoperabilidade entre diferentes sistemas de saúde. A tecnologia permite a criação de registros médicos eletrônicos seguros e acessíveis, nos quais pacientes mantêm controle sobre suas informações enquanto profissionais de saúde autorizados podem acessar dados cruciais para o tratamento.

A imutabilidade dos registros na *blockchain* garante a integridade dos dados médicos, enquanto os contratos inteligentes podem automatizar processos como autorizações de procedimentos e compartilhamento de informações entre diferentes instituições de saúde. Além disso, a tecnologia tem se mostrado valiosa no combate à falsificação de medicamentos, permitindo o rastreamento completo da cadeia de suprimentos farmacêuticos.

O setor educacional tem encontrado na *blockchain* uma solução para diversos desafios históricos. A tecnologia permite a emissão e verificação de diplomas e certificados de forma segura e eficiente, eliminando a possibilidade de falsificações e simplificando o processo de validação de credenciais acadêmicas.

Instituições educacionais podem agora emitir diplomas digitais que são permanentemente registrados na *blockchain*, permitindo que empregadores e outras instituições verifiquem instantaneamente a autenticidade das credenciais. Esse sistema também facilita o reconhecimento internacional de qualificações e a mobilidade acadêmica.

A implementação da *blockchain* em sistemas logísticos e cadeias de suprimentos tem proporcionado níveis sem precedentes de transparência e rastreabilidade. Cada etapa do processo logístico pode ser registrada de forma imutável, desde a origem das matérias-primas até a entrega ao consumidor final. Isso é particularmente valioso em setores como o alimentício e o farmacêutico, nos quais a procedência e as condições de transporte são críticas.

A tecnologia permite que todos os participantes da cadeia de suprimentos acessem informações em tempo real sobre a localização e o estado dos produtos. Contratos inteligentes automatizam processos como pagamentos e transferências de propriedade, reduzindo atrasos e minimizando disputas. A transparência proporcionada pela *blockchain* também facilita a identificação e correção de ineficiências na cadeia logística.

1.11. Desafios e perspectivas

A proliferação de diferentes implementações de *blockchain* tem criado desafios de interoperabilidade. A ausência de padrões universalmente aceitos dificulta a comunicação e a transferência de ativos entre diferentes redes *blockchain*. Iniciativas de padronização estão em desenvolvimento e buscam criar protocolos que permitam maior integração entre diferentes sistemas.

O ambiente regulatório para tecnologias *blockchain* continua em evolução, com diferentes jurisdições adotando abordagens distintas. A natureza global e descentralizada da tecnologia apresenta desafios únicos para reguladores e legisladores. Questões como privacidade de dados, responsabilidade legal e conformidade com regulamentações existentes precisam ser adequadamente endereçadas.

A convergência da *blockchain* com outras tecnologias emergentes está abrindo novas possibilidades. A integração com Internet das Coisas (IoT) permite a criação de redes de dispositivos autônomos capazes de realizar transações e executar contratos inteligentes sem intervenção humana. A combinação com inteligência artificial potencializa a capacidade de análise de dados e automação de processos em escala sem precedentes.

O desenvolvimento da tecnologia *blockchain* continua em acelerada evolução, com várias tendências importantes se delineando. A busca por soluções de escalabilidade mais eficientes tem levado ao desenvolvimento de protocolos de segunda camada e novas arquiteturas de rede. Essas inovações prometem aumentar significativamente a capacidade de processamento de transações enquanto mantêm os benefícios fundamentais de descentralização e segurança.

Observa-se também uma tendência crescente de especialização, com *blockchains* sendo desenvolvidas para atender a necessidades específicas de diferentes setores. Essa especialização permite otimizações que seriam impossíveis em sistemas mais genéricos.

As implicações da tecnologia *blockchain* vão muito além de suas aplicações técnicas imediatas. A capacidade de criar sistemas verdadeiramente descentralizados está redefinindo conceitos fundamentais de confiança e intermediação em transações econômicas e sociais. Essa transformação tem o potencial de democratizar o acesso a serviços financeiros, reduzir custos de transação e criar novos modelos de negócio.

A tecnologia também promete impactos significativos na governança corporativa e pública. Sistemas baseados em *blockchain* podem aumentar a transparência e a responsabilização em processos decisórios, ao mesmo tempo em que automatizam aspectos da conformidade regulatória através de contratos inteligentes.

No entanto, o sucesso continuado da tecnologia dependerá da capacidade de superar desafios significativos em termos de escalabilidade, eficiência energética e regulamentação. A resolução desses desafios exigirá colaboração contínua entre desenvolvedores, empresas, reguladores e academia.

À medida que a tecnologia amadurece e novas aplicações são desenvolvidas, torna-se cada vez mais claro que a *blockchain* não é apenas uma inovação tecnológica, mas um novo paradigma para organização de sistemas distribuídos. Seu impacto continuará a se expandir, transformando fundamentalmente a forma como realizamos transações, compartilhamos informações e estabelecemos confiança em um mundo cada vez mais digital.

2. Arquitetura e funcionamento de redes *blockchain*

Rodrigo Moreira
Tomas Anderson S. Silva

Para compreender adequadamente o funcionamento de uma rede *blockchain*, é fundamental partir dos conceitos básicos de criptografia que fundamentam sua operação. A criptografia atua como elemento central dessa tecnologia, garantindo a segurança dos dados sensíveis, a verificabilidade das transações e a execução confiável de contratos digitais sem intermediários.

2.1. Funções *hash*

O primeiro pilar da segurança *blockchain* são as funções *hash*, algoritmos que transformam qualquer entrada de dados em uma sequência única de caracteres de tamanho fixo, chamada de *digest* ou popularmente apenas de *hash*. Essas funções possuem propriedades específicas que as tornam ideais para proteger a integridade das informações: são determinísticas (uma mesma entrada sempre gera o mesmo *hash*), extremamente sensíveis a alterações (mudanças mínimas na entrada geram *hashes* completamente diferentes) e irreversíveis (não é possível recuperar o dado original a partir do *hash*).

O algoritmo SHA-256 (*Secure Hash Algorithm* de 256 *bits*) exemplifica bem essas características, sendo amplamente utilizado em *blockchains* como o Bitcoin. Quando aplicado a uma mensagem, gera uma sequência única de 256 *bits* que serve como uma "impressão digital" daquela informação. Isso garante que os dados, uma vez registrados, não possam ser alterados sem detecção.

As funções *hash* são aplicadas em diversos contextos dentro da *blockchain*. São utilizadas para conectar blocos sequencialmente, já que cada bloco contém não apenas suas próprias transações, mas também o *hash* do bloco anterior. Também servem para gerar endereços únicos de carteiras digitais e validar a integridade das informações armazenadas. Qualquer tentativa de modificação em um dado gerará um *hash* diferente, sinalizando imediatamente a alteração.

2.2. Criptografia assimétrica

A criptografia assimétrica representa outro pilar fundamental da tecnologia *blockchain* e utiliza pares de chaves matematicamente relacionadas – uma pública e outra privada. A chave pública pode ser compartilhada abertamente, enquanto a privada deve permanecer em sigilo absoluto, para garantir a autenticidade das transações através de assinaturas digitais.

O processo de assinatura digital funciona de maneira elegante: quando um usuário deseja enviar uma transação, ele utiliza sua chave privada para assiná-la digitalmente. Qualquer participante da rede pode então verificar a autenticidade dessa assinatura usando a chave pública correspondente, garantindo que a transação foi realmente iniciada pelo proprietário legítimo da chave privada.

Um exemplo prático ocorre quando Alice deseja enviar uma mensagem segura para Bob. Primeiro, Alice gera seu par de chaves e compartilha a chave pública com Bob. Ele então usa essa chave pública para cifrar sua mensagem, que pode trafegar com segurança pela rede. Apenas Alice, possuidora da chave privada correspondente, poderá decifrá-la ao recebê-la.

A *blockchain* é organizada em blocos que contêm conjuntos de transações e informações sobre mudanças nos estados da rede durante determinado período. Cada bloco possui em seu cabeçalho elementos cruciais como o *hash* do bloco anterior, um registro temporal (*timestamp*), um número único (*nonce*) e o *hash* correspondente à árvore de Merkle de todas as informações nele contidas.

2.3. Árvores de Merkle e nós nas redes

A árvore de Merkle, desenvolvida por Ralph Merkle, é uma estrutura de dados que otimiza a verificação da integridade das informações. Ela divide os dados em partes menores, gera *hashes* individuais e os combina sucessivamente até obter um único *hash* final, conhecido como *Merkle root* (ou árvore de Merkle). Essa estrutura permite validações parciais eficientes e reduz a necessidade de reenvio completo de dados em caso de corrupção durante a transmissão.

O processo de mineração e validação de dados na *blockchain* ocorre através de nós, que são computadores conectados à rede executando um software cliente específico. Esses nós podem assumir diferentes funções e denominações de acordo com suas responsabilidades na rede.

Os *full nodes* fazem o *download* completo de todos os blocos desde o bloco gênesis (primeiro bloco criado), validando tanto as transações quanto os blocos. Já os *light nodes*, também conhecidos como SPV (*Simplified Payment Verification*), baixam apenas os cabeçalhos dos blocos, economizando espaço em disco, e requisitam transações específicas aos *full nodes* quando necessário.

Os *mining nodes* correspondem aos mineradores responsáveis pela criação de novos blocos. Em *blockchains* públicas, eles recebem recompensas por esse trabalho, incentivando o pleno funcionamento e a segurança dessas redes. Os *archive nodes*, além de armazenarem todos os blocos como um *full node*, mantêm também os estados históricos da rede – característica especialmente importante em redes como a Ethereum, que trabalham com estados de contas.

Existem ainda os *pruned nodes*, que funcionam como *full nodes* mas são configurados para armazenar apenas uma parte dos blocos mais recentes. Essa configuração permite a participação na validação da rede com requisitos menores de armazenamento.

O processo de transação se inicia quando um usuário invoca a API RPC (*Remote Procedure Call*) de um nó da rede. Ao receber uma transação, o nó valida sua assinatura e propriedades. Se válida, adiciona a transação à sua memória e a propaga para os nós conectados, que repetem o processo de validação e propagação, formando uma rede de distribuição da informação.

2.4. Algoritmos de consenso

Para garantir o consenso na rede *blockchain*, diferentes mecanismos podem ser implementados, sendo este um atributo fundamental que pode influenciar em escalabilidade, performance e segurança dos sistemas. Em arquiteturas centralizadas, o consenso é garantido por uma autoridade confiável, enquanto em sistemas descentralizados os nós da rede atingem consenso por meio de algoritmos que estabelecem uma noção distribuída de confiança.

O *Proof of Work* (PoW) é o mecanismo utilizado na rede Bitcoin, baseando-se na execução de um trabalho computacional predeterminado para provar que o esforço necessário foi realizado. No Bitcoin, esse trabalho consiste em criar um *hash* que seja menor ou igual a um valor determinado pela rede, estabelecendo assim uma dificuldade que pode variar com o tempo. Durante a mineração, um nó recalcula diversas vezes o *hash* do bloco até conseguir um resultado que satisfaça a uma inequação, cujo ajuste de dificuldade pode priorizar números cada vez menores quanto maior o volume de poder de processamento computacional à disposição da rede.

Essa flexibilidade é o que assegura o funcionamento estável dessas redes. Ou seja, trata-se de um processo intencionalmente variável para garantir que o intervalo médio entre blocos seja de 10 minutos, prevenindo perdas de consistência frequentes na rede entre os múltiplos nós distribuídos mundo afora que a compõem. Como consequência, há uma demanda considerável por poder computacional que se traduz em um significativo consumo de energia elétrica, aspecto frequentemente debatido na escolha do mecanismo de consenso.

Já o *Proof of Stake* (PoS), implementado por redes como a Ethereum em sua versão 2.0, baseia-se no conceito de *staking*: o bloqueio de uma quantidade de criptomoedas como garantia. Na Ethereum, por exemplo, um validador precisa fazer um *staking* de ao menos 32 ETH para participar do processo. Os validadores são recompensados por ações que auxiliam a rede a alcançar consenso, como criar ou validar blocos. Entretanto, falhas na validação ou suspeitas de fraude podem resultar em penalidades, chegando à perda total dos *tokens* bloqueados e à remoção permanente da rede (*slashing*).

O *Delegated Proof of Stake* (DPoS) surge como uma variação do *Proof of Stake*, buscando solucionar o problema enfrentado por validadores menores. Nesse modelo, os produtores de blocos, também chamados de "testemunhas", são eleitos pelos participantes da rede com base em seus saldos de *tokens*. Essa abordagem permite maior participação da comunidade na governança da rede, ao mesmo tempo em que mantém um processo de validação eficiente.

2.5. Processos adicionais

O funcionamento de uma rede *blockchain* envolve ainda uma série de outros processos interconectados que garantem segurança, transparência e imutabilidade. O processo de transação se inicia quando um usuário interage com a API RPC de um nó da rede. Ao receber uma transação, o nó realiza uma série de validações, incluindo a verificação da assinatura digital e das propriedades da transação.

Se a transação for considerada válida, o nó a adiciona à sua memória local (*mempool*) e a propaga para os nós vizinhos. Isso continua até a transação alcançar toda a rede.

Os validadores, ao iniciar a criação de um novo bloco, selecionam transações da *mempool* de acordo com critérios específicos, que podem variar dependendo do mecanismo de consenso utilizado ou até da configuração customizada que cada minerador faz em seu nó.

Após a criação do bloco, o validador o transmite para a rede. Os outros nós então validam o novo bloco e, se aprovado, o adicionam à sua cópia local da *blockchain*. É importante notar que podem ocorrer situações em que dois blocos diferentes são criados quase simultaneamente em partes distintas da rede, resultando temporariamente em uma divergência (ou *fork*). Nesses casos, a rede resolve a questão com base em regras predeterminadas, geralmente optando pela cadeia com maior esforço computacional acumulado. O *fork* não escolhido é descartado e as transações nele contidas retornam ao *mempool* para serem incluídas em blocos futuros.

Essa característica da *blockchain* ressalta a importância de aguardar confirmações adicionais antes de considerar uma transação definitiva, especialmente aquelas de alto valor. No Bitcoin, por exemplo, é comum esperar por seis confirmações (ou seja, seis blocos adicionados após o bloco que contém a transação) para considerar uma transação praticamente irreversível, ainda que os mais recentes protocolos complementares ao original possam dar segurança a transações de menor valor com menos confirmações, em certos contextos.

A escolha do mecanismo de consenso é crucial para o desempenho e a segurança da rede. Cada mecanismo de consenso possui suas próprias vantagens e desafios e a escolha entre eles depende dos objetivos específicos da rede *blockchain* em questão, considerando fatores como escalabilidade, segurança, descentralização e eficiência energética.

A tecnologia *blockchain* também se destaca por sua capacidade de adaptação a diferentes contextos e necessidades específicas. No caso da rede Bitcoin, as transações são construídas baseando-se em transações anteriores não gastas (UTXOs – *Unspent Transaction Outputs*)[3], nas quais cada *input* representa uma transação prévia e os *outputs* determinam os endereços destinatários dos bitcoins.

[3] Refere-se ao modelo de contabilidade utilizado em algumas *blockchains*, como o Bitcoin, onde cada transação consome saídas não gastas de transações anteriores e cria novas saídas. Diferentemente do modelo baseado em contas (como o Ethereum), no UTXO não existe o conceito de "saldo" armazenado em um endereço, mas uma coleção de *outputs* não gastos que podem ser usados como *inputs* em novas transações.

Um aspecto interessante desse sistema é que os *inputs* possuem valores fixos. Por exemplo, se uma carteira possui um *input* de 3 bitcoins e deseja enviar apenas 1 bitcoin para outro endereço, será necessário criar dois *outputs*: um de 1 bitcoin para o destinatário e outro de 2 bitcoins retornando à carteira original. Esses *outputs* se tornam então novos UTXOs, disponíveis para futuras transações.

Nas transações de recompensa por mineração, o *input* é denominado *coinbase* e pode conter dados arbitrários. Um fato histórico interessante é que o bloco gênesis do Bitcoin contém no campo *coinbase* a mensagem "The Times 03/Jan/2009 Chancellor on Brink of Second Bailout for Banks", uma referência direta ao contexto econômico estampado na manchete de um jornal britânico, dando conta de parte do que motivou a criação da criptomoeda.

Já na rede Ethereum, o funcionamento é baseado em estados, que podem representar tanto o saldo de uma carteira quanto informações registradas em contratos inteligentes. A rede suporta três tipos de transações: transferências regulares entre carteiras, implantação de contratos inteligentes (sem destinatário específico) e interações com contratos existentes.

O processo de validação e propagação de transações segue um fluxo bem definido. Quando uma transação é submetida através da API RPC de um nó, este valida sua assinatura e propriedades antes de adicioná-la à sua memória local e propagá-la para os nós conectados. Esse processo continua até que a transação alcance toda a rede, garantindo consistência e segurança nas operações realizadas.

A escolha do mecanismo de consenso, da estrutura dos blocos e do tipo de validação deve ser feita considerando as necessidades específicas de cada implementação, levando em conta fatores como segurança, escalabilidade, eficiência energética e velocidade de processamento. Essa flexibilidade permite que a tecnologia *blockchain* continue evoluindo e encontrando novas aplicações em diferentes setores da economia e sociedade.

2.6. Conclusão

A tecnologia *blockchain* representa uma inovação significativa na forma como dados são armazenados, validados e compartilhados em redes distribuídas. Sua arquitetura fundamentada em criptografia robusta, estruturas de dados eficientes e mecanismos de consenso bem definidos permite a criação de sistemas descentralizados que oferecem alto nível de segurança e confiabilidade sem depender de intermediários centralizados.

À medida que a tecnologia continua evoluindo, observa-se uma tendência crescente de adaptação dos diferentes componentes arquiteturais (desde os mecanismos de consenso até as estruturas de armazenamento de dados) para atender a necessidades específicas de diferentes setores e aplicações. As redes *blockchain* continuarão expandindo seu papel na infraestrutura digital global, promovendo inovações em áreas como finanças, gestão de cadeia de suprimentos, governança digital e além.

3. *Blockchains* públicas, privadas, híbridas e o uso empresarial

Tiago F. Cavazin
Tomas Anderson S. Silva

A tecnologia *blockchain* tem se mostrado uma ferramenta revolucionária para diversos setores, apresentando diferentes configurações que se adaptam às necessidades específicas de cada aplicação. Para compreender melhor suas possibilidades, é fundamental conhecer os principais tipos de *blockchain* existentes, suas características particulares e de que forma se aplicam ao contexto empresarial.

3.1. *Blockchains* pública, permissionada e híbrida

A *blockchain* pública, também conhecida como não permissionada, caracteriza-se pelo acesso completamente aberto, em que qualquer pessoa pode participar da rede, validar transações e acessar o registro completo das operações. Exemplos notáveis incluem os já citados e amplamente cobertos no capítulo anterior, como Bitcoin e Ethereum, que priorizam a transparência e a descentralização total. Nessas redes, a segurança e a confiabilidade são mantidas a partir de mecanismos de consenso que incentivam economicamente os participantes a manter a integridade do sistema de onde quer que estejam.

Por outro lado, a *blockchain* permissionada ou privada requer autorização específica para a participação na rede. Diferentemente das redes públicas, novos nós precisam de configuração adicional e permissões específicas que determinam suas funções, acesso a informações e possibilidades de comunicação com outros participantes. O controle de acesso é geralmente centralizado em uma autoridade da rede, que define quem pode entrar e quais atividades pode realizar.

Essa centralização do controle nas redes permissionadas permite maior eficiência e velocidade nas operações, já que o consenso é alcançado de maneira mais direta, mediante o uso de nós pré-selecionados na função de validadores. Embora isso resulte em maior performance quando comparado ao caso das redes públicas, é importante considerar que a centralização pode apresentar riscos à segurança da informação, a depender do modelo de ameaça[4] com o qual se trabalha em determinada aplicação.

O controle de acesso em redes privadas pode ser implementado com o uso de contratos inteligentes ou outras formas de suporte, como bancos de dados ou arquivos de configuração dos nós validadores. Já a privacidade pode ser configurada de duas formas principais: restrita, em que apenas os nós participantes de uma transação recebem e armazenam as informações relacionadas; ou irrestrita, na qual todos os nós recebem as transações, mas apenas os participantes diretos podem decodificar e ler as informações, geralmente protegidas por criptografia.

As *blockchains* híbridas ou "de consórcio" combinam elementos das redes públicas e privadas, oferecendo um equilíbrio entre transparência e controle. Nesse modelo, o acesso é permissionado, mas com diferentes níveis, permitindo uma governança mais flexível. A transparência e a privacidade são balanceadas de acordo com as necessidades específicas do consórcio ou grupo de organizações que gerenciam a rede.

Os mecanismos de consenso em redes híbridas geralmente utilizam variações de *Proof of Stake* (PoS) e *Practical Byzantine Fault Tolerance* (PBFT), ou até mesmo mecanismos customizados para atender às demandas particulares do consórcio. Exemplos de *blockchains* híbridas incluem Dragonchain e XDC Network, frequentemente aplicadas em consórcios empresariais e em parcerias público-privadas.

3.2. Fatores de escolha, dilemas e trilemas

Ao escolher o tipo de *blockchain* mais adequado para uma aplicação específica, é importante considerar o Teorema CAP (Consistência, Disponibilidade e Tolerância a Partição) e o consequente trilema entre descentralização, rapidez e segurança imposto às blockchains, obrigando-as a priorizar duas dessas características em detrimento da terceira. Outros fatores cruciais incluem os requisitos de descentralização, as necessidades de privacidade e controle, a escalabilidade e a performance desejadas, além das regulamentações e dos requisitos de conformidade aplicáveis.

---

[4] No contexto da criptografia aplicada, trata-se de uma abordagem sistemática para identificar, avaliar e priorizar potenciais ameaças à segurança de um sistema, permitindo o desenvolvimento de contramedidas adequadas para proteger ativos e informações sensíveis.

Uma análise comparativa detalhada, considerando as características-chave de cada tipo de *blockchain*, pode auxiliar na seleção da solução mais apropriada para cada cenário de uso. É importante também estar atento às tendências futuras e à evolução contínua da tecnologia *blockchain*, a fim de poder escolher o que de mais adequado existe em um dado momento. Desafios adicionais a serem considerados incluem a interoperabilidade entre diferentes tipos de *blockchain*, o impacto da evolução tecnológica nas escolhas atuais e os aspectos regulatórios e legais que podem afetar a implementação e a operação dessas redes.

3.3. *Blockchain* empresarial: funcionamento e particularidades

A arquitetura *blockchain* empresarial é composta por diversas camadas que trabalham em conjunto. A camada de rede gerencia a comunicação entre os nós, enquanto a camada de consenso garante a validação das transações. A camada de execução é responsável pelos contratos inteligentes, e a camada de dados gerencia o armazenamento das informações.

A segurança e a privacidade são aspectos cruciais na implementação de soluções *blockchain* empresariais. A Infraestrutura de Chave Pública (*Public Key Infrastructure* – PKI) permite a criação, o gerenciamento e a revogação de chaves públicas e privadas. A integração com sistemas de identidade corporativa existentes facilita a transição para soluções descentralizadas, melhorando a eficiência na verificação de identidades e reduzindo riscos de fraudes.

Na proteção de dados, técnicas avançadas como criptografia homomórfica permitem o processamento de informações enquanto permanecem criptografadas, algo especialmente útil para dados sensíveis como registros médicos ou financeiros. *Zero-Knowledge Proofs* (ZKPs) possibilitam a validação de transações sem expor dados confidenciais, aumentando a privacidade das interações na rede.

A natureza imutável da *blockchain* garante trilhas de auditoria permanentes, facilitando verificações internas e externas. A conformidade com regulamentações como GDPR e HIPAA é essencial para assegurar o controle adequado sobre informações pessoais. A segurança da rede é reforçada com o uso integrado de *firewalls* robustos e sistemas de detecção de intrusão, além da adequada segregação das redes, característica presente nesse tipo de arranjo para redes *blockchain* de uso corporativo.

3.3.1. Tecnologias de governança

Do ponto de vista institucional, a governança em sistemas *blockchain* pode ser estruturada por meio de consórcios ou federações, nos quais há múltiplas organizações colaborando diretamente para a operação da rede. A tomada de decisão descentralizada permite que todos os participantes contribuam para mudanças e atualizações do sistema. O gerenciamento de atualizações deve ser cuidadosamente planejado, incluindo auditorias regulares de contratos inteligentes e testes em ambiente controlado antes da implementação em ambiente de produção.

Da perspectiva técnica, é importante salientar que a integração de soluções *blockchain* com sistemas existentes requer uma abordagem estratégica e bem planejada. APIs e *webhooks* são fundamentais para a comunicação eficiente entre diferentes sistemas. As APIs facilitam o acesso às funcionalidades da *blockchain*, como consultas a transações e execução de contratos inteligentes, enquanto os *webhooks* possibilitam notificações em tempo real sobre eventos específicos.

O *middleware* atua como uma camada intermediária que traduz dados e solicitações entre diferentes formatos e protocolos. Os adaptadores específicos permitem que aplicações legadas interajam com a nova infraestrutura *blockchain* sem necessidade de reescrita completa do código existente.

A migração de dados para a *blockchain* segue um processo ETL (*Extract, Transform, Load*) bem definido, que inclui a coleta de dados dos sistemas existentes, sua transformação para formatos adequados à *blockchain* e a inserção final na rede. A sincronização contínua entre sistemas legados e *blockchain* mantém a consistência das informações.

Muitas organizações optam por uma abordagem híbrida, onde sistemas *blockchain* e tradicionais coexistem. A migração gradual, começando com projetos menores ou provas de conceito, permite testar a viabilidade da tecnologia antes de um compromisso mais amplo. Essa estratégia fornece *insights* valiosos sobre desafios técnicos e operacionais antes da implementação completa.

3.3.2. Escalabilidade, performance e otimização

A escalabilidade em sistemas *blockchain* empresariais impacta diretamente a viabilidade das soluções implementadas. O dimensionamento adequado da infraestrutura deve considerar não apenas o volume atual de transações, mas o crescimento projetado.

Técnicas como *sharding*, em que a rede é dividida em subconjuntos menores, podem melhorar significativamente a capacidade de processamento.

Soluções de segunda camada, como *state channels* e *sidechains*, são alternativas para aumentar a velocidade e reduzir custos de transação. *State channels* permitem que participantes realizem múltiplas transações *off-chain*, registrando apenas os estados finais na *blockchain* principal. *Sidechains*, por sua vez, são cadeias paralelas que podem processar transações independentemente, aliviando a carga da rede principal.

O monitoramento de performance é essencial para manter a saúde da rede. Métricas importantes incluem tempo de confirmação de transações, utilização de recursos computacionais e latência da rede. Ferramentas de análise em tempo real auxiliam na identificação precoce de gargalos e na otimização do sistema. A otimização de contratos inteligentes também contribui para a performance geral. Boas práticas de desenvolvimento, como minimização de operações *on-chain* e uso eficiente de armazenamento, podem reduzir significativamente os custos operacionais. A implementação de *cache* adequado e a otimização de consultas são estratégias adicionais para melhorar a responsividade do sistema.

O balanceamento de carga entre nós validadores assegura distribuição adequada do processamento, evitando sobrecarga em pontos específicos da rede. Estratégias de *backup* e recuperação devem ser implementadas para garantir a continuidade das operações em caso de falhas.

3.4. Considerações finais

A *blockchain* demonstra sua capacidade de adaptação por meio de diferentes configurações, de modelos públicos até implementações privadas e híbridas, cada uma delas atendendo às necessidades específicas de um tipo de organização. A escolha do modelo mais adequado requer uma análise aprofundada que considere requisitos de segurança, escalabilidade e governança, além da capacidade de integração com sistemas existentes. O êxito na implementação corporativa depende dessa avaliação sistemática, especialmente ao considerar os compromissos técnicos inerentes entre descentralização, velocidade e segurança.

O amadurecimento da tecnologia revela avanços significativos em soluções empresariais, especialmente em aspectos como interoperabilidade e eficiência operacional. Inovações em técnicas de otimização e aprimoramentos nos mecanismos de governança indicam perspectivas promissoras para aplicações corporativas.

PARTE II. DESENVOLVIMENTO E IMPLEMENTAÇÃO EM *BLOCKCHAIN* – COLOCANDO A MÃO NA MASSA

4. Definição e funcionamento de *smart contracts*

Marcelo Santos
Gabriel Aleixo

4.1. Origem, particularidades e aplicações

A expressão *smart contracts* foi cunhada e publicamente disseminada por Nick Szabo a partir do artigo seminal *Formalizing and Securing Relationships on Public Networks*, escrito em 1997. Desde então, as discussões em torno do conceito evoluíram bastante, especialmente com o advento da tecnologia *blockchain*. Com o surgimento de *blockchains* largamente programáveis a partir de 2015, a discussão trazida por Szabo passou do campo teórico à prática.

Contudo, mesmo que quase duas décadas tenham sido necessárias entre as primeiras proposições teóricas e a construção de ferramentas como essas, a definição por ele lançada continua atual, diante da influência que teve no desenho tecnológico dessas plataformas e também no que concerne às noções de governança e incentivos econômicos necessárias para que funcionem com autonomia, segurança e eficiência.

Um contrato, no sentido amplo do termo, pode ser definido como a formalização de uma relação entre duas mentes (Szabo, 1997), compreendendo um conjunto de ações circunstanciais que na prática valem como promessas a serem cumpridas, de comum acordo, pelas partes envolvidas. Logo, para Szabo, o grande salto propiciado pela eventual digitalização e automação dos contratos, tornando-os "inteligentes", consistiria na capacidade destes funcionarem a partir de hardware e software com que já trabalhamos no cotidiano, os quais seriam capazes de tornar a quebra de certas cláusulas, como um colateral financeiro ou a definição dos direitos de propriedade sobre um determinado bem, substancialmente cara para o eventual fraudador, até mesmo de forma proibitiva.

Protocolos de controle existem, muitas vezes, para assegurar o cumprimento dos contratos. Processos como validação, assinatura, auditoria, comparação etc. são comumente utilizados no mundo físico a fim de garantir que determinada atividade foi cumprida, bem como determinar as eventuais consequências de um não cumprimento. Em resumo, diante da impossibilidade prática de controlar integralmente todas as atividades desempenhadas por todos os indivíduos a todo momento no mundo físico, os protocolos de controle servem como referência prática para inferir como se comportou determinado agente, a partir de cláusulas que foram ou não cumpridas por ele.

Todavia, na modalidade tradicional, obviamente, contratos não têm a capacidade embutida de *enforcerment* das próprias cláusulas. Ou seja, não há como tomarem decisões por si mesmos, mas apenas orientar procedimentos externos a eles a partir de ações realizadas por uma ou mais partes que, não raro, dependem de intermediários para atribuir confiança ou legalidade ao processo.

Como evidenciado pela leitura de Aaron Wright e Primavera de Filippi (2015), é justamente nisso que consiste o trunfo de *blockchain* para os contratos:

> *Using a distributed database, like the blockchain, parties can confirm that an event or condition has in fact occurred without the need for a third party. As a result, the technology has breathed life into a theoretical concept first formulated in 1997: digital, computable contracts where the performance and enforcement of contractual conditions occur automatically, without the need for human intervention [...] In some cases, smart contracts represent the implementation of a contractual agreement, whose legal provisions have been formalized into source code. Contracting parties can thus structure their relationships more efficiently, in a self-executing manner and without the ambiguity of words. Reliance on source code enables willing parties to model contractual performance and simulate the agreement's performance before execution. In other cases, smart contracts introduce new codified relationships that are both defined and automatically enforced by code, but which are not linked to any underlying contractual rights or obligations. To the extent that a blockchain allows for the implementation of self-executing transactions, parties can freely transact with one another, without the technical need to enter into a standard contractual arrangement.*

Isso é possível a partir das implicações da tecnologia *blockchain* sobre informações estruturadas na forma de contratos inteligentes, pois ela permite digitalizar processos de controle, automatizar a tomada de decisões, descentralizar ou até mesmo remover a figura do agente mediador e desincentivar economicamente as tentativas de fraude.

4.2. Os *tokens* no contexto dos contratos inteligentes

Os *tokens* em *blockchain* representam uma evolução significativa na forma como concebemos, representamos e utilizamos ativos nos meios digitais. Eles podem ser classificados em duas categorias principais: fungíveis e não fungíveis. Os *tokens* fungíveis são aqueles que possuem valor equivalente e são intercambiáveis entre si, como é o caso das criptomoedas. Por outro lado, os *tokens* não fungíveis (*Non Fungible Tokens* – NFTs) são únicos e representam ativos digitais específicos, como obras de arte e itens colecionáveis, ou ainda bens atrelados nominalmente a algum ente, como diplomas e certificados.

Além dessa classificação, os *tokens* podem ser categorizados como utilitários ou securitários. Os *tokens* utilitários são projetados para fornecer acesso a um produto ou serviço específico dentro de um ecossistema *blockchain*. Já os *tokens* securitários representam investimentos e são regulados como valores mobiliários, oferecendo direitos de propriedade ou dividendos aos detentores.

Para a emissão de *tokens*, existem padrões de contratos amplamente adotados na indústria. O ERC-20, por exemplo, é o mais comum para *tokens* fungíveis na rede Ethereum e em outras que utilizam normatizações análogas, permitindo *tokens* com características uniformes e interoperabilidade entre aplicações ou até mesmo sistemas inteiros. Já o ERC-721 é o padrão utilizado para *tokens* não fungíveis, possibilitando a criação de ativos digitais particularmente únicos e indivisíveis, mas com as demais características técnicas semelhantes às de um *token* ERC-20, como no quesito interoperabilidade.

Inicialmente utilizados de maneira um pouco mais estática, para representar posses ou valores em geral, os *tokens* vêm ganhando maior proeminência em aplicações de governança descentralizada ao se combinarem aos contratos inteligentes para permitirem votações e deliberações gerais, arbitradas exclusivamente em uma *blockchain*. Nesse modelo, os detentores de *tokens* podem participar diretamente das decisões que afetam um protocolo ou uma organização, uma forma mais democrática e transparente de tomada de decisões.

Além da votação via *tokens*, a votação via assinaturas tem se mostrado uma alternativa eficiente. Nesse método, os participantes assinam digitalmente suas decisões, que são então verificadas e contabilizadas pelo contrato inteligente. Esse processo garante a autenticidade dos votos e reduz a possibilidade de fraudes.

Já as *token-gated apps* representam o ápice da confluência entre contratos inteligentes e o uso nativo de ativos digitais e consistem em uma nova fronteira na interação entre usuários e aplicativos descentralizados. Essas aplicações requerem determinados *tokens* para acessar funcionalidades específicas, criando assim comunidades exclusivas e incentivando a participação ativa dos detentores de *tokens*. Há nesta obra um capítulo exclusivo dedicado a abordá-las com profundidade de conceitos e exemplos práticos.

Enfatiza-se que essas tecnologias permitem "funcionar a partir de hardware e software com que já trabalhamos no cotidiano", exatamente como proposto por Nick Szabo, tornando tais interações mais eficientes e seguras. Essa evolução automatiza processos e introduz novas formas de "relações programáveis", definidas e automaticamente aplicadas por código computacional, redesenhando a natureza das interações digitais e econômicas na medida em que se expandem.

4.3. Diferenças entre *smart contracts* e contratos tradicionais

Embora tanto o contrato tradicional quanto o *smart contract* sejam na prática acordos que envolvem direitos e obrigações entre partes, as diferenças entre eles revelam que ainda existem desafios jurídicos, tecnológicos e funcionais que devem ser explorados. A seguir, demonstramos três aspectos que os distinguem: execução, intermediação e flexibilidade.

4.3.1. Execução

A grande diferença entre *smart contracts* e contratos tradicionais está na forma de como são executados. Contratos tradicionais necessitam de ações humanas: as partes envolvidas entram em acordo sobre o texto, assinam o contrato e reconhecem firma em cartório. Quando há descumprimento, recorrem a tribunais ou contratam advogados para mediar a causa.

A dependência de mecanismos externos para gerir o contrato frequentemente gera custos adicionais, leva a atrasos e às vezes cria disputas sobre a interpretação ou os prazos descritos no contrato. Os *smart contracts*, por outro lado, funcionam de maneira automática e independente.

Por exemplo, um *smart contract* que venda um imóvel pode liberar o pagamento ao dono do imóvel assim que o comprador comprovar que realizou o depósito. A execução programada elimina a necessidade de confiança entre as partes, mas também cria desafios: se aparecerem erros no código, a execução pode levar a resultados indesejados. O que parece ser uma solução eficiente pode esbarrar em complexidades do mundo real (Mik, 2017, p. 270).

4.3.2. Intermediação vs. descentralização

Contratos tradicionais envolvem múltiplos intermediários para garantir o cumprimento das obrigações ou mediar conflitos, além de envolver advogados para validação do contrato e das assinaturas. Esses intermediários trazem segurança ao objeto do contrato, porém adicionam custos e algumas vezes atrasos burocráticos.

Ao operarem em redes descentralizadas, os *smart contracts* caminham em direção contrária ao uso de intermediários e mediadores, uma vez que a confiança é transferida integralmente para a figura do código computacional. A descentralização pode reduzir custos e aumentar a eficiência (Sklaroff, 2018, p. 2), porém, ao se implementar um *smart contract*, não há como produzir alterações de maneira simples. Este é o preço a se pagar: há uma limitação à capacidade do *smart contract* de se adaptar a circunstâncias inesperadas, especialmente quando há um grau maior de subjetividade envolvido.

4.3.3. Flexibilidade vs. rigidez programática

Os contratos tradicionais são flexíveis, e alterações podem ser realizadas durante o curso do contrato. Um aditivo pode ser acrescentado e negociações amigáveis podem trazer outro contorno ao documento. Essa flexibilidade é uma das razões pelas quais os contratos tradicionais são base da maioria das transações jurídicas.

Os *smart contracts* são programados para serem rígidos e só podem ser alterados mediante codificação adicional ou uso de cláusulas externas vinculadas a "oráculos"[5]. Essa rigidez pode ser tanto uma força quanto uma fraqueza (Raskin, 2017, p. 307), pois, enquanto garante a execução precisa e imparcial, falha em acomodar exceções que frequentemente surgem no mundo real.

[5] Uma definição completa sobre o tema pode ser analisada no Capítulo 11 desta obra.

Um *smart contract* é programável. Seus componentes centrais são o código-fonte, o *bytecode* e a ABI (*Application Binary Interface*).

4.4. Código-fonte

O código-fonte é a base de todo *smart contract* e é escrito em linguagens específicas como Solidity. Ele define, por exemplo, as condições para a transferência do ativo, as punições por descumprimento e as regras que regem o contrato, além de especificar as interações com outras partes da *blockchain*. Após o contrato ser escrito, ele é submetido a um compilador que o converte em *bytecode*, tornando-o legível pela máquina virtual *Ethereum Virtual Machine* (EVM), no caso da Ethereum. A seguir, o código-fonte de um contrato simples para incrementar e decrementar um contador armazenado no contrato.

```
// SPDX-Licence-Identifier: MIT
pragma solidity ^0.8.26;
contract Counter{
        uint256 public count;
        // Function to get the current count
        function get() public view returns (uint256) {
                return count;
        }
}
        // Function to increment count by 1
        function inc() public {
                count += 1;
        }
        // Function to decrement count by 1
        function dec() public{
                // This function will fail if count = 0
                count -= 1;
        }
}
```

4.5. *Bytecode*

Representado como um conjunto de instruções de baixo nível, o *bytecode* é a versão compilada do código-fonte que é carregada na *blockchain* e executada pela máquina virtual correspondente. Uma vez criado e implementado na *blockchain*, o *bytecode* é imutável, ou seja, o contrato trabalhará exatamente como foi especificado e programado na sua criação. A Figura 4.1 mostra um exemplo de *bytecode* após o contrato ser implementado na *blockchain*.


```
0x608060405260043610610le35760003560e01c806370a082311161010257806За3665ff811610095578063cb84fa0f1161006
```


Figura 4.1. Exemplo de *bytecode*.
Fonte: os autores.

4.6. ABI (*Application Binary Interface*)

A ABI é a ponte entre o *smart contract* e o mundo externo, permitindo que outros contratos ou interfaces de usuário interajam com o *smart contract* chamando funções ou lendo dados que foram gravados na *blockchain*. Sem a ABI não seria possível interagir com o *smart contract*, tornando-o inacessível para o próprio desenvolvedor e para os usuários finais. Na Figura 4.2, é exemplificado o código ABI gerado após implementação do código na *blockchain*.


```
[{"inputs":[{"internalType":"string","name":"name","type":"string"},
{"internalType":"string","name":"symbol","type":"string"},
{"internalType":"address","name":"initialOwner","type":"address"}],"stateMutability":"nonpayable","type
":"constructor"},{"inputs":[{"internalType":"address","name":"spender","type":"address"},
{"internalType":"uint256","name":"allowance","type":"uint256"},
{"internalType":"uint256","name":"needed","type":"uint256"}],"name":"ERC20InsufficientAllowance","type"
:"error"},{"inputs":[{"internalType":"address","name":"sender","type":"address"},
{"internalType":"uint256","name":"balance","type":"uint256"},
{"internalType":"uint256","name":"needed","type":"uint256"}],"name":"ERC20InsufficientBalance","type":"
```


Figura 4.2. Código ABI.
Fonte: os autores.

Na Figura 4.3 são exemplificadas as funções que estão disponíveis em uma ABI para o usuário utilizar na *blockchain* (no caso, dentro da rede Binance Chain) e que permitem submeter dados à rede.

Figura 4.3. Funções disponíveis em uma ABI.
Fonte: os autores.

4.7. Conexão entre os componentes

O funcionamento técnico de um *smart contract* depende da conexão entre o código-fonte, o *bytecode* e a ABI: o código-fonte fornece regras e condições; o *bytecode* implementa essas regras na *blockchain*; e a ABI habilita a comunicação entre o contrato e seus usuários ou outros sistemas. Essa estrutura modular garante eficiência, automação e transparência, mas também destaca a importância de codificação cuidadosa e de boas práticas de desenvolvimento para evitar vulnerabilidades ou falhas irreversíveis (Wan *et al.*, 2021). Essa tríade é o núcleo do funcionamento técnico dos *smart contracts*.

4.8. Concluindo e recapitulando: do começo ao fim

Inicialmente, na fase de criação e implementação, um contrato inteligente é desenvolvido por programadores utilizando linguagens específicas. Nesta etapa, o código é escrito, testado e otimizado para garantir sua funcionalidade e segurança. Uma vez finalizado, o contrato é publicado na *blockchain*, onde recebe um endereço único e torna-se acessível para interação.

A ativação do *smart contract* ocorre quando ele é efetivamente colocado em funcionamento na rede *blockchain*. Nesse momento, o contrato passa a estar disponível para execução, aguardando que certas condições sejam atendidas ou que seja invocado por usuários autorizados. Durante a fase de execução, o *smart contract* opera de forma autônoma, cumprindo as funções para as quais foi programado.

Esta etapa é caracterizada pela automação e pela capacidade do contrato de "funcionar a partir de hardware e software com que já trabalhamos no cotidiano", como proposto por Nick Szabo. A execução pode envolver transferências de ativos, verificação de condições ou qualquer outra lógica programada no contrato. Em alguns casos, pode ser necessária a atualização do *smart contract*.

No entanto, devido à natureza imutável da *blockchain*, a atualização direta de um contrato já implantado geralmente não é possível no sentido estrito (Sklaroff, 2018). Em vez disso, novas versões do contrato podem ser implementadas, com mecanismos para migrar dados e funcionalidades do contrato antigo para o novo (Tai, 2019). Esse processo requer execução e planejamento cuidadosos para manter a integridade e a continuidade das operações.

Por fim, a destruição de um *smart contract*, quando aplicável, geralmente envolve a desativação de suas funcionalidades, o que pode ser feito por meio de uma função específica programada no contrato, que o torna inoperante ou transfere seus ativos para um endereço previamente estipulado. Contudo, é importante notar que, mesmo após a "destruição", seu histórico permanece na *blockchain*, mantendo a transparência e a auditabilidade de todas as transações realizadas (Alharby; Van Moorsel, 2017).

Esse ciclo de vida demonstra como os *smart contracts* automatizam processos e introduzem novas relações, transformando a natureza do que se entende por contrato e abrindo possibilidades inéditas nesse sentido.

5. Engenharia de *blockchain*: implementação prática em Python

Tiago F. Cavazin

A estrutura básica de uma *blockchain* está fundamentada na criação e na interconexão de nós (*nodes*), os pontos da rede responsáveis por validar e propagar transações. Cada nó contém uma cópia completa ou parcial da *blockchain* e executa o código que estabelece os parâmetros para processamento de transações e mineração de novos blocos.

O primeiro bloco da cadeia, denominado bloco gênesis, é criado durante a inicialização do sistema e serve como ponto de partida para todas as transações subsequentes. Em um ambiente de desenvolvimento, as transações podem ser iniciadas de duas formas: via requisições API (para fins de protótipo e testes) e por meio de *wallets* que interagem automaticamente com a rede.

A imutabilidade, característica fundamental da *blockchain*, é garantida através de funções *hash* criptográficas (como SHA-256) que geram identificadores únicos para cada bloco. Esses *hashes* formam uma cadeia interligada em que cada bloco referencia o *hash* do bloco anterior. O tamanho e a complexidade da rede influenciam diretamente a dificuldade do cálculo dos *hashes*, conhecido como *Proof of Work* (prova de trabalho). Para construir a *blockchain* simplificada deste presente exemplo são necessários:

- ✓ IDE (Visual Studio Code, PyCharm ou Spyder Anaconda)
- ✓ Python 3.7 ou superior
- ✓ Bibliotecas essenciais: Flask, requests, hashlib
- ✓ Postman ou similar para testes de API
- ✓ Git para controle de versão
- ✓ Terminal/Console para execução de comandos

Com essa infraestrutura, é possível implementar o mecanismo de consenso e as regras básicas da *blockchain*; desenvolver *endpoints* API para criação de novos blocos, mineração através de requisições *GET/POST* e visualização da cadeia; e criar um *token* básico para demonstração.

Estrutura de arquivos:

- ✓ Diretório principal do projeto
- ✓ Módulos Python (.py) para cada componente
- ✓ Arquivo de requisitos (requirements.txt)

Dependências principais:

- ✓ Flask: *framework web* para desenvolvimento da API
- ✓ Requests: biblioteca para manipulação de requisições HTTP
- ✓ Hashlib: biblioteca para funções criptográficas

Configuração da API:

- ✓ *Endpoints GET* para consulta do estado da *blockchain*
- ✓ *Endpoints POST* para mineração e adição de blocos
- ✓ Servidor local (*localhost*) para desenvolvimento

5.1. Compreendendo as classes essenciais: Block e Blockchain

A classe **Block** representa a unidade fundamental do sistema, sendo responsável por armazenar e gerenciar as informações de cada bloco da cadeia. Ela será implementada posteriormente com métodos para cálculo de *hash*, validação de dados e gerenciamento de transações. Seus principais componentes são:

- ✓ **index:** identificador da posição do bloco na cadeia.
- ✓ **timestamp:** registro temporal da criação do bloco.
- ✓ **data:** informações ou transações armazenadas.
- ✓ **previous_hash:** hash do bloco anterior.
- ✓ **hash:** identificador único do bloco atual.

A classe **Blockchain** atua como gerenciadora da cadeia completa, sendo responsável por inicializar o sistema com bloco gênesis, adicionar novos blocos, validar a cadeia e gerenciar transações. Ela tem como principais métodos:

- ✓ **__init__:** inicializa a cadeia e cria o bloco gênesis.
- ✓ **create_block:** adiciona novos blocos à cadeia.
- ✓ **get_previous_block:** obtém o último bloco.
- ✓ **proof_of_work:** implementa o algoritmo de consenso.
- ✓ **hash:** gera identificadores criptográficos.
- ✓ **is_chain_valid:** verifica a integridade da cadeia.

5.2. Mineração

O mecanismo de consenso é responsável pela gestão, validação e integridade dos dados, além de implementar um sistema de incentivos e penalidades. O Bitcoin utiliza o *Proof of Work* (PoW) como seu mecanismo de consenso.

Na rede Bitcoin, o processo de validação ocorre através dos nós participantes que competem para resolver um problema matemático que demanda grande esforço computacional (o cálculo do *hash* do bloco seguinte). Conhecido popularmente como "mineração", o sistema é baseado no dispêndio crescente de poder computacional como forma de prevenção de ataques e fraudes.

O processo de mineração numa rede *blockchain* tradicionalmente se estrutura da seguinte forma:

1. Tem início após o bloco gênesis.
2. Expande-se a partir do desenvolvimento de uma rede interconectada.
3. Passa por aumento progressivo de segurança, na medida em que aumentam o volume de transações mineradas, a distribuição geográfica dos nós e a descentralização do poder computacional.

No exemplo a seguir, vamos detalhar a implementação e o funcionamento de uma *blockchain*, introduzindo a ela processos de mineração baseados no cálculo de provas de trabalho e que asseguram a manutenção de um mecanismo para resolução de disputas e preservação do consenso descentralizado na rede.

5.3. Rede *blockchain* com mecanismo de consenso via *Proof of Work*

```
class Block:
        # Cria um hash do bloco usando SHA-256
        block_string = json.dumps({
            "index": self.index,
            "timestamp": self.timestamp,
            "transactions": self.transactions,
            "previous_hash": self.previous_hash,
            "nonce": self.nonce
        }, sort_keys=True).encode()
```

```
class Blockchain:
    def _ _init_ _(self):
        self.chain = []
        self.difficulty = 4  # Número de zeros iniciais requeridos no hash
        self.pending_transactions = []
        self.mining_reward = 10
    ...
        self.create_genesis_block()  # Criar bloco gênesis

    def create_genesis_block(self):
        genesis_block = Block(0, time(), [], "0")
        self.chain.append(genesis_block)
    def get_latest_block(self):
        return self.chain[-1]

    def proof_of_work(self, block, max_attempts=1000000):
    attempt = 0
    while not block.hash.startswith('0' * self.difficulty):
        if attempt >= max_attempts:
            raise Exception("Limite máximo de tentativas atingido")
        block.nonce += 1        block.hash = block.calculate_hash()
        """
        Implementa o algoritmo de Proof of Work:
        - Incrementa o nonce até encontrar um hash que comece com
          o número correto de zeros (definido por self.difficulty)
        """
        while not block.hash.startswith('0' * self.difficulty):
            block.nonce += 1
            block.hash = block.calculate_hash()
         def mine_block(self, miner_address):
        """
        Método para minerar um novo bloco:
        1. Cria um novo bloco com as transações pendentes
        2. Adiciona a recompensa de mineração
        3. Encontra o Proof of Work
        4. Adiciona o bloco à cadeia
        """
        # Adiciona a recompensa de mineração às transações pendentes
        self.pending_transactions.append({
            "from": "network",
            "to": miner_address,
            "amount": self.mining_reward
        })

        # Cria o novo bloco
```

```
        block = Block(
            index=len(self.chain),
            timestamp=time(),
            transactions=self.pending_transactions,
            previous_hash=self.get_latest_block().hash
        )

        # Encontra o proof of work
        self.proof_of_work(block)

        # Adiciona o bloco à cadeia
        self.chain.append(block)
        # Limpa as transações pendentes
        self.pending_transactions = []

        return block
    def add_transaction(self, sender, recipient, amount):
        """
        Adiciona uma nova transação à lista de transações pendentes
        """
        self.pending_transactions.append({
            "from": sender,
            "to": recipient,
            "amount": amount
        })
```

Essa implementação inclui o *Proof of Work* no método **proof_of_work** e utiliza um sistema de dificuldade baseado em zeros iniciais no *hash* e que gera incrementos no *nonce* até que seja encontrado um *hash* válido. Já no método **mine_block** há o agrupamento de transações pendentes. Como funcionalidades adicionais, temos ainda o sistema de transações pendentes de recompensas de mineração, o cálculo de *hash* usando SHA-256 e a validação de blocos.

A seguir, são detalhados diferentes exemplos de como o código pode ser utilizado para processar transações por meio da rede, minerar novos blocos ou extrair blocos recém-minerados.

```
# Exemplo de uso:
if __name__ == "__main__":
    # Criar uma nova blockchain
    my_blockchain = Blockchain()

    # Adicionar algumas transações
```

```
my_blockchain.add_transaction("Alice", "Bob", 50)
my_blockchain.add_transaction("Bob", "Charlie", 30)

# Minerar um novo bloco
miner_address = "miner_wallet_address"
new_block = my_blockchain.mine_block(miner_address)

# Imprimir informações do bloco minerado
print(f"Novo bloco minerado!")
print(f"Hash: {new_block.hash}")
print(f"Nonce: {new_block.nonce}")
print(f"Transações: {new_block.transactions}")
```

5.4. Adicionando novos mecanismos para transações e validações

A expansão da implementação anterior introduz um sistema mais robusto de gerenciamento de transações através da classe **Transaction**. Essa classe administra as operações individuais entre usuários e implementa um sistema simplificado de assinatura digital e mantém um registro estruturado dos dados essenciais de cada transação, como remetente, destinatário e valor transferido. Para garantir a segurança e a eficiência do sistema, é importante considerar a implementação de árvore Merkle através do método **calculate_merkle_root**, que otimiza a verificação das transações e fortalece a integridade dos blocos.

Embora mantendo a simplicidade necessária para fins ilustrativos, o exemplo permite compreender como as transações são processadas e validadas em uma *blockchain* real. A seguir, são detalhados diferentes exemplos de como o código pode ser utilizado para processar transações por meio da rede, minerar novos blocos, validar o estágio atual da *blockchain* ou extrair informações gerais sobre os blocos recém-minerados ou a respeito de transações nele incluídas.

```
# Exemplo de uso:
if __name__ == "__main__":


# Criar blockchain
blockchain = Blockchain()

# Adicionar algumas transações
blockchain.add_transaction("Alice", "Bob", 50.0)
```

```
blockchain.add_transaction("Bob", "Charlie", 30.0)
blockchain.add_transaction("Charlie", "David", 20.0)

# Minerar um bloco com as transações pendentes
miner_address = "miner_wallet"
blockchain.mine_block(miner_address)

# Validar a cadeia
is_valid = blockchain.validate_chain()
print(f"A blockchain é válida? {is_valid}")

# Imprimir informações das transações no último bloco
last_block = blockchain.chain[-1]
print("\nTransações no último bloco:")
for tx in last_block.transactions:
    print(f"De: {tx.sender}")
    print(f"Para: {tx.recipient}")
    print(f"Valor: {tx.amount}")
    print(f"Assinatura: {tx.signature[:10]}...\n")
```

5.5. Considerações e aprofundamento

A implementação apresentada mostra os fundamentos básicos de uma *blockchain* na prática e seus conceitos essenciais em uma versão simplificada se comparada às que podem ser encontradas na realidade. Embora a estrutura implementada contenha os elementos necessários (como blocos, transações, *hash* criptográfico e mecanismo de consenso simples), ela apresenta limitações significativas em comparação com sistemas *blockchain* reais. A ausência de uma rede *peer-to-peer* e de mecanismos de segurança mais robustos torna essa implementação adequada apenas para fins educacionais e de prototipagem.

Para a evolução desse sistema em direção a uma aplicação mais próxima da realidade, seriam necessários diversos incrementos. A adição de uma rede P2P permitiria a descentralização efetiva do sistema, enquanto o mecanismo de consenso também poderia ser aprimorado, seja através de um *Proof of Work* mais sofisticado ou da adoção de alternativas como *Proof of Stake*, que ofereceria maior eficiência energética e escalabilidade ao sistema. Você pode expandir esse conhecimento inicial experimentando com o código apresentado, modificando parâmetros, adicionando funcionalidades e, principalmente, compreendendo as implicações práticas de cada componente do sistema.

6. Plataformas de desenvolvimento de *smart contracts*

Marcelo Santos
Ana Paula Bernardi da Silva

As plataformas de desenvolvimento de *smart contracts* são ambientes integrados que simplificam a criação, o teste e a implantação de contratos em redes descentralizadas. Cada vez mais, ferramentas especializadas vêm sendo desenvolvidas para atender às necessidades de desenvolvedores que buscam desde a prototipação rápida até a execução de projetos complexos e robustos.

Neste capítulo, exploraremos algumas das principais plataformas disponíveis para o desenvolvimento de contratos inteligentes. Desde ferramentas baseadas em navegadores, como o conhecido Remix IDE, até ambientes mais personalizáveis e avançados, como Hardhat e Truffle, há opções para desenvolvedores de todos os níveis de experiência.

Também discutiremos o papel de algumas plataformas no ecossistema de contratos inteligentes. O Hyperledger Fabric se destaca por sua abordagem modular e suporte a redes permissionadas, permitindo que empresas criem e testem contratos inteligentes em um ambiente seguro e controlado, antes de sua implementação em cenários corporativos reais. Já a Polygon oferece uma solução escalável para contratos inteligentes no ecossistema Ethereum, reduzindo custos e melhorando a eficiência por meio de sua infraestrutura de segunda camada. Ambas as plataformas contribuem significativamente para a expansão e a adoção da tecnologia *blockchain*, atendendo a diferentes necessidades.

6.1. IDEs baseadas em navegador para desenvolvimento de *smart contracts*

As IDEs baseadas em navegador têm se destacado como uma solução prática e acessível para o desenvolvimento de contratos inteligentes, especialmente aqueles que buscam agilidade e simplicidade na criação e no teste de código. Essas plataformas eliminam a necessidade de instalação de softwares locais e permitem que desenvolvedores iniciem seus projetos diretamente em um ambiente *on-line*. Com ferramentas como o Remix IDE e o EthFiddle, é possível prototipar rapidamente, executar testes e até mesmo implantar contratos em redes *blockchain*, tudo a partir de uma interface intuitiva e acessível de qualquer dispositivo com conexão à internet.

O Remix IDE foi criado e é mantido pela Ethereum Foundation, especificamente por sua equipe de desenvolvimento de ferramentas. O projeto é parte integrante do ecossistema Ethereum e surgiu com o objetivo de fornecer um ambiente prático e acessível para criação, teste e implantação de contratos inteligentes. O Remix IDE foi originalmente derivado de uma ferramenta chamada Browser-Solidity, desenvolvida por Christian Reitwiessner, um dos principais contribuidores para o desenvolvimento do compilador Solidity e ferramentas relacionadas ao Ethereum.

O Remix IDE é muito usado para o desenvolvimento de contratos inteligentes em Solidity, devido à sua abordagem prática e acessível para desenvolvedores iniciantes e experientes. A sua interface modular e intuitiva facilita a utilização de *plugins* para personalizar o fluxo de trabalho, enquanto recursos como a integração com o MetaMask e o suporte a testes automatizados tornam o desenvolvimento mais eficiente e seguro (Dannen, 2017). Essa flexibilidade tem tornado o Remix uma escolha padrão para a prototipagem e o aprendizado no ecossistema Ethereum.

O EthFiddle é uma ferramenta leve e baseada em navegador para o desenvolvimento de contratos inteligentes em Solidity, projetada para facilitar a escrita, o compartilhamento e o teste de códigos de forma rápida e colaborativa. Criado pela equipe da The Loom Network, o EthFiddle tem como foco proporcionar um ambiente simplificado para desenvolvedores que desejam prototipar contratos inteligentes e compartilhar soluções com a comunidade. A plataforma é mantida pela própria Loom Network.

O ChainIDE é uma plataforma de desenvolvimento baseada em navegador projetada para oferecer um ambiente integrado e acessível para criação, teste e implantação de contratos inteligentes. Desenvolvido e mantido pela equipe da WhiteMatrix, o ChainIDE suporta diversas *blockchains*, como Ethereum, Binance Smart Chain, Hyperledger e outras, destacando-se pela flexibilidade e ampla integração com diferentes ecossistemas. Com uma interface amigável e suporte a múltiplas linguagens de contrato, o ChainIDE atende tanto a iniciantes quanto a desenvolvedores experientes.

6.2. IDEs de *desktop* para desenvolvimento de contratos inteligentes

Diferentemente das ferramentas baseadas em navegador, as IDEs de *desktop* permitem maior controle sobre configurações, integração com sistemas locais e suporte a fluxos de trabalho complexos. Ideal para desenvolvedores que precisam de maior escalabilidade e flexibilidade, essas IDEs geralmente incluem funcionalidades avançadas, como integração com *blockchains* locais, depuração detalhada e suporte a testes automatizados, sendo essenciais para projetos maiores e mais sofisticados.

O Truffle Suite é um dos *frameworks* mais completos para o desenvolvimento de contratos inteligentes em Ethereum. Com ferramentas para escrita, teste e migração de contratos, ele simplifica o ciclo de vida do desenvolvimento *blockchain*. Além disso, integra-se ao Ganache, que simula uma rede *blockchain* local e permite testes detalhados antes da implantação. Essa suíte, altamente configurável, é indicada para desenvolvedores que buscam eficiência e organização em projetos complexos.

Para implementar um *smart contract*, é necessário conectá-lo a uma *blockchain*. O Truffle tem uma *blockchain* pessoal integrada que pode ser usada para testes. Ela é local para seu sistema e não interage com a rede principal do Ethereum. É possível criar uma *blockchain* e interagir com ela usando o Truffle Develop.

O Hardhat é um ambiente de desenvolvimento flexível e moderno para contratos inteligentes em Solidity, projetado para atender às necessidades de projetos mais personalizáveis. Ele oferece funcionalidades como testes automatizados, depuração avançada e simulação de *blockchain* local, além de permitir o uso de *plugins* para expandir sua capacidade. Essa ferramenta auxilia os desenvolvedores na organização e automação de tarefas repetitivas inerentes ao desenvolvimento de contratos inteligentes e *dApps*, além de possibilitar a adição de novas funcionalidades ao fluxo de trabalho com facilidade. Isso inclui ações como a compilação e a execução de testes diretamente no ambiente.

O Hardhat também oferece a Hardhat Network, uma rede Ethereum local ideal para desenvolvimento que permite implantar contratos, realizar testes e depurar o código de forma eficiente. É possível criar uma *blockchain* e interagir com ela usando o instalador de pacotes npm.

O Visual Studio Code (VS Code) é uma das IDEs de código aberto mais populares no mundo do desenvolvimento de software. Com as extensões adequadas, torna-se uma poderosa ferramenta para trabalhar com contratos inteligentes. Extensões como *Solidity for Visual Studio Code* adicionam suporte à linguagem e oferecem recursos como destaque de sintaxe, compilação e integração com ferramentas de depuração. Essa versatilidade torna o VS Code ideal para desenvolvedores que buscam um ambiente personalizável e que atenda a múltiplas linguagens e tecnologias, indo além do desenvolvimento *blockchain*.

O Hyperledger Fabric é uma plataforma *blockchain* de código aberto para a implementação de redes descentralizadas e contratos inteligentes no contexto empresarial. Desenvolvido como parte do projeto Hyperledger pela Linux Foundation, o Fabric se destaca por sua arquitetura modular e suporte a redes permissionadas.

Diferentemente de plataformas públicas como Ethereum, o Hyperledger Fabric, com sua abordagem única para *smart contracts*, conhecida como *chaincodes*, oferece privacidade e controle aprimorado sobre as transações, o que o torna ideal para setores como finanças, saúde e logística, em que o sigilo é essencial. Além disso, a separação entre os componentes de execução de transações, consenso e identidade garante maior flexibilidade e escalabilidade para soluções empresariais (Hyperledger Fabric, s.d.). Essa abordagem permite que empresas implementem contratos inteligentes de forma eficiente, gerenciando interações confiáveis entre as partes e automatizando processos complexos.

Essa flexibilidade torna a plataforma uma ferramenta poderosa para construir soluções baseadas em *blockchain* que dependem de transações confiáveis e automação segura. Além disso, é uma plataforma de tecnologia de livro-razão distribuído (*Distributed Ledger Technology* – DLT) de nível empresarial, projetada para fornecer uma arquitetura modular com alto grau de confidencialidade, resiliência, flexibilidade e escalabilidade. Diferentemente de outras plataformas *blockchain*, o Fabric permite a implementação de componentes plugáveis, como mecanismos de consenso e serviços de associação, tornando-o adaptável a diversos casos de uso no ambiente corporativo.

6.3. Hyperledger Fabric

O Fabric adota uma arquitetura modular que separa as funções de execução de transações, consenso e gerenciamento de certificados. Essa separação permite maior flexibilidade e desempenho, além de facilitar a implementação de políticas de privacidade e controle de acesso. Uma rede Fabric é composta por diversos nós, conhecidos como *peers*, que mantêm o livro-razão e executam contratos inteligentes (*chaincodes*).

Esses nós são organizados em sub-redes privadas que permitem o compartilhamento de dados de forma confidencial entre grupos específicos de participantes.

No Fabric, cada participante possui uma identidade digital emitida por uma autoridade certificadora confiável. O MSP é responsável pelo gerenciamento dessas identidades e pela definição das políticas de acesso e participação na rede. As políticas no Fabric determinam as regras de governança da rede, incluindo critérios para validação de transações, definição de membros e controle de acesso a recursos específicos.

Os *peers* são os nós da rede que armazenam o livro-razão e executam os contratos inteligentes. Eles podem assumir diferentes papéis, como *endorsing peers*, que validam e endossam transações, e *committing peers*, que atualizam o livro-razão com as transações confirmadas. O livro-razão é o registro imutável de todas as transações ocorridas na rede. Ele é composto por duas partes: a *blockchain*, que armazena a sequência de blocos de transações, e o estado global, que representa o estado atual dos ativos na rede.

O Serviço de Ordenação (*Ordering Service*) é responsável por ordenar as transações de forma determinística e agrupá-las em blocos que serão distribuídos aos *peers*. Ele garante a consistência e a integridade dos dados no livro-razão. No Fabric, os contratos inteligentes são implementados como *chaincodes*, que são programas executados nos *peers* para gerenciar os ativos e as transações na rede. Eles definem a lógica de negócios e as regras que regem as interações entre os participantes.

O processo de implantação de um *chaincode* envolve etapas como definição, instalação, aprovação pelas organizações participantes e, finalmente, a ativação no canal. Esse ciclo de vida garante que todos os membros relevantes concordem com a lógica de negócios implementada. O Fabric permite a criação de coleções de dados privadas, onde informações sensíveis são compartilhadas apenas entre participantes autorizados, mantendo a confidencialidade dentro de um canal público.

Os canais no Fabric permitem que grupos específicos de participantes mantenham comunicações e transações privadas, isoladas do restante da rede. Cada canal possui seu próprio livro-razão e pode ser configurado com políticas e membros distintos.

Ao permitir que organizações configurem redes sob medida, com controle de acesso refinado e funcionalidades específicas para suas necessidades, o Hyperledger Fabric se posiciona como uma solução estratégica para transformar processos corporativos e impulsionar a inovação em diversos setores, como finanças, saúde e logística.

6.4. Polygon

A Polygon, lançada originalmente como Matic Network, é uma plataforma de segunda camada projetada para oferecer escalabilidade, redução de custos e alta velocidade para aplicativos descentralizados (*dApps*) e contratos inteligentes baseados na *blockchain* do Ethereum. Ao contrário da rede Ethereum principal, a Polygon utiliza uma arquitetura que combina várias tecnologias para melhorar a eficiência e a experiência do usuário, tornando-a uma solução popular para desenvolvedores que buscam implantar contratos inteligentes em grande escala.

A Polygon é totalmente compatível com a *Ethereum Virtual Machine* (EVM), ou seja, contratos inteligentes escritos em Solidity podem ser facilmente implantados na rede Polygon sem modificações. Isso possibilita que *dApps* e contratos inteligentes existentes sejam migrados para a Polygon com facilidade. A Polygon utiliza *sidechains Proof of Stake* (PoS) para processar transações fora da cadeia principal Ethereum, garantindo maior capacidade de processamento e custos reduzidos. Também suporta outras soluções de escalabilidade, como *rollups* (ZK-Rollups e Optimistic Rollups), que permitem processar milhares de transações de maneira eficiente.

Uma das maiores vantagens da Polygon é o custo extremamente baixo das taxas de transação, em contraste com as altas taxas da rede Ethereum. Isso a torna ideal para aplicações com um grande volume de transações, como jogos *blockchain*, NFTs e finanças descentralizadas (*DeFi*). Com um tempo médio de bloco de cerca de 2 segundos, a Polygon oferece uma experiência de transação rápida e fluida, fundamental para *dApps* que exigem interações em tempo real.

A arquitetura da Polygon permite a criação de várias *blockchains* conectadas, cada uma podendo ter sua própria lógica e seus contratos inteligentes. Isso promove a interoperabilidade e a personalização para diferentes projetos. A Polygon suporta ferramentas conhecidas de desenvolvimento, como Remix IDE, Truffle e Hardhat.

Por ser compatível com a *Ethereum Virtual Machine*, os desenvolvedores podem usar contratos inteligentes existentes ou aproveitar bibliotecas amplamente utilizadas no ecossistema Ethereum. A Polygon possui uma comunidade crescente de desenvolvedores e um ecossistema robusto, com suporte técnico e infraestrutura para novos projetos.

Para desenvolvedores e empresas que procuram construir aplicativos descentralizados robustos e econômicos, a Polygon oferece uma solução altamente adaptável e pronta para o futuro do ecossistema web3.

7. Linguagens de programação de *smart contracts*

Marcelo Santos

Este capítulo aborda as linguagens de programação aplicadas no desenvolvimento de contratos inteligentes, destacando suas características, aplicações e níveis de abstração. São apresentados os conceitos de linguagens de baixo e alto nível, suas diferenças e impactos no desenvolvimento seguro e eficiente desses contratos. A análise enfatiza as linguagens mais utilizadas no ecossistema *blockchain*, como Solidity, Rust e Bitcoin Script, destacando vantagens, limitações e domínio no mercado. O foco recai sobre a linguagem Solidity, amplamente adotada na Ethereum, por sua flexibilidade, robustez e integração com ferramentas como Remix IDE. Também são explorados os principais elementos da linguagem, incluindo tipos de dados, variáveis, operadores, funções, modificadores, construtores e manipulação de entradas e saídas, fundamentais para o desenvolvimento de contratos inteligentes seguros, escaláveis e eficientes.

7.1. Linguagens de *smart contracts*

Um *smart contract* (contrato inteligente) é um contrato que pode ser firmado entre duas ou mais partes e é criado em uma *blockchain* utilizando linguagem de programação. Além disso, devido às características da tecnologia *blockchain*, o contrato é executado automaticamente, sem a necessidade de intervenção de nenhuma das partes envolvidas. Podem ser criados contratos para qualquer tipo de finalidade, como registro de propriedade, compra, venda, empréstimo, trocas de criptomoedas, testamentos, entre outros (Szabo, 1996).

7.1.1. Linguagem de baixo nível

Desenvolver um *smart contract* em linguagem de baixo nível significa projetar o contrato para ser executado diretamente na máquina virtual subjacente, como, por exemplo, a EVM (*Ethereum Virtual Machine*), entre outras. Em contratos de baixo nível, o código é convertido para o formato interpretado diretamente pela *blockchain*, geralmente *bytecode*. Além disso, exige que o desenvolvedor tenha um conhecimento profundo da lógica, estrutura e funcionamento do contrato (Mantle, 2023; Lu *et al.*, 2024).

7.1.2. Linguagem de alto nível

Desenvolver um contrato em linguagem de alto nível pode facilitar a criação do contrato em si, uma vez que a abstração e a legibilidade podem tornar o processo mais eficiente, seguro, intuitivo e rápido para o desenvolvedor. Linguagens como Solidity (Ethereum), Flint (Flow) e Liquidity (Tezos) podem abstrair a complexidade da execução em baixo nível e proporcionar foco na garantia da integridade, minimizando a possibilidade de erros. Além disso, permitem que os desenvolvedores se concentrem nas regras de negócios, na lógica e no comportamento do contrato, sem se preocupar com detalhes técnicos como o *bytecode* ou a ordem de execução, o que aumenta a segurança (Ethereum, s.d.; Solidity, s.d.).

7.1.3. Linguagens mais utilizadas atualmente

Uma análise do mercado de contratos inteligentes até novembro de 2024 revela que as linguagens mais utilizadas são Solidity, Rust e Bitcoin Script, conforme dados do TVL (*Total Value Locked*), que mede o valor total bloqueado em contratos descentralizados. Esse dado reflete diretamente a preferência dos desenvolvedores e a confiança do mercado nessas tecnologias (Defillama, s.d.).

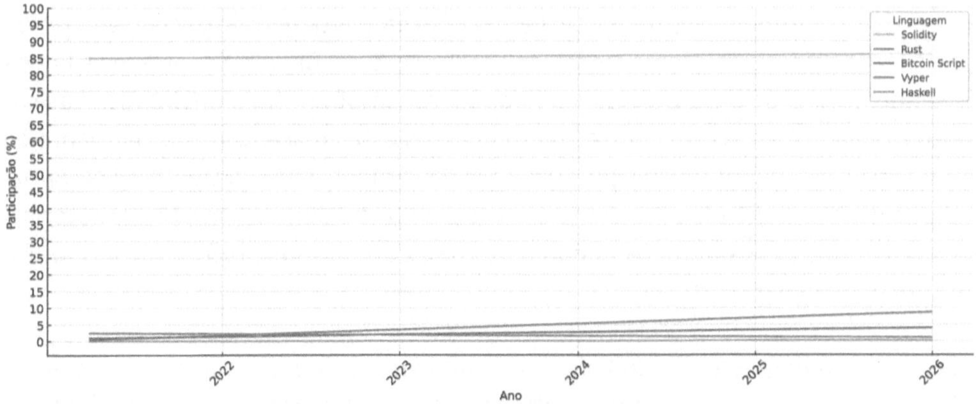

Figura 7.1. Linguagens mais utilizadas atualmente.
Fonte: adaptado de Defillama (s.d.).

7.1.3.1. Solidity

Solidity é indiscutivelmente a linguagem mais popular para o desenvolvimento de contratos inteligentes, com 87,53% de participação. Desenvolvida especificamente para a *blockchain* Ethereum, Solidity é uma linguagem de alto nível inspirada em JavaScript, Python e C++. Sua compatibilidade com a *Ethereum Virtual Machine* (EVM) a torna essencial para a criação de *dApps* (aplicações descentralizadas) e *tokens*, sendo amplamente adotada em diversos projetos *DeFi* (finanças descentralizadas) e NFT (*tokens* não fungíveis). A sintaxe intuitiva e o suporte a recursos avançados, como herança de contratos e tipos de dados complexos, são fatores que impulsionam sua popularidade (Solidity, s.d.; Ethereum, s.d.; Defillama, s.d.).

7.1.3.2. Rust

Rust ocupa a segunda posição, representando 8,46% do TVL. Reconhecida por sua segurança e alto desempenho, Rust é amplamente utilizada em *blockchains* como Solana e Polkadot. É uma linguagem ideal para desenvolvedores que buscam otimizar a execução de contratos inteligentes em redes que priorizam escalabilidade e baixa latência. A ausência de erros de memória, proporcionada por seu gerenciamento de memória seguro, e a capacidade de lidar com concorrência de forma eficiente tornam Rust uma escolha confiável para projetos em ambientes críticos (Hash Block, 2025; Defillama, s.d.).

7.1.3.3. Bitcoin Script

Bitcoin Script, com 2,37% de participação, é uma linguagem especializada para o ecossistema Bitcoin. Diferentemente de Solidity e Rust, Bitcoin Script é mais limitada, sendo projetada para transações financeiras simples e funcionalidades básicas. Contudo, sua utilização em contratos inteligentes está crescendo, especialmente em plataformas que exploram soluções de segunda camada, como a Lightning Network. Embora menos flexível, a robustez e a segurança da linguagem são características valorizadas para operações financeiras sensíveis (Szabo, 1996; Antonopoulos; Osuntokun; Pickhardt, 2022).

Solidity será a linguagem escolhida para este livro devido à sua ampla representatividade no desenvolvimento de contratos inteligentes. Embora Rust se destaque pelo desempenho em redes de alta capacidade e Bitcoin Script pela segurança em transações básicas, Solidity prevalece pela flexibilidade e adoção massiva no ecossistema Ethereum, tornando-se a escolha natural para abordar este tema (Solidity, s.d.; Defillama, s.d.).

7.2. A linguagem Solidity

Solidity é uma linguagem de programação voltada para a criação de contratos inteligentes, sendo amplamente utilizada em diversas plataformas *blockchain*, com destaque para o Ethereum. Licenciada sob a GNU *General Public License* v3.0, Solidity foi concebida por Gavin Wood e desenvolvida por Christian Reitwiessner, Alex Beregszaszi e outros ex-colaboradores do Ethereum. Os programas escritos em Solidity operam na máquina virtual Ethereum ou em ambientes virtuais similares (Solidity, s.d.; Ethereum, s.d.).

Gavin Wood propôs a linguagem de programação Solidity em agosto de 2014, marcando um avanço significativo no campo dos contratos inteligentes. Posteriormente, a equipe Solidity do projeto Ethereum, sob a liderança de Christian Reitwiessner, assumiu o desenvolvimento da linguagem (Solidity, s.d.; Tomar, 2024; Alchemy, 2023).

Solidity se estabeleceu como a linguagem predominante para a criação de contratos inteligentes não apenas para o Ethereum, mas também para outras plataformas *blockchain*, incluindo o Hyperledger Fabric, orientado para o setor empresarial. Um exemplo notável do seu uso no ambiente corporativo é a implementação de um projeto piloto pela SWIFT no Hyperledger Fabric (Hyperledger, s.d.; Swift, 2018; Ethereum, s.d.).

Com uma sintaxe que lembra ECMAScript, Solidity é acessível para desenvolvedores *web*, embora se diferencie pelo seu sistema de tipagem estática e pela variedade nos tipos de retorno. Solidity se distingue de outras linguagens voltadas para EVM, como Serpent e Mutan, em aspectos fundamentais. Ela permite a utilização de variáveis complexas em contratos inteligentes, incluindo mapeamentos e estruturas hierárquicas. Além disso, suporta herança em contratos inteligentes, inclusive a herança múltipla com linearização C3 (Solidity, s.d; Tomar, 2024).

Uma característica inovadora é a introdução de uma interface binária de aplicativo (*Application Binary Interface* – ABI) que proporciona a execução segura de múltiplas funções em um único contrato inteligente. Essa funcionalidade também foi adotada posteriormente pela Serpent. Outro aspecto notável é a "Especificação de Linguagem Natural", um sistema de documentação que permite a descrição focada no usuário das consequências das chamadas de métodos (Solidity, s.d.; Ethereum, s.d.).

7.2.1. Principais conceitos da linguagem Solidity

Ao desenvolver contratos inteligentes com Solidity, é essencial compreender alguns conceitos-chave.

7.2.1.1. Tipos de dados primitivos

No Solidity, existem alguns tipos de dados primitivos fundamentais para o desenvolvimento de contratos inteligentes. O tipo **bool** é utilizado para representar valores booleanos, que assumem apenas dois estados lógicos: verdadeiro (*true*) ou falso (*false*) (Solidity, s.d.).

O tipo **uint** serve para armazenar números inteiros não assinados, ou seja, apenas valores positivos e zero. Ele pode ter diferentes tamanhos, como **uint8**, **uint16**, até **uint256**, onde o número indica a quantidade de *bits*. Quando declarado apenas como **uint**, é equivalente a **uint256**, que é o padrão (Solidity, s.d.).

Já o tipo **int** é usado para números inteiros que podem ser tanto positivos quanto negativos, além do zero. Assim como no **uint**, também permite variações de tamanho, como **int8**, **int16** até **int256**. Se especificado apenas como **int**, assume-se também como int256 (Solidity, s.d.).

Por fim, o tipo **address** é utilizado para armazenar endereços na rede Ethereum, ocupando 20 *bytes*. Existe uma variação chamada **address payable**, que, além de armazenar o endereço, permite receber pagamentos em ether, sendo essencial para transações financeiras dentro dos contratos inteligentes (Solidity, s.d.; Ethereum, s.d.).

7.2.1.2. Variáveis

No Solidity, as variáveis podem ser classificadas em três tipos principais: variáveis de estado, variáveis locais e variáveis globais. Cada uma possui uma função específica no armazenamento e na execução dos contratos inteligentes (Tomar, 2024).

As variáveis de estado são aquelas que fazem parte do armazenamento permanente do contrato. Elas são declaradas dentro do contrato, mas fora das funções, e seus valores são preservados entre as execuções, podendo ser consultados ou alterados conforme a lógica do contrato (Solidity, s.d.).

As variáveis locais, por outro lado, existem apenas temporariamente enquanto a função em que estão declaradas está sendo executada. Elas são armazenadas na memória, não são gravadas na *blockchain* e, portanto, não impactam diretamente no custo de armazenamento. Após o término da execução da função, seus valores são descartados (Solidity, s.d.; Ethereum, s.d.).

Já as variáveis globais, também chamadas de variáveis especiais, são fornecidas automaticamente pelo ambiente da *blockchain*. Elas não precisam ser declaradas e oferecem informações contextuais importantes, como o endereço do remetente de uma transação, o carimbo de data e hora de um bloco ou dados sobre a própria *blockchain*. São amplamente utilizadas para validar ações, autorizar operações e registrar informações relevantes durante a execução do contrato (Solidity, s.d.; Tutorailspoint, s.d.; Iftikhar, 2024).

7.2.1.3. Operadores

No Solidity, assim como em outras linguagens de programação, a ordem de precedência dos operadores define como as expressões são avaliadas quando há mais de um operador presente. Isso significa que alguns operadores têm prioridade sobre outros, afetando diretamente o resultado das operações (Solidity, s.d.; GeeksforGeeks, 2023).

Os operadores com maior precedência são aqueles relacionados a acesso direto a elementos, como incremento e decremento feitos após a variável, chamadas de funções, acesso a membros de objetos, criação de novas instâncias e uso de parênteses para agrupar expressões, garantindo que sejam executadas primeiro (Solidity, s.d.; GeeksforGeeks, 2023).

Na sequência, aparecem os operadores de incremento e decremento aplicados antes da variável, além dos operadores unários, como o sinal de negativo, a negação lógica e a negação *bit* a *bit*. Esses operadores modificam um único operando antes de realizar qualquer outra operação.

A exponenciação é avaliada logo em seguida, tendo prioridade sobre as operações matemáticas tradicionais. Depois, vêm as operações de multiplicação, divisão e módulo, que são avaliadas antes da adição e subtração (Solidity, s.d.; Ethereum, 2024).

Operadores que manipulam *bits*, como deslocamento para esquerda e direita, vêm logo depois, seguidos dos operadores *bit* a *bit* de "E", "OU exclusivo" (XOR) e "OU".

Eles são importantes em manipulações mais técnicas, especialmente quando lidamos com dados em nível binário (Solidity, s.d.; GeeksforGeeks, 2023).

Os operadores de comparação, como maior, menor, maior ou igual e menor ou igual, são avaliados antes dos de igualdade, que verificam se valores são iguais ou diferentes. Em seguida, aparecem os operadores lógicos, começando pelo "E lógico" e depois o "OU lógico", que são usados para controlar fluxos de decisão no contrato (Solidity, s.d.).

Por fim, estão os operadores ternários, que funcionam como uma estrutura condicional compacta, e os operadores de atribuição, que, além de simplesmente atribuírem valores, podem fazer operações matemáticas ou *bit* a *bit*. A menor precedência de todas é do operador vírgula, que permite a execução de múltiplas expressões em sequência, retornando o resultado da última (Solidity, s.d.).

7.2.1.4. Funções

No Solidity, as funções são fundamentais para organizar o código e criar blocos lógicos reutilizáveis. Assim como em outras linguagens de programação, elas são usadas para executar tarefas específicas, mas, no contexto da *blockchain*, possuem particularidades importantes relacionadas à interação com o estado do contrato (Solidity, s.d.).

Existem dois tipos principais de funções no Solidity:

- ✓ As funções que modificam o estado do contrato, ou seja, fazem alterações permanentes na *blockchain*, como atualizar uma variável de estado (Solidity, s.d.).
- ✓ As funções que não modificam o estado e servem apenas para consultar informações sem gerar custos de armazenamento, sendo declaradas como **view** ou **pure**. Um exemplo clássico é uma função de leitura, que apenas retorna o valor de uma variável armazenada (Tomar, 2024; Solidity, s.d.).

Ao criar uma função, é necessário indicar seu nome, seus parâmetros de entrada, sua visibilidade (que define se ela pode ser chamada de fora ou apenas internamente) e, quando aplicável, o tipo de dado que será retornado. Uma convenção bastante utilizada é iniciar os parâmetros com um sublinhado, diferenciando-os das variáveis de estado. Quando uma função retorna um valor, é obrigatório declarar explicitamente o tipo desse retorno, o que contribui para a segurança e a clareza do código (Solidity, s.d.; Ethereum, s.d.).

Dentro desse universo, existem funções específicas chamadas de **view** e **pure**, fundamentais para otimizar o uso dos contratos. As funções **view** garantem que nenhuma alteração será feita no estado da *blockchain*. Elas são utilizadas apenas para leitura de dados e não podem executar ações que envolvam modificações, como atualizar variáveis, emitir eventos ou criar novos contratos (Solidity, s.d.).

Por outro lado, as funções **pure** não acessam nenhuma informação armazenada na *blockchain*. Elas operam exclusivamente com os dados que recebem como entrada, realizando cálculos ou processamentos que não dependem do estado atual do contrato (Tomar, 2024; Solidity, s.d.).

O uso de funções **view** e **pure** é altamente recomendado, pois, além de deixar claro para qualquer pessoa que lê o código qual é o comportamento esperado daquela função, também ajuda a reduzir custos de execução na *blockchain*, uma vez que operações que não alteram o estado não consomem "gás". Além disso, funções **pure** garantem que, sempre que forem chamadas com os mesmos parâmetros, produzirão exatamente o mesmo resultado, o que contribui para a previsibilidade e a segurança dos contratos inteligentes (Solidity, s.d.).

7.2.1.5. Modificadores e construtores

No desenvolvimento de contratos inteligentes em Solidity, os conceitos de construtores e modificadores são fundamentais para garantir segurança, organização e controle sobre o comportamento do contrato. Ambos são recursos que ajudam a estruturar o código de forma mais eficiente e segura (Solidity, s.d.; Alchemy, 2022).

O construtor, chamado de *constructor*, é uma função especial que é executada uma única vez, no momento em que o contrato é implantado na *blockchain*. Sua principal função é inicializar variáveis ou definir parâmetros importantes para o funcionamento do contrato. Um exemplo clássico de uso do construtor é definir quem será o administrador do contrato, salvando o endereço de quem realizou a implantação (Solidity, s.d.; Ethereum, s.d.).

Já os modificadores servem para adicionar regras e restrições às funções, evitando a repetição de código. Um exemplo comum de modificador é aquele que garante que somente o administrador do contrato, ou seja, a pessoa responsável por ele, possa usar certas funções que foram construídas no contrato inteligente. Isso é feito por meio de uma verificação que compara o endereço de quem chamou a função com o endereço armazenado como administrador. Se essa condição não for atendida, a função é bloqueada (Solidity, s.d.; Alchemy, 2022).

Outro modificador bastante utilizado é aquele que verifica se um endereço passado como parâmetro é válido, ou seja, se não é um endereço nulo ou vazio. Isso evita que operações críticas, como transferências ou mudanças de configuração, sejam feitas para endereços inválidos (Solidity, s.d.; Ethereum, s.d.).

Existe também o modificador de proteção contra reentrância, que impede que uma função seja chamada novamente antes de terminar sua execução atual. Esse tipo de proteção evita um dos ataques mais conhecidos em contratos inteligentes, onde uma função maliciosa tenta se executar várias vezes antes que o contrato finalize seu processamento (Solidity, s.d.; Alchemy, 2024).

7.2.1.6. Entrada e saída de dados

No Solidity, os conceitos de *inputs* e *outputs* são essenciais para definir como as funções recebem informações e como retornam resultados. Esses mecanismos permitem criar contratos inteligentes mais organizados, eficientes e fáceis de entender, especialmente quando envolvem múltiplos dados (Solidity, s.d.; Tomar, 2024).

As funções podem ser configuradas para retornar vários valores ao mesmo tempo, o que facilita a transmissão de informações de forma agrupada. Esses valores podem ser nomeados, o que torna o código mais claro e legível, ou podem ser atribuídos diretamente aos nomes de saída, eliminando a necessidade de usar uma instrução explícita de retorno (Solidity, s.d.).

Existe também a possibilidade de utilizar atribuições desconstruídas, uma técnica que permite separar os valores retornados por uma função em diferentes variáveis locais. Isso torna o código mais limpo e prático, além de facilitar o entendimento do que cada valor representa dentro da lógica do contrato (Solidity, s.d.; Ethereum, s.d.).

Por outro lado, existem algumas restrições importantes em relação aos dados que podem ser usados como entrada e saída nas funções. Por exemplo, não é possível utilizar mapeamentos como parâmetros ou como valores de retorno em funções públicas ou externas, devido à forma como esses dados são armazenados internamente na *blockchain*. No entanto, *arrays* podem ser utilizados tanto para receber quanto para retornar informações. Apesar disso, é necessário ter cuidado com o tamanho dos *arrays*, pois estruturas muito grandes podem gerar custos elevados de execução, impactando diretamente o consumo de "gás" da rede (Solidity, s.d.; Tomar, 2024).

7.3. Conclusão

O desenvolvimento de contratos inteligentes demanda o domínio de linguagens específicas, que conciliam segurança, clareza e eficiência na execução sobre a *blockchain*. A linguagem Solidity, por sua ampla adoção no ecossistema Ethereum, se consolidou como a principal ferramenta para a construção desses contratos. Seus recursos, como funções do tipo **view** e **pure**, além de modificadores e construtores, permitem que os desenvolvedores criem contratos robustos, minimizando riscos de falhas e vulnerabilidades, além de garantir operações transparentes e automatizadas.

Diante da evolução das tecnologias descentralizadas, o entendimento profundo dos conceitos de tipagem, operadores, gestão de variáveis e boas práticas no uso de *inputs* e *outputs* se torna essencial. Contratos bem estruturados, aliados ao uso correto dos recursos oferecidos pela linguagem Solidity, não apenas garantem segurança e confiabilidade, mas também contribuem para a escalabilidade dos projetos, impulsionando o crescimento dos ecossistemas de finanças descentralizadas (DeFi), NFTs e outras aplicações na web3 (Solidity, s.d.; Ethereum, s.d.).

8. Aplicações descentralizadas (*dApps*)

Valéria Martins

Ao considerar a implementação de uma camada de descentralização no desenvolvimento de aplicações de software, entramos no universo de aplicações descentralizadas (*dApps*), que representam uma evolução em relação aos aplicativos convencionais.

Diferentemente das aplicações convencionais, que dependem de entidades centralizadoras, os *dApps* são projetados para funcionar de forma autônoma ao utilizar a tecnologia *blockchain* para garantir transparência, segurança e privacidade. Neste capítulo caracterizamos *dApps* e elucidamos sua capacidade de operar de maneira descentralizada e imutável, e de proporcionar aos usuários um controle direto sobre seus dados e suas transações.

Analisaremos também os principais desafios e requisitos envolvidos na implementação, operação e manutenção desses aplicativos, incluindo aspectos como governança, interoperabilidade, escalabilidade e eficiência. Ao expor as nuances dos *dApps*, o potencial transformador dessa tecnologia em diversas áreas ficará muito mais claro.

Alguns pilares e recursos de *blockchains* mencionados nos tópicos anteriores, tais como *smart contracts*, são de extrema importância para o entendimento deste capítulo. Nesta seção, vamos falar da implicação da adoção de tecnologias como a *blockchain* do ponto de vista de projeto de sistemas de software e o impacto na experiência do usuário. Já falamos que *blockchain* fornece propriedades muito importantes para determinados contextos: segurança, transparência, imutabilidade, dentre outros. A consideração dessas propriedades como requisitos de um sistema de software traz consigo a necessidade automática de projetar ou agregar mecanismos no sistema para que tais propriedades ou requisitos sejam de fato operacionalizados.

Vamos fazer uma analogia relembrando uma das muitas situações que já nos ocorreram enquanto usuários de sistemas de software e aplicações. Houve um tempo em que os usuários da internet acessavam as páginas web para visualizar informações e ler determinados conteúdos. Naquela época, as tecnologias em vigência possibilitavam que os conteúdos publicados nas páginas pudessem ser apenas lidos pelos internautas, como um *blog* que internautas acessavam para ler as postagens do blogueiro.

Depois de um tempo, aquele *blog* que anteriormente possibilitava apenas a leitura do conteúdo publicado pelo autor (e dono da página) passou a permitir a interação dos leitores por meio da escrita de comentários, "curtidas" e a visualização do que os demais leitores haviam comentado ou curtido. Contudo, para comentar algum conteúdo, os internautas precisariam passar a se identificar e, para isso, seria necessário realizar um registro/cadastro e posteriormente se autenticar no *blog* por meio de sua identificação (usuário e senha).

Os mecanismos de registro e autenticação foram acrescentados à jornada de uso de *blogs*, para que internautas pudessem fazer comentários e reagir aos conteúdos postados. Estas foram algumas das implicações da incorporação de requisitos funcionais de "escrita" de informações. Ou seja, passou-se a ser possível ler e gerar conteúdo. Tecnologias como linguagens de programação, bancos de dados e servidores de aplicação evoluíram e foram considerados na engenharia de sistemas de software de modo a viabilizar o lançamento de aplicações mais complexas providas de manipulação de dados em tempo real e interatividade. Estas, juntamente com outras propriedades, marcaram a transição da Web1.0 para a Web2.0.

De maneira análoga ao exemplo exposto, o termo **aplicação descentralizada** (ou dApp, do inglês *decentralized Application*) é transformacional para o cenário digital, no que diz respeito a oferecer aos usuários autonomia, segurança e transparência. Ao mesmo tempo, do ponto de vista da governança, é caracterizado por não ser controlado por uma organização centralizada.

A motivação para aplicações descentralizadas é que estruturas centralizadas tradicionais são muito vulneráveis a ataques e à propagação de corrupção (Zheng *et al.*, 2023). Os *dApps* representam uma classe específica de aplicações que implementam a descentralização como requisito de operação, ou seja, são aplicações baseadas em *blockchain*, e o projeto desse tipo de aplicação requer uma arquitetura específica para conectar e orquestrar elementos centralizados com elementos descentralizados, como *blockchains* e contratos inteligentes.

Do ponto de vista de engenharia, Lantz e Cawrey (2020) argumentam que *dApps* executam (ou operam) em uma *blockchain*, sendo normalmente arquitetados com um *back-end* (que usa um contrato inteligente sendo executado em uma *blockchain*) e uma interface de usuário (*front-end*) que interagem entre si. Uma outra explicação que visa caracterizar o que são *dApps* nos diz que, como qualquer outro aplicativo da *web*, os *dApps* precisam de um *front-end* que forneça ao usuário uma interface para se comunicar com a rede *blockchain* descentralizada (Raj, 2019). A seguir temos uma visão arquitetural geral de *dApps*, bem como uma explicação sobre cada bloco.

1. **Interface de usuário:** *dApps* possuem interfaces para que o usuário interaja com o sistema. A interação com *dApps* pode ocorrer por meio de *browsers*, interfaces de aplicativos de celular ou de sistemas *desktop*. As interfaces de usuário também têm se tornado acessíveis em *smartwatches* (e *wearables* em geral), interfaces baseadas em dispositivos de realidade virtual e outros. Um exemplo é o FitMint Wear[6], um dispositivo com *dApps* que combina tecnologia de *wearables* com *blockchain* para incentivar um estilo de vida ativo. Neste bloco de interface de usuário prevalecem tecnologias de desenvolvimento amplamente difundidas (não somente para *dApps*), como HTML, CSS, Javascript, Vue.js, React, Angular e outras diversas opções para a codificação de interfaces gráficas.

2. **Ponte para nós descentralizados:** trata-se de um intermediário entre o *front-end* e/ou *back-end* do *dApp* com os nós *blockchain*, para que façam chamadas para ler ou gravar dados na *blockchain*. Essa interação com a *blockchain* geralmente ocorre através de um conjunto de chamadas de procedimento remoto (ou RPC, do inglês *Remote Procedure Calls*), um protocolo que permite que um programa cliente execute funções ou métodos em um servidor remoto como se estivesse rodando localmente.

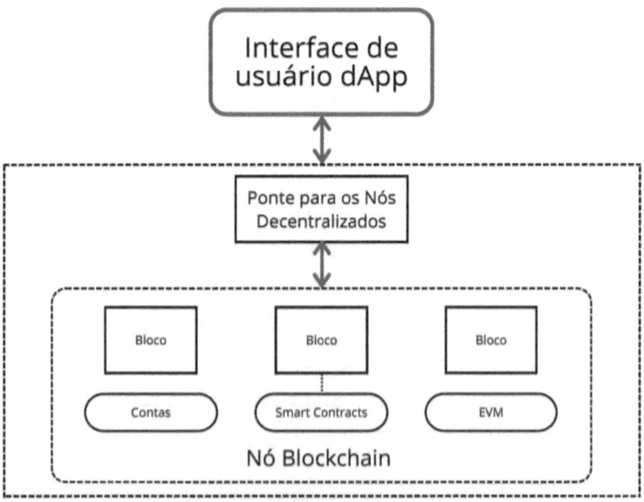

Figura 8.1. Arquitetura de *dApps*.
Fonte: adaptado de Raj (2019).

6 FitMint Wear. Disponível em <https://www.fitmint-wear.com/>. Acesso em: 14 jul. 2025.

Tem-se, portanto, a figura do JSON-RPC, uma versão específica do RPC que usa o formato JSON para enviar e receber dados, tornando-o ideal para aplicações baseadas na *web*. Um JSON-RPC é um protocolo de comunicação entre um nó *blockchain* e um cliente (*dApp*). Um nó *blockchain* pode abrir um serviço RPC através de uma porta dedicada. Os clientes *dApp* então se conectam a esta porta RPC, possibilitando uma troca de informações entre aplicação cliente e a *blockchain* (Zhang; Anand, 2022). Existem diversas bibliotecas que atuam nesse bloco responsável por fazer essa ponte com nós *blockchains*. As bibliotecas Ethers.js e web3.js são amplamente conhecidas, oferecendo uma API baseada em JSON-RPC para Ethereum e *blockchains* EVM compatíveis. Há outras bibliotecas direcionadas para redes específicas, como Polkadot.js, Solana-web3.js e outras.

3. Nó *blockchain*: a estrutura básica de uma *blockchain* está fundamentada na criação e na interconexão de nós (*nodes*), os pontos da rede responsáveis por validar e propagar transações. Eles são responsáveis por armazenar e validar transações e são compostos por vários componentes, como os blocos, as contas ou endereços, os contratos inteligentes e os ambientes de execução para estes, como a *Ethereum Virtual Machine* e similares.

Em resumo, portanto, a interação entre os blocos ocorre nos seguintes passos: primeiramente, o *front-end* do *dApp* utiliza mecanismos como o RPC para realizar a ponte para os nós descentralizados; então, a ponte envia essas solicitações para um nó *blockchain*, no qual as transações são processadas e armazenadas. Na sequência, o nó executa os *smart contracts* por meio da VM da rede em específico, garantindo a execução segura e descentralizada das regras de negócio para que as informações resultantes possam ser enviadas de volta para o *front-end* via RPC, permitindo que o *dApp* exiba o estado atualizado da aplicação.

Isso leva à explicação de como as *wallets* se encaixam no processo. A Metamask é uma carteira digital descentralizada que permite interação com *blockchains* como Ethereum, Binance Smart Chain, Polygon, entre outras. Ela permite que seu navegador normal se comporte como um navegador que interage com *dApps* para armazenar e trocar criptomoedas, bem como interagir com a *blockchain* sem executar um nó propriamente dito. Apesar de possuir uma interface de usuário e se comunicar com os nós *blockchain*, é classificada como uma extensão de navegador, ou seja, um pequeno programa de software que se integra ao seu navegador para adicionar novos recursos ou modificar os existentes.

A Metamask pode ser considerada, portanto, um *dApp* com algumas particularidades, pois funciona de maneira um pouco diferente por ser uma extensão de navegador.

Por outro lado, funciona como uma ponte para nós descentralizados, já que bibliotecas (como Ether.js ou web3.js) a utilizam como um provedor de acesso a redes *blockchain* injetado no navegador.

Os *dApps* de finanças descentralizadas, de jogos, de NFTs, ou *dApps* de Organizações Autônomas Descentralizadas (*Decentralized Autonomous Organizations* – DAOs) e diversos outros tipos implicam em vantagens e desafios peculiares em termos de implementação e adoção. A seguir apresentaremos uma comparação entre diferentes tipos de *dApps*.

Cada categoria é avaliada com base nos benefícios que proporciona, como a melhoria da eficiência, privacidade e execução automática de transações, bem como nos obstáculos, a exemplo de evasão fiscal, consumo elevado de recursos computacionais e dependência de oráculos centralizados. Essa comparação é interessante para entender as oportunidades e limitações dos *dApps* nas diferentes indústrias em que estão sendo aplicados e está baseada no estudo de Zheng *et al.* (2023).

Finanças descentralizadas (*DeFi*)

✓ **Vantagens:** melhora a eficiência, reduz os custos de tempo, tem execução automática.

✓ **Desafios:**
- **Evasão fiscal.** Os *dApps* de finanças são difíceis de auditar porque os usuários podem ser anônimos, e um usuário pode ser dividido em muitas contas para reduzir o imposto.
- **Operações complicadas.** Tomando como exemplo os *dApps* de seguros, não é fácil relatar um acidente/imprevisto na *blockchain*. São necessárias muitas operações complexas e difíceis para confirmar o ocorrido.

Jogos (*GameFi*)

✓ **Vantagens:** ativos de jogos (avatares, terrenos, armas e outros itens dentro do contexto dos jogos) se tornam permanentes na *blockchain* implicando na:
- **mobilidade de ativos:** os ativos adquiridos ou gerados dentro de um jogo podem ser movimentados ou utilizados em outros jogos.
- **garantia da exclusividade de papéis:** um jogador passa a ter a capacidade de provar ser o único dono de um personagem ou poderes.

✓ **Desafios:**
- **Vulnerabilidades na aleatoriedade.** A taxa de transferência de uma *blockchain* pública é limitada. Há relatos de jogos que causaram uma sobrecarga na rede Ethereum, tornando-a excessivamente congestionada em poucos dias.

- **Nem sempre é de código aberto.** Alguns códigos de *dApps* são totalmente controlados e atualizados apenas pelos desenvolvedores.
- **Dependem da ordenação de transações.** Essa vulnerabilidade pode afetar os usuários na obtenção de lucros no jogo.

Armazenamento de dados e proveniência (NFT)

✓ **Vantagens:** armazenamento permanente, preservação da privacidade, melhora da confiabilidade.

✓ **Desafios:**

- **Desperdiçam armazenamento.** Os *dApps* geralmente armazenam dados em cada nó da *blockchain*. Isso é necessário, mas também causa um desperdício de armazenamento, especialmente no caso de certos tipos de *big data*.
- **Autenticação de identidade.** um usuário de *dApp* é representado como um "endereço" na *blockchain*, tornando difícil vincular esse endereço à identidade do mundo real em um ambiente descentralizado.
- **Problema de pirataria.** Por questões como custos ou escalabilidade, pode ocorrer de *dApps* serem projetados para criar NFTs que armazenam apenas um *link* para o conteúdo, e não o conteúdo em si. O conteúdo muitas vezes pode estar publicamente acessível, o que facilita a cópia desses dados.

✓ **Vantagens:** privacidade preservada, melhorando a posse de dados pelo usuário.

✓ **Desafios:**

- **Violação da lei.** Como alguns *dApps* permitem que pessoas transfiram dinheiro sem a censura do governo, em alguns casos isso é chamado de "liberdade" e "privacidade". No entanto, isso também pode ajudar criminosos a receber dinheiro.
- Há também o fato de que os algoritmos geralmente consomem muitos recursos computacionais para gerar transações protegidas por privacidade.

Compartilhamento de recursos

✓ **Vantagens:** mais eficiência, fim da necessidade de terceiros de confiança.

✓ **Desafios:**

- Mesmo com a ausência de terceiros, disputas e situações indesejadas podem surgir. É necessária uma forma de supervisão ou arbitragem para o compartilhamento sem a intervenção de terceiros.
- *Blockchains* podem ser lentas e caras, implicando numa baixa capacidade de processamento. Isso representa um desafio, já que *dApps* de compartilhamento precisam de uma alta taxa de transferência para garantir a experiência do usuário.

Mercado de apostas e previsões

- ✓ **Vantagens:** a exemplo do tópico anterior, no mercado de apostas e previsões *smart contracts* poderiam conter os mecanismos para arbitrar quem ganhou, pagar corretamente os vencedores ou manter os fundos em custódia, implicando o fim – total ou parcial – da necessidade de terceiros de confiança, gerando taxas menores e execução automática.
- ✓ **Desafios:**
  - **Oráculo centralizado.** Embora oráculos tentem ajudar a inserir dados do mundo real nos contratos inteligentes, eles ainda não são descentralizados.
  - No mercado descentralizado de previsões, o resultado da previsão pode ser influenciado pelos usuários e, se comparado a mercados tradicionais do gênero, os *dApps* exigem um maior *delay* para confirmar o bloco ou votar no resultado.

A exposição de vantagens e desafios pode contribuir com engenheiros, desenvolvedores e empreendedores no processo de tomada de decisão e no projeto de suas soluções ao considerar o desenvolvimento de aplicações descentralizadas (*dApps*) em vez de aplicações tradicionais. A *blockchain* oferece benefícios como eliminação de intermediários, transparência, execução automática por contratos inteligentes e maior controle dos usuários sobre seus ativos. No entanto, essas vantagens vêm acompanhadas de dificuldades técnicas e operacionais, como a baixa escalabilidade, dependência de oráculos confiáveis para dados externos, custos de transação variáveis e desafios na experiência do usuário devido a atrasos ou complexidade de uso. Além disso, questões como pirataria de conteúdo, necessidade de mecanismos de arbitragem e a governança descentralizada ainda carecem de soluções mais robustas. Portanto, a escolha entre *dApps* e aplicações convencionais deve considerar o contexto do problema, os requisitos de confiança, auditabilidade, interoperabilidade, privacidade e performance, de modo a equilibrar inovação e viabilidade técnica.

PARTE III. O ECOSSISTEMA *BLOCKCHAIN* – EXPLORANDO O UNIVERSO E SEUS DESAFIOS

9. Rastreamento de ativos em *blockchain*

Henrique Lourenço

Com o avanço da tecnologia *blockchain* e o crescimento da economia digital, o rastreamento de ativos nessa nova infraestrutura descentralizada tornou-se uma prática fundamental para garantir segurança, conformidade e transparência. Nesse ambiente, em que as transações são públicas e imutáveis, a análise *on-chain* se destaca como uma ferramenta poderosa para o monitoramento e a segurança de ativos.

Trata-se do processo de monitoramento e análise das transações e dos dados armazenados em uma *blockchain* para identificar padrões e comportamentos. Diferentemente de sistemas tradicionais, nos quais os registros financeiros são privados, as *blockchains* na grande maioria das vezes oferecem acesso aberto a todas as transações. Isso permite que empresas e reguladores acompanhem movimentações e investiguem possíveis atividades ilícitas ou fraudes financeiras.

Na prática, cada transação registrada na *blockchain* contém informações como o valor transferido, as carteiras envolvidas e a *timestamp*, ou seja, o registro dos metadados correspondentes ao momento em que ela ocorreu. Embora esses dados sejam pseudônimos (não vinculados diretamente à identidade de um indivíduo), as ferramentas de análise *on-chain* utilizam técnicas avançadas para mapear e monitorar endereços e suas atividades, permitindo que seja estabelecido um vínculo entre comportamentos suspeitos e transações específicas.

Os processos em questão se estendem também à classificação de carteiras e à criação de perfis de risco. Com técnicas de análise de dados e *machine learning*, é possível agrupar endereços em categorias, como carteiras de *exchanges*, carteiras associadas a golpes e carteiras pertencentes a empresas. Isso fornece uma camada adicional de segurança e permite o desenvolvimento de protocolos de *compliance* para monitorar e evitar movimentações associadas a crimes financeiros.

Um dos grandes desafios enfrentados por *exchanges*, instituições financeiras e órgãos reguladores é o risco de lavagem de dinheiro e financiamento de atividades ilícitas através de criptomoedas. A análise *on-chain* atua como uma barreira contra esses riscos, pois permite que as entidades responsáveis identifiquem rapidamente transações que se desviam dos padrões comuns, gerando alertas para uma investigação mais profunda. Além disso, o rastreamento *on-chain* ajuda a construir um ambiente seguro e confiável para investidores e empresas.

A transparência proporcionada pela *blockchain* é uma vantagem para o setor financeiro, uma vez que permite auditorias instantâneas e elimina a necessidade de intermediários tradicionais. Assim, é possível monitorar o fluxo de ativos e detectar rapidamente atividades anômalas, o que protege o ecossistema contra fraudes e aumenta a confiança dos participantes.

9.1. Evolução das tecnologias de rastreamento de ativos

O rastreamento de ativos em *blockchain* passou por uma rápida evolução, impulsionado pelo desenvolvimento de tecnologias de inteligência artificial e *machine learning*. Inicialmente, a análise *on-chain* era uma tarefa manual e limitada, que dependia da capacidade de especialistas em identificar padrões. No entanto, com o aumento do número de transações e a complexidade das redes *blockchain*, tornou-se necessário o uso de tecnologias mais sofisticadas para o processamento de dados.

Empresas como Chainalysis, TRM Labs, Arkham Intelligence e Elliptic revolucionaram a forma como o rastreamento de ativos é realizado. Com ferramentas que analisam milhões de transações em tempo real, essas plataformas fornecem insights detalhados sobre atividades suspeitas e apoiam investigações criminais. Com *machine learning*, os sistemas "aprendem" com os dados, melhorando continuamente a capacidade de identificar padrões de risco e diferenciar transações legítimas de operações potencialmente fraudulentas.

Também é possível rastrear transações entre múltiplas *blockchains* (*multi-chain tracking*), algo que antes era extremamente difícil devido às diferenças de protocolos e arquiteturas das redes. Agora os analistas podem acompanhar o fluxo de ativos entre várias plataformas, facilitando o rastreamento de fundos que foram movidos para redes alternativas na tentativa de ocultar suas origens.

9.2. Adoção de ferramentas de rastreamento pelas instituições

Com a adoção em larga escala do rastreamento *on-chain*, por *exchanges*, bancos e empresas de investimento que operam com ativos digitais, essas instituições estão mais bem preparadas para atender às demandas regulatórias e evitar multas e penalidades associadas ao descumprimento de normas de compliance, como as políticas KYC (*Know Your Client* – Conheça seu Cliente) e AML (*Anti-Money Laundering* – de combate à lavagem de dinheiro). Para as empresas financeiras, a capacidade de monitorar atividades *on-chain* proporciona uma camada extra de segurança.

Plataformas como a Chainalysis oferecem um sistema de alertas automáticos que notificam a equipe de *compliance* sempre que uma transação suspeita é detectada. Isso permite que as instituições ajam rapidamente para mitigar riscos e bloqueiem movimentações antes que os fundos possam ser transferidos para contas associadas a atividades ilícitas. Agências governamentais e órgãos reguladores também reconhecem o valor das ferramentas de rastreamento *on-chain* para suas operações de monitoramento.

Em alguns casos, essas tecnologias são usadas para auxiliar investigações criminais, ajudando as autoridades a rastrear fundos desviados em atividades como fraudes e esquemas de pirâmide. A integração entre empresas de análise *on-chain* e agências de aplicação da lei fortalece a proteção do sistema financeiro e contribui para a prevenção de crimes digitais.

9.3. Conceitos essenciais para o rastreamento de ativos em *blockchain*

Para entender a dinâmica de rastreamentos é preciso conhecer os três pilares da *blockchain*: transparência, imutabilidade e pseudoanonimato. Cada um deles contribui para tornar a blockchain um ambiente singular e quase enigmático em sua estrutura.

9.3.1. Transparência, imutabilidade e pseudoanonimato

Esses três pilares são a essência do blockchain.

Imagine uma transparência absoluta, onde qualquer pessoa pode ver qualquer transação. Esse nível de visibilidade, raro nos sistemas financeiros convencionais, traz uma sensação de integridade.

A imutabilidade é um conceito igualmente poderoso: uma vez registrada, uma transação não pode ser alterada, o que garante um registro fiel e confiável ao longo do tempo.

Já o pseudoanonimato permite transações sem que identidades sejam reveladas, embora, com as ferramentas certas, seja possível mapear endereços e monitorar comportamentos. A *blockchain* parece "guardar cada detalhe", mas de uma forma que protege identidades – uma combinação intrigante.

9.3.2. Criptoativos: criptomoedas, saldos representativos e *tokens*

Criptoativos são ativos digitais registrados e operados em uma *blockchain*. Eles podem ser classificados em diferentes categorias, cada uma com características específicas, dependendo de sua finalidade e funcionalidades. As principais categorias incluem:

1. **Criptomoedas:** são os ativos nativos de uma *blockchain*, como o Bitcoin (BTC) ou o Ether (ETH). Eles são usados principalmente como meio de troca, reserva de valor ou unidade de conta, destacando-se pela independência de intermediários e pela segurança proporcionada pela *blockchain*.
2. **Saldos representativos:** referem-se a registros de valores digitais que podem estar em *exchanges* centralizadas (CEXs) ou em *exchanges* descentralizadas (DEXs). Exemplos incluem:
    - **Em uma CEX:** na Binance, um saldo representativo seria o registro interno da quantidade de bitcoins que o usuário possui na plataforma, sem ser diretamente registrado na blockchain.
    - **Em uma DEX:** na Uniswap, um saldo representativo seria um registro temporário dentro de um *pool* de liquidez, indicando a quantidade de *tokens* que um usuário pode resgatar.
3. ***Tokens*:** são ativos digitais criados dentro de uma *blockchain* que possuem funções específicas. Eles podem ser divididos em subcategorias:
    - ***Tokens* utilitários:** fornecem acesso a serviços ou funcionalidades dentro de um ecossistema *blockchain*.
        - Exemplo: **Chainlink (LINK)**, que conecta *smart contracts* a dados do mundo real através de oráculos.
    - ***Stablecoins*:** *tokens* estáveis atrelados a uma moeda fiduciária para oferecer proteção contra a volatilidade.

- Exemplo: **USDT (tether)**, uma *stablecoin* atrelada ao dólar americano, amplamente utilizada para transferências rápidas e liquidez no mercado.

◊ ***Tokens* de segurança:** representam direitos financeiros, como participação em lucros, propriedade de um ativo, dividendos ou ações tokenizadas.

9.3.3. Diferenças entre registros centralizados e distribuídos

É curioso pensar nas diferenças entre os registros centralizados e distribuídos. Em sistemas tradicionais, como bancos, uma entidade central controla tudo. Já na *blockchain*, uma rede inteira é responsável por validar e proteger as transações. Esse modelo distribuído oferece uma transparência que desafia o que estamos acostumados a ver nos sistemas tradicionais.

9.3.4. *Blockchain* pública e *blockchain* privada

E, por fim, vale destacar a diferença entre *blockchains* públicas e privadas. Nas *blockchains* públicas qualquer pessoa pode acessar e participar, enquanto nas privadas o acesso é limitado. É como se fossem dois lados da mesma moeda, cada um com suas vantagens – nas públicas tem-se mais abertura e nas privadas tem-se mais controle.

9.4. Fundamentos e tecnologias da análise *on-chain*

A análise *on-chain* é uma lente fascinante para observar o comportamento financeiro. O conceito é simples e, ao mesmo tempo, incrivelmente poderoso: em vez de confiarmos apenas em registros privados, essa análise explora o mundo aberto da *blockchain*. A cada transação, quem envia, quem recebe, quanto e quando, forma-se um mosaico de dados que, ao ser analisado, revela muito mais do que aparenta.

9.4.1. Principais técnicas e metodologias de análise *on-chain*

A análise *on-chain* se baseia em diversas técnicas e metodologias que tornam o rastreamento de ativos mais preciso:

✓ **Clusterização de carteiras:** consiste em agrupar carteiras que apresentam comportamento semelhante, como transações para os mesmos endereços ou padrões de movimentação semelhantes. A clusterização ajuda a identificar carteiras que podem pertencer à mesma entidade ou organização, facilitando o rastreamento de redes de fraude ou lavagem de dinheiro.

✓ **Análise de fluxo de transações:** método útil para detectar movimentos financeiros circulares, nos quais os ativos são transferidos entre várias carteiras para dificultar o rastreamento, o que é um padrão comum em esquemas de lavagem de dinheiro. A análise permite identificar a origem e o destino dos fundos.

✓ **Classificação de risco:** avalia o comportamento de cada carteira com base em critérios predefinidos, como a frequência das transações, a quantidade de ativos movimentada e o relacionamento com outras carteiras de alto risco. A partir dessas informações, é possível definir quais carteiras representam uma ameaça em potencial e priorizar o monitoramento de atividades.

✓ **Análise temporal:** técnica que examina a frequência e o intervalo de tempo entre as transações de uma carteira. Movimentações rápidas e repetidas podem indicar uma tentativa de ocultar fundos ou de realizar operações de arbitragem entre *exchanges*, o que pode estar associado a práticas ilícitas.

Quando combinadas, essas técnicas permitem uma visão ampla e detalhada das transações em *blockchain*, facilitando a identificação de atividades suspeitas e a criação de perfis de comportamento para cada endereço de carteira.

9.5. *Machine learning* na análise de transações

O *machine learning* é uma das ferramentas mais poderosas na análise *on-chain*, pois permite que os sistemas aprendam e se adaptem com o tempo. Por exemplo, é possível identificar transações repetidas de valores semelhantes entre uma série de carteiras, o que seria um forte indício de lavagem de dinheiro ou fraude.

Esses algoritmos são capazes de monitorar milhares de transações simultaneamente, o que seria inviável ou extremamente ineficaz de ser feito com outros mecanismos. À medida que os criminosos desenvolvem novas formas de burlar os sistemas de segurança, os modelos de *machine learning* conseguem se atualizar para continuar a identificar atividades suspeitas com alta precisão.

9.6. Inteligência artificial e automação na análise *on-chain*

A IA é utilizada para monitorar transações e emitir alertas em tempo real sempre que uma atividade suspeita é detectada. A automação é especialmente útil para instituições financeiras e *exchanges*, que precisam reagir rapidamente a atividades que podem comprometer a segurança de seus clientes. Ela também é usada para cruzar dados da *blockchain* com informações externas, podendo relacionar endereços de carteiras a informações obtidas de fontes públicas e privadas, como registros de *exchanges* ou dados de redes sociais.

Isso cria uma camada adicional de contexto que permite entender melhor a relação entre as transações e os indivíduos ou organizações por trás delas. Plataformas como Elliptic e Arkham Intelligence conseguem monitorar continuamente os fluxos de ativos, identificando tendências em potencial e gerando relatórios que facilitam a tomada de decisão e a resposta imediata a ameaças.

9.7. Exemplos de plataformas de análise *on-chain*

A **Chainalysis** é uma das plataformas mais reconhecidas no rastreamento de transações em *blockchain*, especialmente por sua estreita colaboração com agências reguladoras e de segurança em todo o mundo. Com a ferramenta Chainalysis KYT (*Know Your Transaction*), instituições financeiras conseguem monitorar transações em tempo real, identificando atividades potencialmente suspeitas e garantindo o cumprimento de políticas KYC (*Know Your Client* –conheça seu cliente) e AML (*Anti--Money Laundering* – de combate à lavagem de dinheiro). O diferencial da Chainalysis reside na sua base de dados extensiva, que associa endereços de carteira a entidades conhecidas, incluindo *exchanges* e carteiras de indivíduos ou organizações previamente investigadas.

A **TRM Labs** é uma plataforma voltada para *compliance* e monitoramento de transações que ajuda instituições financeiras e *exchanges* a responder rapidamente a possíveis ameaças. A TRM Labs oferece uma ferramenta de visualização de rede que facilita a análise das relações entre carteiras. Isso é especialmente útil para investigar movimentações complexas e identificar padrões de comportamento relacionados à lavagem de dinheiro.

Já a **Arkham Intelligence** se destaca por disponibilizar uma interface que pode ser utilizada não apenas por instituições, mas também por usuários comuns interessados em rastrear atividades de carteiras específicas. A plataforma permite que qualquer usuário insira o endereço de uma carteira e acompanhe suas transações, monitorando o histórico de movimentações e identificando para onde os ativos foram enviados ou de onde vieram. Esse acesso democratizado ao rastreamento de transações é essencial para aumentar a transparência no ecossistema cripto.

A **Elliptic**, por sua vez, é amplamente utilizada por instituições que operam em ambientes regulados e necessitam de um sistema robusto de *compliance* para cumprir as diretrizes de KYC e AML. A plataforma permite que cada instituição personalize os modelos de risco de acordo com as suas necessidades.

Tabela 9.1. Comparativo.
Fonte: o autor.

Plataforma	Diferenciais	Público-alvo
Chainalysis	Ampla base de dados e suporte a investigações criminais	Agências reguladoras, bancos, *exchanges*
TRM Labs	Conformidade em tempo real e alertas rápidos	*Exchanges* e instituições financeiras
Arkham Intelligence	Rastreio acessível a usuários comuns e monitoramento de movimentações suspeitas	Usuários comuns, investidores e *exchanges*
Elliptic	Modelos de risco personalizáveis e foco em *compliance*	Bancos, seguradoras, empresas reguladas

9.8. Desafios e limitações da análise *on-chain*

Embora a análise *on-chain* tenha avançado significativamente, ainda existem desafios e limitações que dificultam o rastreamento de ativos na *blockchain*. Um dos principais desafios é a anonimização das transações. Em muitas *blockchains* públicas, os endereços de carteira são pseudônimos, o que significa que, embora as transações sejam visíveis, a identidade dos usuários permanece oculta.

Além disso, o aumento da interoperabilidade entre *blockchains* (ou seja, a capacidade de transferir ativos entre diferentes redes) introduz novas camadas de complexidade para o rastreamento. Transações que cruzam múltiplas *blockchains* podem dificultar a rastreabilidade, pois cada rede possui diferentes protocolos e estruturas de dados. Esse é um dos pontos que as plataformas de análise *on-chain* estão constantemente trabalhando para solucionar, visando criar uma análise *cross-chain* mais robusta e eficaz.

Outro desafio é o volume crescente de dados. À medida que o uso de *blockchain* cresce, o número de transações diárias também aumenta, exigindo que as plataformas de análise sejam cada vez mais rápidas e eficientes no processamento de grandes volumes de dados. Isso requer uma infraestrutura avançada e algoritmos que possam lidar com essa escala de informações.

9.9. O uso de *mixers* como Tornado Cash e os desafios na rastreabilidade

Os *mixers*, como o Tornado Cash, apresentam um dos maiores obstáculos para o rastreamento de transações em *blockchain*. Essas ferramentas combinam diversos depósitos de diferentes usuários em um único *pool*, redistribuindo os fundos para novos endereços de modo que os rastros originais se fragmentam e se tornam praticamente irreconhecíveis. Esse processo é especialmente valorizado por indivíduos que buscam ocultar a origem de seus ativos, complicando a identificação e o acompanhamento de transações, particularmente em casos de atividades ilícitas. Acessível tanto por meios convencionais quanto pela *dark web*, o Tornado Cash é uma dessas ferramentas utilizadas por quem almeja anonimato nas transações de criptomoedas como o ether (ETH), da rede Ethereum, e outras.

Em 2022, o Departamento do Tesouro dos Estados Unidos tomou uma posição clara ao aplicar sanções à empresa por trás do Tornado Cash, justificando essa medida com o argumento de que a ferramenta vinha sendo amplamente utilizada para lavagem de dinheiro e ocultação de ganhos ilegais, inclusive por grupos de *hackers*. De acordo com o relatório da TRM Labs, *mixers* como o Tornado Cash são usados não só para promover a privacidade legítima, mas também para disfarçar transações, o que dificulta consideravelmente as investigações de recuperação de fundos roubados.

A ofuscação adicional oferecida pelos *mixers* criou uma nova camada de complexidade para analistas e autoridades, forçando o desenvolvimento de técnicas mais avançadas de rastreamento *on-chain* para contornar essas barreiras. A análise da Arkham Intelligence acrescenta que, embora esses *mixers* sejam populares entre usuários que valorizam a privacidade, eles são explorados com frequência por atores mal-intencionados que buscam ocultar atividades suspeitas. Para enfrentar os desafios trazidos pelo uso de *mixers*, as empresas de análise investem em algoritmos avançados que identificam padrões em transações envolvidas em processos de mistura, buscando rastrear o movimento dos ativos após o processo. Esse trabalho de rastreamento se tornou crucial para a interceptação de fundos ilícitos e a transparência no ecossistema *blockchain*, mesmo diante das dificuldades impostas por ferramentas como o Tornado Cash.

9.10. Conformidade regulatória e KYC/AML

No mundo dos ativos digitais, as diretrizes KYC (*Know Your Client*) exigem que instituições financeiras e *exchanges* verifiquem a identidade de seus clientes. Aplicar KYC permite que as *exchanges* detectem transações suspeitas e evitem o financiamento de atividades ilícitas. As instituições financeiras que implementam KYC mantêm um acompanhamento constante das transações dos clientes, ajustando suas práticas conforme as exigências regulatórias. Assim, as transações suspeitas são monitoradas e os alertas são gerados automaticamente, garantindo um ambiente mais seguro.

As políticas AML (*Anti-Money Laundering*) são essenciais para proteger o sistema financeiro contra o influxo de fundos ilegais. Com as plataformas anteriormente citadas classificando as transações por risco, é possível identificar comportamentos suspeitos e agir de acordo com as diretrizes regulatórias.

Ao estabelecer perfis de risco para cada cliente e transação, essas análises tornam os processos de *compliance* mais eficazes e ágeis. A automação e a inteligência das ferramentas *on-chain* facilitam a aplicação de sanções, quando necessário, o que promove a conformidade contínua e uma rápida resposta a atividades suspeitas, como fraudes e até mesmo financiamento ao terrorismo.

9.11. Análise *cross-chain*

A análise *cross-chain* visa superar as barreiras de rastreamento causadas pela diversidade de *blockchains*. Com a capacidade de transferir ativos entre diferentes redes, a necessidade de rastrear esses fluxos se torna mais complexa. Para resolver o problema de rastreamento entre *blockchains*, plataformas como Chainalysis e Arkham Intelligence integram dados de múltiplas redes para seguir o caminho dos ativos mesmo em transações *cross-chain*.

Com essa abordagem, as plataformas conseguem monitorar e rastrear a movimentação de fundos, ainda que convertidos para *tokens* diferentes em cada rede. A padronização de dados e a criação de protocolos como *Interledger Protocol* (ILP) e *Cross-Chain Message Passing* (XCMP) simplificam o rastreamento entre *blockchains*. Com a padronização, as transações podem ser monitoradas de forma contínua e uniforme, promovendo uma análise mais fluida e segura em diferentes redes *blockchain*.

9.12. Persecução patrimonial/apreensão de criptoativos

No contexto do rastreamento de ativos digitais, há uma necessidade crescente de perseverança na busca patrimonial de criptoativos, garantindo que bens de devedores possam ser localizados, identificados e, quando necessário, apreendidos judicialmente. Como explica o Procurador da República Alexandre Senra (2024), os criptoativos são passíveis de penhora, com base no artigo 789 do Código de Processo Civil (CPC). Esse artigo estabelece que o devedor responde com todos os seus bens, tanto presentes quanto futuros, para o cumprimento de suas obrigações – e isso inclui os criptoativos. Curioso notar, porém, que a penhora de criptoativos funciona de forma semelhante a outros bens, desde que haja uma ordem judicial.

9.12.1. Apreensão de criptoativos em *exchanges* centralizadas

Já no caso da apreensão de ativos em *exchanges* centralizadas, as coisas ganham certa simplicidade. As *exchanges* centralizadas que têm representação nacional atuam sob regulamentos dos locais em que estão situados e estão obrigadas a cumprir ordens judiciais. Assim que uma ordem judicial de apreensão é emitida, as *exchanges* nacionais devem tomar providências para bloquear os ativos do devedor, também limitando seu acesso e em seguida transferindo os fundos para uma conta designada pelo tribunal. Alexandre Senra (2024) observa que as etapas de *Know Your Customer* (KYC) e *Anti-Money Laundering* (AML) são práticas que tornam o processo mais seguro ao permitir a identificação dos proprietários das contas, fortalecendo a confiabilidade na execução das apreensões.

9.12.2. Apreensão de criptoativos sob custódia própria

Agora, quando falamos de criptoativos sob custódia própria, aqueles que o próprio devedor controla diretamente por meio de suas chaves privadas, a situação se complica um pouco mais. Senra (2024) menciona que, nesses casos, o tribunal pode acabar dependendo da cooperação direta do devedor ou até mesmo recorrer a medidas coercitivas para garantir que a ordem seja cumprida. Existem duas abordagens principais para esses casos:

- ✓ ***Tokens* com função *blacklist***: certos *tokens*, como as *stablecoins*, podem vir com uma função de *blacklist*, que permite seu bloqueio. Nesse tipo de situação, a ordem judicial pode ser direcionada ao emissor do *token*, que, então, instrui o bloqueio dos ativos, evitando o acesso pelo devedor.

- ✓ **Criptoativos sem função *blacklist***: em criptoativos que não têm essa funcionalidade, como o bitcoin, a ordem judicial é enviada diretamente ao devedor, instruindo-o a transferir os ativos para uma carteira designada pelo tribunal. Segundo Senra (2024), o cumprimento dessa ordem não depende da boa vontade do devedor, já que sanções podem ser aplicadas em caso de descumprimento.

9.13. Medidas coercitivas e sanções

Para devedores que se recusarem a cumprir a ordem judicial, o Código de Processo Civil (CPC) prevê o uso de medidas coercitivas para garantir que a decisão seja executada. Baseando-se no artigo 139 IV do CPC e no Enunciado 162 da Jornada de Direito Processual Civil, o juiz tem as opções de recorrer a ações de apreensão do passaporte ou da carteira de habilitação do devedor para incentivar o cumprimento da determinação. O CPC também autoriza uma multa de até 20% sobre o valor da dívida aplicada diretamente nos autos do processo conforme o artigo 774, parágrafo único. Essa multa age como uma sanção para atitudes que dificultam a execução, tais como:

- ✓ resistência injustificada a ordens judiciais;
- ✓ obstáculos impostos ao processo de penhora;
- ✓ ações maliciosas que criem dificuldades na execução.

Senra (2024) aponta que essas sanções são eficazes para garantir o cumprimento da ordem de penhora, promovendo uma aplicação concreta e prática da justiça.

9.14. Perspectivas sobre a apreensão de criptoativos

Existem ainda muitos desafios, mas, com as legislações e através do avanço das ferramentas de análise *on-chain*, a apreensão de criptoativos está cada vez mais viável. A Instrução Normativa RFB nº 1.888/2019 exige a declaração de transações com criptoativos, e isso facilita o rastreamento desses ativos em processos judiciais.

Através da evolução dos avanços tecnológicos e da criação de regulamentações específicas, o sistema judicial estará cada vez mais preparado para lidar com ativos digitais, garantindo o cumprimento das obrigações legais e reforçando a responsabilidade dos devedores.

10. Estratégias de crescimento e descentralização de *tokens* via *airdrops*

Gabriel Lobato

Para Makridis *et al.* (2023), os *airdrops* são distribuições de *tokens* para usuários atuais ou potenciais como parte de uma "doação de ativos digitais", estando associados positivamente ao crescimento do número de usuários, da capitalização de mercado e do volume de transações de um projeto. Eles podem servir não apenas como ferramenta de marketing, mas também como um veículo para garantir que um projeto permaneça fiel aos seus valores.

Segundo Allen (2024), os *airdrops* são mecanismos de distribuição de *tokens* de projetos para usuários que se encaixam em uma categoria mais ampla de metodologias de distribuição de *tokens* e podem funcionar em conjunto com outros programas de subsídios e incentivos do ecossistema ou como forma de recompensa retroativa por comportamentos passados específicos. Trata-se, essencialmente, de uma forma de distribuição de *tokens* que visa à descentralização econômica ou de governança de um projeto, geralmente utilizada como estratégias de marketing para aquisição, retenção e fidelização de usuários. Essa participação pode ocorrer por meio de atividades *on-chain*, como testar redes *blockchain* e aplicativos web3, ou pelo engajamento em campanhas sociais em plataformas digitais e redes sociais.

A prática tem se mostrado eficaz em promover novos projetos, aumentar a visibilidade, atrair atenção e incentivar a adoção de novas soluções. Além disso, os *airdrops* contribuem para a expansão da base de usuários e a criação de comunidades engajadas, fomentando a participação ativa dos usuários em torno de objetivos comuns, como o lançamento ou a distribuição de novos *tokens* e a participação em programas de incentivos.

10.1. Estratégia de crescimento e descentralização

Projetos baseados em *blockchain*, com campanhas de engajamento social, incentivam atividades interativas e atraem a atenção do público dentro e fora da comunidade, que geralmente está presente no Discord, no X e também no Telegram. Essas campanhas podem incluir sorteios, concursos, competições de produção de conteúdo, realização de eventos comunitários, programas de indicação, missões gamificadas em plataformas digitais e outras iniciativas que promovem a interação e a participação ativa dos usuários.

Consequentemente, essas ações resultam em um aumento significativo no número de acessos ao projeto, nas interações da comunidade, nas receitas provenientes de taxas de utilização, no volume de transações e no fluxo de capital. Essas métricas são essenciais para demonstrar a solidez e o potencial de crescimento do projeto, especialmente durante os processos de captação de investimentos junto a investidores institucionais.

Tais investidores, atraídos pelas métricas positivas, contribuem ainda mais para o desenvolvimento e a expansão contínua do projeto, criando um ciclo virtuoso de crescimento e fortalecimento da comunidade. Dessa forma, os projetos conseguem atrair novos usuários e manter o engajamento e a lealdade da comunidade existente, consolidando o sucesso a longo prazo.

Como forma de promover a descentralização econômica do ecossistema, os projetos *blockchain* frequentemente reservam uma parcela significativa do suprimento total de *tokens* para distribuir como recompensa à sua comunidade de usuários e aos primeiros adotantes da solução. Essa estratégia não só reconhece e valoriza o apoio inicial, como busca garantir que o controle e os benefícios econômicos do projeto sejam amplamente distribuídos entre seus participantes, evitando a concentração de *tokens* nas mãos de poucos.

Ao distribuir *tokens* para uma base diversificada de usuários, os projetos incentivam a participação ativa na rede, estimulam o engajamento contínuo e fortalecem a comunidade, além de permitir que os usuários se beneficiem diretamente do sucesso do projeto. A partir da distribuição do *airdrop*, dá-se vida a um novo sistema de finanças descentralizadas movido por *tokens* que podem ativar benefícios de acordo com a solução do projeto.

Nesse sentido, alguns dos exemplos possíveis são: acessar o ecossistema; fazer trocas; *staking*; poder de voto na governança do projeto; gerar rendimentos; empréstimos e financiamentos; interagir com *tokens*; ou diversos outros serviços inovadores dentro do ecossistema *DeFi*. Isso amplia as oportunidades econômicas para os usuários e contribui para a evolução contínua do projeto.

A distribuição de *tokens* também pode ter o objetivo de descentralizar a governança de uma rede ou protocolo, concedendo aos usuários direitos de voto em decisões importantes, possibilidade de elaborar propostas ou participar em iniciativas de melhoria. Ao envolver os usuários diretamente na governança, os projetos fortalecem o senso de comunidade e pertencimento, promovendo um ambiente colaborativo onde as contribuições individuais impactam positivamente o desenvolvimento do protocolo, permitindo que mais pessoas participem ativamente das decisões. Com uma base diversificada de participantes envolvidos na governança, torna-se mais difícil para atores mal-intencionados comprometerem o sistema.

10.2. Critérios de elegibilidade para *airdrops*

Estabelecer critérios justos de elegibilidade é fundamental para o sucesso de um *airdrop*, pois eles determinarão quem será qualificado para receber os *tokens* distribuídos e a quantidade de alocação de cada um. O resultado final da distribuição pode influenciar diretamente a percepção da comunidade sobre o projeto e consequentemente sua credibilidade.

A utilização de critérios transparentes, justos e equitativos para a distribuição dos *tokens* promove confiança e reduz o risco do sentimento de injustiça por parte daqueles usuários antigos e frequentes, que colocaram algum nível de dedicação no crescimento do projeto mesmo que não houvesse inicialmente uma expectativa explícita de recebimento de recompensas, mas que, de alguma forma, esperavam receber mais *tokens* do que os usuários que chegaram depois.

Ao considerar fatores como contribuição passada, atividade na plataforma e envolvimento na comunidade, os projetos podem direcionar os *airdrops* para usuários que realmente agregam valor ao ecossistema.

Os *airdrops* de atividades *on-chain* são recompensas distribuídas a usuários que realizaram interações passadas em determinada *blockchain* ou aplicativo descentralizado. As principais métricas consideradas podem incluir, por exemplo: a) número de interações; b) utilização de contratos inteligentes distintos; c) volume transacionado; d) taxas pagas (*fees*); e) frequência de atividade, medida em dias, semanas, meses ou anos; f) idade da carteira; g) utilização de serviços específicos no *DeFi*, como uso de pontes (*bridges*), fornecimento de liquidez em protocolos de rendimentos, empréstimos e financiamentos; h) possuir determinados *tokens* ou NFTs; i) realizar *staking* de *tokens*; j) votar em DAOs; k) possuir certificados *on-chain*, insígnias ou ter realizado outros tipos de atividades.

Para a construção dessa lista de atividades, analisamos a distribuição dos seguintes *airdrops*: Arbitrum (*Blockchain Layer 2 EVM*), Optimism (*Blockchain Layer 2 EVM*), Starknet (*Blockchain Layer 2 EVM*), Zksync (*Blockchain Layer 2 EVM*), Scroll (*Blockchain Layer 2 EVM*), Layer Zero (*Bridge*), Wormhole (*Bridge*) e Jupiter (*Decentralized Exchange*). Esses *cases* foram alguns dos maiores lançamentos dos anos 2023-2024, período intitulado por muitos como "a era de ouro dos *airdrops*", pois foi quando essa tendência começou a chegar no *mainstream*.

Os *airdrops* de atividades sociais envolvem o anúncio de recompensas de distribuição futura e gratuita de *tokens* para aqueles usuários que cumprirem requisitos básicos, como, por exemplo: a) cadastrar-se em uma plataforma; b) seguir perfis nas redes sociais; c) curtir, comentar e compartilhar postagens; d) participar de sistemas de indicação e *links* de referência; e) participar de concursos de produção de conteúdo para mídias sociais; f) participar de eventos *on-line*; e g) jogar *mini-games*. Para a construção dessa lista de atividades, analisamos as plataformas Layer 3, Galxe e Intract, que têm liderado o setor de missões gamificadas em um mercado emergente e inovador relacionado à monetização da atenção do usuário.

10.3. Sistemas de pontos, gamificação e benefícios

Os sistemas de *ranking* baseados em pontos são amplamente utilizados como mecanismos de incentivo e fidelização em plataformas digitais de projetos *blockchain*. Ao completar tarefas, atingir metas ou participar de atividades específicas, os usuários acumulam pontos que podem ser trocados por *tokens*, recompensas, benefícios ou *status* dentro da comunidade. Essa abordagem gamificada motiva o usuário a se envolver mais profundamente com o projeto e a explorar todas as funcionalidades oferecidas.

Do ponto de vista dos usuários, participar do teste de protocolos web3 ou praticar a "caça a *airdrops*" tem se tornado, para muitos, uma verdadeira profissão, mudando a vida de diversas pessoas. Essa atividade oportuniza a geração de riqueza para todas as classes de participantes que se dedicam a encontrar oportunidades de testar soluções de novos projetos.

Em muitos casos, como ilustrado no *ranking* da CoinGecko (Boey, 2024), os retornos são expressivos. Até o fim de 2024, mais de 26,6 bilhões de dólares já haviam sido distribuídos em *tokens* de *airdrops* para milhões de usuários. Esses números demonstram o potencial significativo que os *airdrops* têm de recompensar os participantes ativos no ecossistema *blockchain*.

Além dos usuários comuns, os *airdrops* para outros tipos de contribuidores podem ocorrer simultaneamente, com uma alocação específica para aqueles que se envolveram com o projeto e fizeram contribuições substanciais de forma mais ativa. É possível, por exemplo, recompensar desenvolvedores que contribuíram com códigos *open source*, criaram documentações ou desenvolveram funcionalidades. Essa prática incentiva a inovação, atrai talentos e fortalece a comunidade técnica.

10.4. Fases do *airdrop*

As distribuições de *tokens* acontecem após um determinado período de atividade do projeto, seja na fase da rede de testes ou mesmo da rede principal, até que, em determinado momento, é realizado o *snapshot*, que é o registro do estado de uma *blockchain* em um momento específico. Esse registro captura informações das carteiras digitais para fins de contabilização dos critérios de elegibilidade.

A data em que o *snapshot* é realizado é crucial, pois estabelece a demarcação temporal que o projeto levará em consideração para a aplicação dos critérios de elegibilidade e, portanto, definirá quem poderá receber os *tokens*. Anunciar o acontecimento do *snapshot* antes ou depois de sua realização pode influenciar significativamente o comportamento dos usuários. Se anunciado previamente, os usuários podem aumentar temporariamente a utilização da rede ou do protocolo para se qualificarem para o *airdrop*, o que pode resultar em comportamentos inorgânicos que não refletem a real utilização da rede. Após o *snapshot*, os projetos geralmente disponibilizam uma página de consulta de elegibilidade dos usuários, o "Checker".

Em seguida, após o evento de geração de *tokens*, o TGE (*Token Generation Event*), quando os *tokens* são emitidos na *blockchain*, os usuários elegíveis podem realizar a reivindicação dos *tokens* (o "Claim") seguindo as instruções fornecidas pelo projeto. Ou, então, os *tokens* podem ser enviados diretamente para as carteiras selecionadas.

10.5. Desafios e riscos associados

Um dos grandes desafios na realização de *airdrops* é garantir que a distribuição seja justa e equilibrada para todos os participantes. É crucial que as regras de distribuição observem critérios transparentes e equitativos, evitando favorecer uma determinada classe de usuários.

Além disso, é importante evitar que usuários abusem do sistema utilizando métodos desleais para obter vantagens indevidas. Um exemplo desses métodos são os ataques Sybil, nos quais indivíduos criam múltiplas identidades (às vezes, centenas, milhares ou dezenas de milhares) para obter mais *tokens* do *airdrop*.

Para mitigar esse problema, os projetos devem implementar mecanismos de verificação de padrões de comportamento inorgânico, como identificação de grandes *clusters* de *wallets*, ou aplicar critérios de elegibilidade que envolvam autenticação por meio de provas de humanidade, como passaportes e certificados *on-chain*. Além disso, a utilização de sistemas de reputação *on-chain* pode ajudar a promover uma distribuição mais justa.

A distribuição excessiva de *tokens* para poucos pode diluir o valor da recompensa dos usuários reais e afetar negativamente a economia do projeto.

Apesar de não existir uma regra absoluta acerca dos critérios mínimos a serem adotados para uma distribuição justa, elencamos o que consideramos ser boas práticas. Elas claramente podem variar de acordo com o modelo de negócio do projeto, de seu *tokenomics* e do seu *airdrop*. Exemplificamos a seguir algumas práticas que observamos e consideramos razoavelmente justas para um *airdrop*:

a) *Drop* mínimo de ao menos 10% do *supply* total de *tokens* para a comunidade no TGE, reservando outra parte para futuros *airdrops*.
b) Equilíbrio do *pool* de recompensas entre usuários e provedores de liquidez.
c) Razão entre alocação máxima e mínima (em proporção até 1:100).
d) Multiplicadores para primeiros usuários e para atividades especiais.
e) Alocação por *tiers* (faixas de níveis na distribuição).
f) Parâmetro de corte de elegibilidade para os 20% melhores usuários.
g) Período de cultivo entre 12 e 24 meses.
h) Anúncio do *snapshot* após ter sido realizado.
i) Não divulgação dos critérios de forma explícita até o *snapshot*.

Além disso, é importante levar em consideração aspectos de segurança e medidas robustas para prevenir a exploração de vulnerabilidades nos contratos inteligentes e educar a comunidade sobre práticas seguras para participar de *airdrops*, a fim de mitigar riscos de fraudes. Um exemplo disso são os tão comuns ataques de *phishing*, que podem prejudicar tanto o projeto quanto os usuários.

Do ponto de vista jurídico, no âmbito brasileiro, é importante que o design do modelo de distribuição *airdrop* (e também do tipo de *token* a ele vinculado) seja construído levando em consideração a conformidade regulatória, para que o modelo de distribuição não venha a ser caracterizado como uma oferta pública de valores mobiliários ou se configure como um contrato de investimento coletivo. Do contrário, haverá responsabilidade regulatória específica, fazendo surgir uma eventual necessidade de obtenção de autorizações perante o órgão regulador competente.

Por fim, os *airdrops* continuarão sendo instrumentos valiosos na promoção da descentralização e no fortalecimento de comunidades no ecossistema *blockchain*. Com abordagens inovadoras, sofisticadas e responsáveis, eles podem contribuir significativamente para o desenvolvimento sustentável e democrático de projetos futuros.

Adotar práticas que promovam o equilíbrio, a segurança e o engajamento genuíno é fundamental para o sucesso dos *airdrops*, à medida que o ecossistema *blockchain* evolui. Com isso, é provável que novas formas de *airdrops* e mecanismos de incentivo surjam, alinhados com as tendências emergentes e as necessidades da comunidade.

11. Oráculos de *blockchain*

Eduardo F. Mendonça

Os oráculos de *blockchain* constituem uma inovação essencial no universo das tecnologias descentralizadas, funcionando como pontes vitais entre as redes *blockchain* e o ambiente externo. Sua função primordial consiste em possibilitar que contratos inteligentes acessem e utilizem informações externas de maneira confiável, superando assim uma limitação crítica dessas aplicações: a incapacidade natural de acessar dados externos de forma autônoma.

Ao estabelecer essa ponte entre diferentes sistemas, os oráculos exercem um papel crucial na transferência de informações verificadas e confiáveis para a *blockchain*, fornecendo dados atualizados e precisos e operando efetivamente como um serviço em nuvem especializado. Essa capacidade permite que aplicativos descentralizados interajam eficientemente com o mundo real, processando diversos tipos de informações, desde preços de ativos financeiros e resultados de eventos esportivos até informações climáticas, dados de sensores IoT e resultados de eleições.

Na execução de contratos inteligentes, os oráculos se tornam absolutamente fundamentais, pois permitem que esses contratos acessem dados externos necessários para sua execução, assegurando a confiabilidade e a precisão das informações utilizadas. Essa funcionalidade viabiliza a automação de processos baseados em dados do mundo real, ampliando significativamente as possibilidades de aplicação da tecnologia *blockchain*.

Para assegurar a confiabilidade dos dados, os oráculos empregam diferentes mecanismos de validação e verificação. Isso inclui mecanismos de consenso para verificar fontes de dados, sistemas de validação por nós específicos (como exemplificado pelo Chainlink com seus *tokens* LINK) e processos sofisticados de agregação de dados de múltiplas fontes, a fim de aumentar a confiabilidade das informações processadas.

A relevância dos oráculos para o ecossistema *blockchain* é incontestável, uma vez que eles expandem significativamente as possibilidades de aplicação da tecnologia, viabilizando a criação de aplicações mais complexas e práticas. Essa capacidade de conexão segura entre diferentes ambientes tem se mostrado determinante para a adoção mais ampla da tecnologia *blockchain* em diversos setores da economia e da sociedade.

11.1. Mecanismos de funcionamento

As redes *blockchain* foram intencionalmente projetadas para se manterem isoladas de sistemas externos, visando prevenir ataques como os de gastos duplos e preservar o consenso sobre a autenticidade das transações. Para ilustrar o funcionamento prático de um oráculo e explicitar de que forma ele contorna essa limitação, consideremos uma aposta esportiva. Quando dois usuários apostam no resultado de uma partida de futebol por meio de um contrato inteligente, o oráculo assume a responsabilidade de obter a informação do resultado do jogo e entregá-la de forma segura e confiável à rede em que o contrato inteligente foi implementado.

Para garantir a segurança e a confiabilidade do sistema, os oráculos operam através de uma rede de nós independentes, na qual cada operador passa por rigorosas revisões de segurança e deve apresentar um histórico consistente de validação correta de dados. Essa descentralização é fundamental para evitar pontos únicos de falha que poderiam comprometer a segurança e a inviolabilidade características das redes *blockchain*.

O mecanismo também incorpora um sistema específico de validação e consenso. Devido à natureza distribuída dessas aplicações, os oráculos asseguram a consistência e a confiabilidade das informações fornecidas, para que se mantenha o consenso entre os diferentes nós aos quais uma aplicação se conecta. Esse processo é especialmente relevante em aplicações que utilizam o protocolo *DeFi*, uma vez que os contratos inteligentes necessitam de acesso, por vezes contínuo, a informações de preços de criptomoedas e afins.

Oráculos modernos oferecem serviços especializados nesse sentido, como *feeds* de dados de mercado, automação de computação descentralizada, geração de números aleatórios verificáveis e sistemas de auditoria de reservas. Essa evolução permite que praticamente todos os mercados globais, incluindo derivativos, seguros, *commodities*, imóveis e créditos de carbono, conectem-se às *dApps*.

11.2. Tipos de oráculos

Na classificação dos oráculos *blockchain*, podemos identificar diferentes categorias, baseadas em fatores como direção dos dados, arquitetura e natureza de operação. Em relação à direção dos dados, existem os oráculos de entrada (*inbound*), responsáveis por trazer informações do ambiente externo para dentro da *blockchain*, e os oráculos de saída (*outbound*), que realizam o processo inverso, transmitindo informações da *blockchain* para sistemas externos.

No aspecto arquitetural, encontramos os oráculos centralizados, que operam a partir de uma única fonte de informação, e os descentralizados, que funcionam em uma rede distribuída de fontes para validação de dados. Complementando essa estrutura, existem também os oráculos de assinatura, especializados na validação de informações antes de sua inserção definitiva na *blockchain*.

Quanto à natureza operacional, os oráculos se dividem em três categorias principais: hardware, software e humanos. Os oráculos de hardware utilizam dispositivos como sensores e *tags* RFID para capturar informações relevantes do mundo físico. Os oráculos de software coletam e processam dados digitais provenientes de APIs e *feeds on-line*. Por fim, os oráculos humanos são necessários em situações que demandam avaliação especializada ou julgamento humano, como em arbitragens esportivas ou avaliações artísticas.

Cada tipo de oráculo desempenha um papel específico no ecossistema *blockchain*, contribuindo para diferentes aplicações. Por exemplo, no contexto das finanças descentralizadas (*DeFi*), os oráculos de software são fundamentais para fornecer dados atualizados sobre preços de criptomoedas. Em contrapartida, em aplicações como seguros agrícolas, os oráculos de hardware são essenciais para monitorar condições climáticas e outros fatores ambientais relevantes.

A integração desses diferentes tipos de oráculos permite a criação de sistemas robustos e versáteis, capazes de atender às diversas necessidades do ecossistema *blockchain*. Isso contribui significativamente para a expansão da tecnologia em múltiplos contextos.

11.3. Aspectos técnicos

O funcionamento técnico dos oráculos de *blockchain* envolve um processo complexo que se inicia com a coleta de dados externos. Ela é realizada principalmente através de APIs de entidades confiáveis, de forma que cada tipo de dado possui sua fonte específica e verificada. Já na etapa de verificação e autenticação, os dados coletados passam por um rigoroso processo para garantir sua precisão, autenticidade e integridade.

Esse processo emprega várias técnicas, incluindo assinaturas digitais, métodos criptográficos, consultas múltiplas a diferentes fontes e validação cruzada de informações. Por exemplo, na validação de resultados esportivos, o sistema consulta diversos portais especializados para confirmar a precisão dos dados. Uma vez verificados, os dados são incorporados à *blockchain* em transações específicas. Os oráculos utilizam contratos especializados que mantêm os dados e posteriormente os disponibilizam para consulta por outros agentes. Isso garante a integridade e a rastreabilidade das informações inseridas na rede.

Na implementação dos oráculos, duas arquiteturas principais se destacam. O modelo "clássico" de *Storage Oracle* funciona com um agente externo, atualizando periodicamente o *smart contract* do oráculo, o qual será posteriormente acessado pelos contratos consumidores. Esse modelo é particularmente eficiente em cenários com alta demanda por dados específicos. Por sua vez, o modelo *Request-Response Oracle* opera sob demanda, de modo que quando um contrato registra uma solicitação no oráculo, um agente externo monitora esses pedidos, coleta e valida os dados solicitados, para que então a resposta seja registrada e enviada ao contrato solicitante.

O sistema mantém um processo contínuo de atualização para dados que apresentam variações frequentes. As cotações de ativos financeiros, por exemplo, podem ser atualizadas diversas vezes por hora, garantindo a precisão das informações disponíveis para os contratos inteligentes. Além disso, os oráculos implementam múltiplas camadas de segurança, utilizando criptografia avançada, assinaturas digitais e protocolos de verificação que asseguram a autoria, a temporalidade e o conteúdo dos dados transmitidos.

11.4. Segurança e descentralização

Sistemas rigorosos de autenticação e monitoramento constante são implementados para detectar e prevenir tentativas de manipulação. A descentralização representa um pilar essencial para a segurança dos oráculos. Em vez de depender de uma única fonte de dados, os oráculos modernos utilizam uma rede distribuída de nós independentes. Cada operador dessa rede passa por severas revisões de segurança e deve manter um histórico consistente de validação correta, o que reduz significativamente o risco de manipulação e aumenta a resistência do sistema a falhas.

O processo de validação ocorre através de múltiplas camadas, incluindo verificação cruzada de dados de diferentes fontes, consenso entre múltiplos nós da rede, sistemas de reputação para fontes de dados e mecanismos de agregação que filtram valores discrepantes. Para evitar vulnerabilidades centralizadas, os oráculos implementam redundância de fontes de dados, distribuição geográfica de nós, diversificação de provedores de serviços e sistemas de *backup*.

O sistema também utiliza incentivos econômicos para garantir o comportamento correto dos participantes. No caso específico do Chainlink, os operadores de nós precisam fazer *stake* de *tokens* LINK como garantia de seu comportamento honesto. Esse modelo econômico gera um forte desincentivo para comportamentos maliciosos, pois os operadores podem perder seus *tokens* caso forneçam dados incorretos ou manipulados.

Os oráculos implementam, ainda, protocolos de privacidade que misturam as informações antes de as incluir na *blockchain*, garantindo a confidencialidade. Essa característica é particularmente relevante em aplicações que lidam com dados sensíveis ou informações financeiras.

11.5. Estudo de caso: Chainlink

A Chainlink é uma dentre as principais soluções de oráculo descentralizado no mercado. Dentre os principais serviços que o projeto disponibiliza estão o **Data Feed**, que fornece integração descentralizada de dados externos para serviços *DeFi*, esportivos e climáticos; o **Keepers**, responsável pela automação de computação descentralizada; o **VRF** (*Verifiable Random Function* – Verificação de Número Randômico), que gera números aleatórios invioláveis para *blockchain games* e NFTs; e o **Proof of Reserve**, um sistema de auditorias anônimas e precisas.

A versatilidade da Chainlink permite integrações com diferentes redes, demonstrando um dos maiores potenciais do ecossistema cripto nesse sentido. Uma de suas características mais notáveis é a capacidade de operar em múltiplas *blockchains* simultaneamente. Por meio do *Cross-Chain Interoperability Protocol* (CCIP), a plataforma estabelece conexões seguras e eficientes entre diferentes protocolos, viabilizando a transferência de dados e ativos de forma transparente e confiável.

A Chainlink não se limita a um único tipo de rede, tendo sido projetada como uma camada de abstração capaz de se comunicar com redes públicas, permissionadas ou híbridas. Essa flexibilidade permite que desenvolvedores e instituições construam aplicações agnósticas utilizando oráculos do projeto, tornando-o uma solução universal. Através do *CCIP Private Transactions* e do *Blockchain Privacy Manager*, a plataforma estabelece uma ponte segura entre redes públicas e privadas, mantendo a confidencialidade necessária para operações institucionais.

Essa capacidade de preservar a integridade e a segurança dos dados é particularmente relevante para instituições financeiras que necessitam manter a confidencialidade das transações operadas através de diferentes redes. A Chainlink demonstra, assim, sua eficácia em proporcionar soluções abrangentes e seguras para o ecossistema *blockchain*.

12. Segurança em redes *blockchain*: principais riscos e mitigações

Rodrigo Moreira

A segurança da *blockchain* é frequentemente destacada como um dos principais atrativos dessa tecnologia. Contudo, apesar de sua arquitetura descentralizada e robusta, a *blockchain* não é imune a vulnerabilidades. Casos como o ataque de 51% à Ethereum Classic em 2019, que resultou em perdas de mais de US$ 1 milhão, e ataques Sybil em redes menores destacam as fragilidades que podem ser exploradas por invasores.

Este capítulo explora os principais tipos de ataques que comprometem a integridade e a segurança de redes *blockchain*, como os ataques de 51%, Sybil e Negação de Serviço (*Denial of Service* – DoS). Além disso, discute estratégias práticas de mitigação para proteger essas redes e oferece *insights* úteis para desenvolvedores e administradores.

12.1. Ataque de 51%: controle majoritário da rede

O ataque de 51% é uma das vulnerabilidades mais conhecidas da *blockchain*. Ele ocorre quando um grupo de mineradores controla mais de 50% do poder de processamento (*hashrate*) de uma rede *blockchain*. Com esse controle, os invasores podem reescrever o histórico de transações, permitindo ações como o *double spending*, em que um mesmo ativo é gasto mais de uma vez.

Durante um ataque de 51%, os invasores criam uma cadeia privada enquanto continuam a minerar de forma legítima. Quando a cadeia privada se torna maior que a oficial, ela é publicada na rede, invalidando transações já confirmadas. Essa vulnerabilidade é mais comum em redes menores, onde o *hashrate* é relativamente baixo, tornando mais viável a obtenção de controle majoritário. Em 2019, a Ethereum Classic sofreu um ataque de 51%, resultando na perda de aproximadamente US$ 1,1 milhão devido ao *double spending*.

12.1.1 Exemplo prático: simulação de um ataque de 51%

Simulamos um ataque simples em Python. Aqui, os invasores criam uma cadeia privada maior para substituir a cadeia principal. Quando a cadeia privada se torna mais longa, ela substitui a principal, manipulando o histórico da *blockchain*.

```
class Blockchain:
   def __init__(self):
       self.chain = []

    def add_block(self, data):
        block = {"data": data}
        self.chain.append(block)
        return block

# Cadeia principal
main_chain = Blockchain()
main_chain.add_block("Bloco 1")
main_chain.add_block("Bloco 2")

# Cadeia privada (controlada por atacantes)
private_chain = Blockchain()
private_chain.add_block("Bloco 1")
private_chain.add_block("Bloco 2")
private_chain.add_block("Bloco 3")

# Substituição da cadeia
if len(private_chain.chain) > len(main_chain.chain):
    main_chain.chain = private_chain.chain

print("Cadeia Final:", main_chain.chain)
```

Para mitigar possíveis vulnerabilidades na rede, diversas estratégias podem ser implementadas. O aumento do *hashrate* da rede representa uma das principais medidas, pois quanto maior for o poder computacional distribuído entre os participantes, mais complexo se torna para qualquer grupo isolado obter controle majoritário do sistema. Isso pode ser alcançado através do incentivo à participação de mais mineradores na rede.

A implementação de provas alternativas também se mostra uma solução eficaz, com destaque para algoritmos como o *Proof of Stake* (PoS), que reduzem significativamente a probabilidade de ataques por não dependerem exclusivamente do poder computacional dos participantes. Paralelamente, o incentivo à formação de *pools* descentralizados de mineração surge como uma estratégia complementar essencial, evitando a concentração excessiva do *hashrate* em grupos específicos e promovendo uma distribuição mais equilibrada do poder computacional na rede.

12.2. Ataques Sybil: ameaça à identidade da rede

No ataque Sybil, o invasor cria múltiplas identidades falsas na rede para obter controle significativo sobre os nós. Isso pode manipular o consenso e validar transações fraudulentas.

Em redes *blockchain* que dependem de um número significativo de nós honestos para manter a segurança, um ataque Sybil pode ser devastador. Um invasor pode criar uma grande quantidade de identidades falsas (nós Sybil) e utilizar essas identidades para influenciar a validação de transações.

12.2.1. Exemplo prático: simulação de um ataque Sybil

```
class BlockchainNetwork:
    def __init__(self):
        self.nodes = []

    def add_node(self, node_id):
        self.nodes.append(node_id)

    def simulate_sybil_attack(self, number_of_sybil_nodes):
        for i in range(number_of_sybil_nodes):
            self.add_node(f"Sybil Node {i+1}")

    def get_node_count(self):
        return len(self.nodes)

# Rede inicial com 5 nós legítimos
network = BlockchainNetwork()
for i in range(5):
    network.add_node(f"Node {i+1}")

# Adicionando 20 nós Sybil
network.simulate_sybil_attack(20)

print("Número total de nós na rede:", network.get_node_count())
```

Este exemplo simula a adição de nós Sybil a uma rede, criando múltiplas identidades falsas. Com muitos nós falsos, o invasor poderia influenciar as decisões de consenso da rede, comprometendo a segurança.

Os mecanismos de prova de identidade se destacam como uma primeira linha de defesa a um ataque Sybil, utilizando algoritmos que demandam a autenticação dos nós através de *tokens* ou certificados específicos, o que cria uma barreira significativa contra a proliferação de identidades falsas.

A implementação de sistemas baseados em reputação e confiança também desempenha um papel crucial nessa proteção, uma vez que estabelece limitações à influência de nós recém-chegados à rede, reduzindo consideravelmente a capacidade de ação de possíveis invasores. Complementarmente, a utilização de mecanismos como *Proof of Work* (PoW) e *Proof of Stake* (PoS) adiciona uma camada extra de segurança ao exigir que os participantes invistam recursos substanciais, sejam eles computacionais ou financeiros, para integrar a rede, tornando economicamente inviável a criação e manutenção de múltiplas identidades falsas.

12.3. Ataques de negação de serviço: interrupção de redes

Os ataques DoS (*Denial of Service* – negação de serviço) sobrecarregam a rede com transações falsas, dificultando o processamento de transações legítimas. O invasor envia um volume massivo de transações inúteis, exigindo que os nós as processem, o que resulta em congestionamento na rede. Isso pode gerar atrasos ou até interrupção completa de certos serviços.

Durante o aumento da popularidade de NFTs, a rede Ethereum sofreu congestionamentos que imitaram os efeitos de ataques DoS, dificultando o processamento de transações legítimas. Situação semelhante ocorreu durante o *boom* dos ICOs em 2017, que resultou nas chamadas "gas wars", em que usuários competiam por prioridade nas transações, elevando significativamente as taxas e intensificando o congestionamento da rede.

12.3.1. Exemplo prático: simulação de um ataque DoS em Python

```
class BlockchainNode:
    def __init__(self, node_id):
        self.node_id = node_id
        self.transaction_pool = []

    def receive_transaction(self, transaction):
        if len(self.transaction_pool) > 1000:  # Limite de
processamento
            return "Node sobrecarregado!"
        self.transaction_pool.append(transaction)
        return "Transação recebida"

# Simulação de um nó recebendo muitas transações
node = BlockchainNode("Node1")

# Simulando um ataque DoS com 1500 transações
for i in range(1500):
    result = node.receive_transaction(f"Transação {i+1}")
    if result == "Node sobrecarregado!":
        print(result)
        break
```

Este exemplo mostra um nó que tem um limite de 1000 transações em seu *pool* de processamento. Quando o invasor envia 1500 transações, o nó fica sobrecarregado, simulando um ataque DoS. Esse tipo de ataque pode impedir a rede de processar transações legítimas.

Para proteger a rede contra ataques, diversas estratégias de mitigação podem ser implementadas. Uma das principais medidas é o estabelecimento de um número máximo de transações que cada nó pode processar por segundo.

A exigência de taxas mínimas para inclusão de transações na *blockchain* atua como outra forma importante de proteção, criando um obstáculo econômico que desestimula tentativas de sobrecarregar o sistema com transações em massa sem valor real. Adicionalmente, o emprego de ferramentas de monitoramento em tempo real permite a detecção e o bloqueio de padrões suspeitos de atividade, fornecendo uma camada extra de segurança.

Com a evolução da tecnologia *blockchain*, surgem novos tipos de ataques que podem comprometer a segurança das redes descentralizadas. A seguir, exploramos alguns dos novos ataques e as ameaças emergentes que estão se tornando uma preocupação crescente para a indústria de *blockchain*.

12.4. Novos ataques e ameaças emergentes na *blockchain*

Os contratos inteligentes são uma poderosa ferramenta para automatizar processos na *blockchain*, mas sua complexidade também pode ser explorada por atacantes. Recentemente, surgiram ataques de *ransomware* em contratos inteligentes, nos quais contratos são manipulados para bloquear fundos de usuários até que um pagamento seja feito aos invasores.

O atacante identifica uma vulnerabilidade no código do contrato inteligente e a explora para congelar ou bloquear os fundos. Ele então exige um pagamento (geralmente em criptomoeda) para desbloquear os fundos. Um contrato inteligente mal projetado pode conter uma função que permita ao atacante alterar a condição de execução de certas transações, impedindo que os usuários acessem seus fundos.

A mitigação de riscos em contratos inteligentes requer uma abordagem cuidadosa e sistemática. A realização de auditorias regulares e minuciosas dos contratos antes de sua implementação na rede constitui um passo fundamental para garantir sua segurança e eficácia.

Paralelamente, a adoção de práticas seguras durante o processo de desenvolvimento se mostra igualmente essencial, com especial atenção ao uso de bibliotecas previamente auditadas e à implementação de padrões de design bem estabelecidos.

Os oráculos também são um ponto vulnerável que pode ser explorado por invasores. Um atacante manipula os dados fornecidos por um oráculo, influenciando o comportamento de um contrato inteligente. Isso pode levar, por exemplo, à liquidação de posições em um contrato de *DeFi* (finanças descentralizadas) por um preço manipulado. Um atacante poderia criar uma flutuação artificial em um ativo e fazer com que contratos inteligentes realizassem vendas ou compras com base em preços incorretos.

A utilização de oráculos descentralizados aparece como uma solução fundamental, pois, ao coletar dados de múltiplas fontes distribuídas, reduz-se significativamente o risco de manipulação das informações.

Ademais, o desenvolvimento de contratos inteligentes com maior resiliência se mostra essencial. A implementação de uma lógica robusta permite a verificação constante da consistência dos dados fornecidos pelos oráculos e facilita a identificação de possíveis anomalias no sistema.

Por fim, com a crescente interconexão entre diferentes *blockchains*, ataques a pontes (*bridges*) e operações *cross-chain* se tornaram uma nova ameaça. As *bridges* são usadas para transferir ativos entre diferentes *blockchains*, mas são vulneráveis a ataques.

Um invasor explora uma vulnerabilidade na *bridge* que conecta duas *blockchains*, permitindo o desvio de fundos que estão sendo transferidos entre redes. Se uma *bridge* não verifica adequadamente as transações de entrada e saída entre duas *blockchains*, um invasor pode criar transações falsas que parecem ter sido validadas, desviando os fundos para sua própria carteira.

A segurança em operações *cross-chain* pode ser fortalecida com auditorias regulares e o uso de ferramentas como CertiK Skynet ou Chainalysis[7], para monitoramento contínuo.

Com a evolução da inteligência artificial (IA), novas ameaças à *blockchain* tendem a surgir. Algoritmos de IA podem ser treinados para identificar padrões de comportamento na rede e encontrar vulnerabilidades que seriam difíceis de detectar manualmente.

Invasores podem explorar vulnerabilidades conhecidas em contratos inteligentes utilizando ferramentas automatizadas, como *bots* equipados com algoritmos de *fuzzing* ou análise simbólica[8], capazes de testar milhares de cenários rapidamente. Por outro lado, soluções baseadas em IA, como a análise por meio de aprendizado de máquina supervisionado, podem ser empregadas para revisar contratos antes da implementação, identificando padrões anômalos e riscos de segurança com mais agilidade do que revisões manuais. Ferramentas como MythX, Securify e Slither[9] já integram inteligência artificial ou técnicas de análise estática para detectar falhas comuns em contratos Solidity. A combinação entre análise automatizada e aprendi-

---

7 CertiK Skynet e Chainalysis são ferramentas de monitoramento contínuo que aplicam análise de comportamento e IA para detectar anomalias em tempo real.

8 Análise simbólica é uma técnica de teste automatizado baseada na análise de possíveis caminhos lógicos de execução. *Fuzzing* injeta dados aleatórios para encontrar falhas inesperadas.

9 Essas ferramentas utilizam análise estática, simbólica e, em alguns casos, inteligência artificial para detectar vulnerabilidades comuns em contratos Solidity, como reentrância e *overflow* de inteiros.

zado contínuo permite antecipar novos vetores de ataque antes que sejam explorados em larga escala.

Diante de riscos cada vez mais sofisticados, investir em boas práticas de segurança não é mais opcional, é essencial para preservar a confiança nas redes *blockchain*. À medida que novas ameaças surgem, a defesa dessas redes exige atualização constante, auditoria rigorosa e uma mentalidade de segurança por design.

A *blockchain* nasceu como uma promessa de transparência, descentralização e confiança. E para que ela continue sendo esse pilar no ecossistema digital, precisamos fortalecer continuamente seus alicerces. Com as estratégias e os exemplos discutidos neste capítulo, você, seja desenvolvedor, pesquisador ou entusiasta, tem em mãos um mapa prático para mitigar riscos e promover redes mais seguras, resilientes e confiáveis. Segurança em *blockchain* é construção coletiva. Vamos fortalecer isso juntos.

13. Segurança em aplicações na *blockchain*

Rodrigo Moreira

Com o aumento exponencial de aplicações *blockchain*, garantir a segurança tornou-se uma das maiores prioridades da indústria. Casos como o ataque à The DAO em 2016, que resultou na perda de US$ 60 milhões, e o recente *exploit* na *bridge* Wormhole (de 2022), que causou prejuízos de US$ 325 milhões, mostram as consequências devastadoras de falhas de segurança. Este capítulo explora as melhores práticas para mitigar esses riscos, orientando o leitor na implementação de contratos inteligentes seguros, na escolha de mecanismos de consenso robustos e na manutenção de auditorias regulares. O objetivo é capacitar desenvolvedores e administradores a construir soluções *blockchain* resilientes.

13.1. Auditoria de contratos inteligentes

Os contratos inteligentes desempenham um papel central nas aplicações *blockchain*, automatizando processos com transparência e eficiência. No entanto, como qualquer software, eles não estão imunes a vulnerabilidades. *Exploits* históricos, como o ataque à The DAO em 2016 e o *hack* na rede Poly Network em 2021, destacam os riscos associados a contratos mal projetados, que podem resultar em perdas financeiras significativas e danos à reputação. Para mitigar esses riscos, é essencial realizar auditorias abrangentes antes de implementar contratos em redes públicas, combinando análises manuais e automatizadas com as melhores práticas de desenvolvimento seguro.

A revisão de código é o primeiro passo para garantir a segurança de contratos inteligentes. Um ponto fundamental é o gerenciamento adequado de funções que demandam alto poder de processamento, as quais podem ser alvos potenciais de ataques de negação de serviço (*Denial of Service* – DoS). Para mitigar esse risco, é essencial estabelecer limites no consumo de gás por função[10] e implementar restrições específicas para processamentos mais complexos.

[10] "Gás" é uma medida do custo computacional das operações executadas em redes como a Ethereum. Cada função de um contrato inteligente consome uma quantidade de gás, que representa o esforço computacional necessário para executá-la.

O controle de acesso representa outro pilar da segurança. É necessário assegurar que apenas usuários devidamente autorizados possam interagir com funções críticas do sistema. Bibliotecas especializadas, como a OpenZeppelin Access Control, fazem isso.

A prevenção de erros matemáticos, como *underflows* e *overflows*, é igualmente importante para manter a integridade dos valores do contrato. A utilização da biblioteca SafeMath, que já vem integrada em algumas versões do Solidity, garante que as operações matemáticas sejam executadas de forma segura.

Por fim, outra prática fundamental é a aplicação do princípio de menor privilégio, ou seja, as permissões devem ser limitadas ao mínimo necessário para cada função ou usuário, reduzindo assim o impacto de eventuais comprometimentos de credenciais.

13.1.1. Exemplo prático: implementação com OpenZeppelin em Solidity

```
// SPDX-License-Identifier: MIT
pragma solidity ^0.8.0;

import "@openzeppelin/contracts/access/AccessControl.sol";

contract ExemploControleAcesso is AccessControl {
        bytes32 public constant ADMIN_ROLE = keccak256("ADMIN_ROLE");
         uint256 private saldo;

constructor() {
         _setupRole(ADMIN_ROLE, msg.sender);
   }
   function depositar(uint256 _valor) public onlyRole(ADMIN_ROLE) {
           saldo += _valor;
   }

function consultarSaldo() public view onlyRole(ADMIN_ROLE) returns
(uint256) {
          return saldo;
   }
}
```

Neste exemplo, o controle de acesso foi implementado utilizando a biblioteca OpenZeppelin Access Control. Apenas usuários com a função **ADMIN_ROLE** podem executar funções críticas.

13.2. Ferramentas de auditoria automatizada

A análise automatizada é essencial para complementar a revisão manual, pois oferece precisão e rapidez na identificação de vulnerabilidades comuns em contratos inteligentes. Ferramentas especializadas ajudam a detectar falhas críticas antes que os contratos sejam implantados, aumentando a segurança geral do sistema.

A plataforma MythX, operando em ambiente *cloud*, executa análises estáticas minuciosas que identificam vulnerabilidades críticas, incluindo problemas de reentrância, acessos não autorizados e estouros de valores. O Slither se destaca como uma ferramenta de código aberto que permite identificar rapidamente falhas em códigos Solidity, enquanto o Echidna se concentra em testes de *fuzzing*[11], avaliando a resistência dos contratos em relação a *inputs* inesperados. O Certik Skynet oferece uma abordagem mais abrangente e combina análise de segurança com monitoramento em tempo real.

A incorporação dessas ferramentas ao *pipeline* de CI/CD permite verificações automáticas do código a cada atualização. O monitoramento contínuo oferece proteção adicional para aplicações *blockchain* em ambiente de produção.

Para maximizar a efetividade dessas ferramentas, é fundamental seguir boas práticas de desenvolvimento, que incluem auditorias automatizadas antes da implantação de contratos na rede principal, verificações regulares no *pipeline* de desenvolvimento e revisões manuais detalhadas, garantindo assim uma mitigação mais efetiva de vulnerabilidades complexas.

13.3. Escolha de mecanismos de consenso

O mecanismo de consenso é um dos elementos mais importantes em uma rede *blockchain*. Ele define como os nós participantes concordam sobre o estado do *ledger* distribuído, garantindo a validade das transações e a segurança contra ataques.

---

[11] *Fuzzing* é uma técnica de teste automatizado que envia entradas aleatórias para contratos inteligentes ou sistemas a fim de identificar falhas, vulnerabilidades ou comportamentos inesperados.

A escolha de um mecanismo adequado é crucial para equilibrar segurança, eficiência e escalabilidade.

Os mecanismos de consenso em redes *blockchain* apresentam diferentes abordagens para validação de transações, cada um com suas características específicas. O *Proof of Work* (PoW), implementado em redes como Bitcoin desde 2009, fundamenta-se na resolução de problemas matemáticos complexos pelos validadores para a confirmação de blocos. Embora ofereça alto nível de segurança, esse método enfrenta desafios relacionados ao consumo excessivo de energia e possui escalabilidade limitada.

O *Proof of Stake* (PoS) foi proposto pela primeira vez em 2011 com a criação da criptomoeda Peercoin, como uma alternativa ao *Proof of Work* (PoW). Seu objetivo inicial era reduzir o alto consumo de energia associado ao PoW, utilizando um mecanismo onde validadores são selecionados com base na quantidade de *tokens* que mantêm em *stake*. Desde então, o PoS passou por inúmeras evoluções, incorporando melhorias que visam aumentar sua segurança e eficiência.

A Ethereum, lançada em 2015, começou como uma rede baseada no *Proof of Work*, um mecanismo eficiente para distribuir novas moedas, mas desde o início tinha planos de migrar para o *Proof of Stake*. Essa transição, concluída em 2022, marcou um grande avanço na eficiência energética e na escalabilidade da rede.

Um aperfeiçoamento notável do PoS foi o modelo *Delegated Proof of Stake* (DPoS), que introduz um sistema onde detentores de *tokens* elegem validadores para realizar a mineração de blocos em seu nome. Esse modelo, além de oferecer maior velocidade de processamento, promove a participação comunitária por meio de votação, embora requeira maior confiança nos delegados escolhidos.

Já o *Proof of Authority* (PoA), comum em redes permissionadas, concentra a validação em um grupo seleto de validadores confiáveis, oferecendo alta eficiência em troca de menor descentralização.

13.3.1. Comparação dos principais mecanismos de consenso

A escolha de um mecanismo de consenso depende do equilíbrio entre segurança, eficiência e descentralização, variando conforme os requisitos da aplicação.

Tabela 13.1. Vantagens e desvantagens dos mecanismos de consenso. Fonte: o autor.

Mecanismo	Vantagens	Desvantagens
***Proof of Work* (PoW)**	Alta segurança; resistência a ataques Sybil; descentralização robusta.	Alto consumo de energia; intervalos de bloco mais longos podem impactar a velocidade percebida para validações iniciais, especialmente em redes com alta demanda de confirmações.
***Proof of Stake* (PoS)**	Eficiente em termos de energia; maior velocidade nas transações; menor custo operacional.	Risco de centralização em validadores com grandes quantidades de *tokens*; vulnerabilidade a ataques de longa cadeia (*long-range attacks*).
***Delegated Proof of Stake* (DPoS)**	Alta velocidade; maior escalabilidade; participação comunitária através de votos.	Menor descentralização; confiança nos delegados eleitos; suscetibilidade a colusão entre validadores.
***Proof of Authority* (PoA)**	Alta eficiência energética; validação rápida; ideal para redes permissionadas.	Baixa descentralização; confiança em um pequeno grupo de validadores; menos transparência em redes públicas.

A seleção de um mecanismo de consenso adequado requer uma análise cuidadosa de diversos aspectos críticos. O *Proof of Work* (PoW) é frequentemente escolhido por redes que valorizam a tradição e a confiabilidade, como as *blockchains* financeiras, devido ao seu histórico consolidado como o mecanismo de consenso mais antigo e amplamente testado. Essa característica faz com que o PoW seja percebido como uma escolha mais segura contra ataques, incluindo o ataque de 51%.

Além disso, em algumas implementações que utilizam algoritmos de mineração projetados para dificultar ou impedir o uso de **ASICs** (*Application-Specific Integrated Circuits* – Circuitos Integrados de Aplicação Específica), o PoW permite maior descentralização. Isso ocorre porque esses dispositivos especializados conferem vantagem desproporcional a quem os utiliza, concentrando o poder de mineração. Ao dificultar seu uso, a rede favorece uma participação mais equilibrada entre os mineradores, reforçando ainda mais a reputação do PoW como uma tecnologia confiável, embora menos inovadora em comparação com alternativas mais recentes.

Para projetos com foco em sustentabilidade ambiental, mecanismos como *Proof of Stake* (PoS) ou *Proof of Authority* (PoA) são alternativas mais viáveis, pois oferecem uma redução significativa no consumo energético. No quesito escalabilidade, aplicações que demandam alto volume de transações podem se beneficiar de soluções híbridas, combinando PoS com técnicas avançadas como *sharding* para aumentar a capacidade de processamento.

O equilíbrio entre eficiência operacional e descentralização também deve ser considerado cuidadosamente, especialmente em redes públicas nas quais a distribuição adequada do poder decisório é fundamental para manter a integridade e a confiabilidade do sistema.

13.3.2. Soluções híbridas e inovadoras

Muitos projetos estão adotando mecanismos híbridos que combinam as melhores características de diferentes consensos. Eles continuam evoluindo com soluções inovadoras que buscam otimizar diferentes aspectos do sistema. O *Proof of Staked Authority* (PoSA), implementado na Binance Smart Chain, combina características de PoS e PoA e proporciona maior eficiência operacional enquanto mantém um nível adequado de descentralização.

Soluções de segunda camada (*layer-2*), como *rollups* e *state channels*, podem ser integradas aos mecanismos de consenso das redes principais, oferecendo melhorias significativas na escalabilidade sem comprometer a segurança do sistema. A implementação bem-sucedida desses mecanismos requer uma avaliação criteriosa dos requisitos específicos da aplicação.

É fundamental manter um processo contínuo de monitoramento para identificar possíveis vulnerabilidades que possam surgir no mecanismo de consenso adotado, além de considerar o panorama de evolução tecnológica e potenciais atualizações futuras que possam impactar o funcionamento do sistema.

13.4. Auditorias de segurança regulares

À medida que as redes e os contratos inteligentes evoluem, novas vulnerabilidades podem surgir, tornando essencial a identificação e mitigação contínua de riscos.

O monitoramento efetivo de sistemas *blockchain* requer atenção constante a diversos aspectos críticos. A detecção de anomalias é fundamental para identificar comportamentos suspeitos, como padrões incomuns de transferências ou movimentações atípicas de *tokens*. Um sistema robusto de alertas automatizados permite respostas imediatas a incidentes potenciais, enquanto a geração regular de relatórios de segurança possibilita a análise detalhada de métricas essenciais.

No campo das ferramentas especializadas, plataformas como Tenderly oferecem monitoramento em tempo real de contratos inteligentes e permitem a identificação rápida de comportamentos inesperados. A Chainalysis se destaca no monitoramento de redes públicas e na detecção de transações suspeitas, enquanto o Certik Skynet proporciona uma abordagem integrada de monitoramento contínuo e auditoria dinâmica.

Auditorias periódicas devem ser conduzidas especialmente após atualizações significativas, complementadas por análises detalhadas pós-incidente quando necessário. A contratação de empresas especializadas para auditorias independentes adiciona uma camada extra de segurança, trazendo perspectivas externas valiosas para a identificação de vulnerabilidades.

Os benefícios dessas práticas são significativos: redução substancial de riscos operacionais, fortalecimento da confiança dos usuários, além de garantir que a aplicação se mantenha atualizada frente à constante evolução das ameaças no ambiente *blockchain*.

13.5. Conclusão

Segurança é fundamental para o sucesso de aplicações *blockchain* em um cenário global cada vez mais dependente de soluções descentralizadas. Contratos inteligentes auditados, mecanismos de consenso fortes e auditorias regulares são práticas indispensáveis para criar sistemas resilientes e confiáveis. A evolução contínua das ameaças cibernéticas exige que desenvolvedores e administradores de redes *blockchain* adotem uma postura proativa em relação à segurança.

Além das práticas técnicas, a implementação de uma cultura de segurança, que inclua treinamentos regulares, uso de ferramentas avançadas e colaboração com a comunidade, é essencial para antecipar e mitigar riscos emergentes. Ao seguir as melhores práticas descritas neste capítulo, os leitores podem construir aplicações que não apenas atendem aos requisitos de segurança atuais, mas que também evoluem para enfrentar os desafios do futuro. Em um ambiente no qual a confiança é um ativo valioso, a segurança se torna a base que sustenta o progresso e a inovação na *blockchain*.

14. Desafios práticos em redes *blockchain*

Fabricio Reis Furtado
Solange Parisoto

Blockchain tem o potencial de mudar a maneira como as transações são conduzidas na vida cotidiana e de transformar diversos segmentos de mercado. Reunindo os estudos mais recentes, é possível identificar o estado atual da tecnologia e avaliar quais são os principais desafios técnicos que ainda precisam ser superados. Somente oferecendo uma atenção especial a essas questões na academia e nas corporações será possível obter mais avanços em termos de desempenho das redes e plataformas, e contribuir para que a adoção da tecnologia ocorra em maior escala.

14.1. Taxonomia de sistemas *blockchain*

Para obter uma visão adequada dos desafios e das limitações da tecnologia, é importante classificar os sistemas *blockchain* em uma visão de arquitetura. As principais características de *blockchain* variam de acordo com o tipo de solução e propriedades adotadas. Mas as categorias pública, privada e consórcio são apenas a primeira e mais simples maneira de classificar soluções *blockchain*.

Taxonomias têm sido usadas na comunidade de arquitetura de software como uma forma de entender e classificar tecnologias existentes. Criar uma taxonomia implica em classificar e agrupar as características em uma estrutura compacta, o que permite a exploração do espaço de design conceitual e a comparação de diferentes opções de design (Xu *et al.*, 2017). Não há uma regra rígida sobre essa classificação, porque a tecnologia *blockchain* pode ser implementada de diferentes maneiras, dependendo da aplicação e dos requisitos.

No entanto, há uma tendência de que essa classificação seja seguida na maioria dos designs de soluções porque as características de *blockchains* públicas e privadas estão fortemente vinculadas a recursos específicos de segurança e consenso. FURTADO *et al.* (2020) propuseram uma taxonomia que visa fornecer uma visão mais direta e de alto nível para classificar sistemas *blockchain*, ajudando a entender as conexões tecnológicas mais facilmente e permitindo um design de solução rápido e simplificado.

Conforme apresentado na Figura 14.1, essa taxonomia mostra que, embora a literatura apresente três categorias de *blockchain*, devido à similaridade das propriedades e características das *blockchains* privada e de consórcio, é possível agrupá-las, separando os tipos de solução de *blockchain* em duas abordagens distintas. A *blockchain* pública não precisa de permissão, qualquer pessoa pode participar do processo de consenso, apresenta a característica de descentralização mais forte e favorece o anonimato. Por outro lado, é a que mais sofre em desempenho para garantir a autenticidade das transações e a segurança do sistema, por isso requer alto consumo de energia.

As *blockchains* privadas e de consórcio são geralmente utilizadas por empresas ou grupos de empresas, possuem algoritmos mais leves e democráticos para fornecer consenso e têm a segurança garantida pela limitação do acesso dos nós ao sistema. Elas não têm problemas de desperdício de energia e, em geral, apresentam mais desempenho do que a *blockchain* pública.

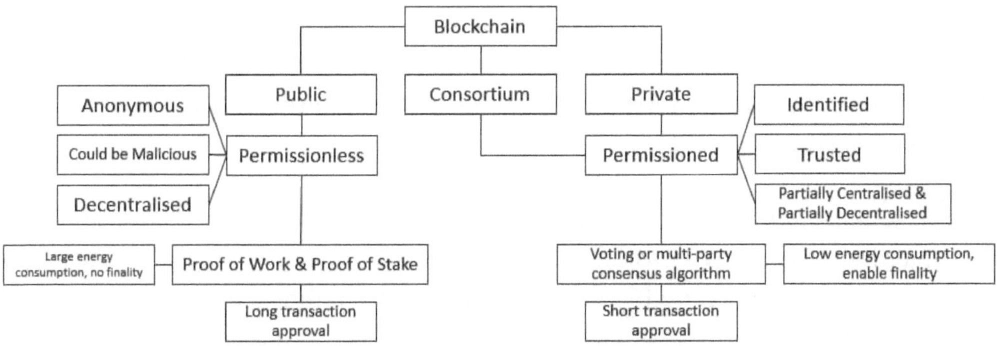

Figura 14.1. Taxonomia de soluções *blockchain*.
Fonte: Furtado *et al.* (2020).

Sabendo do grande potencial da tecnologia *blockchain* e das características que fazem parte de cada tipo de solução, conseguimos compreender melhor os inúmeros desafios que limitam a ampliação do seu uso. As subseções seguintes apresentam os principais desafios e as limitações técnicas relativas à arquitetura e ao desempenho das *blockchains*, além de avanços recentes nesses aspectos.

14.2. Escalabilidade e taxa de transferência

Escalabilidade se refere à capacidade do sistema de lidar com uma parcela crescente de trabalho uniformemente. Em outras palavras, é a possibilidade de expandir o sistema usando seus recursos para acomodar a demanda de acordo com sua variação, mantendo o ambiente estável (BONDI, 2000). Nesse sentido, a *blockchain* apresenta problemas para gerenciar o crescimento na quantidade de transações e, consequentemente, o livro-razão. Cada nó tem que armazenar uma cópia do livro-razão, que contém todas as transações realizadas na rede, tornando-a numa base de dados volumosa.

Bitcoin é umas das *blockchains* públicas com o problema de escalabilidade mais notório e, também, um dos protocolos mais restritos para ser alterado, porque para realizar modificações deve haver consenso na rede. A escalabilidade da *blockchain* do Bitcoin é restrita devido ao tamanho do bloco e ao intervalo de tempo usado para gerar um novo bloco, o que também afeta indiretamente a taxa de transferência de transações. Taxa de transferência máxima ou *throughput* é a taxa máxima na qual a *blockchain* pode confirmar transações. Originalmente, o tamanho do bloco foi definido por Nakamoto (2008) com o limite de 1 MB, restringindo efetivamente a taxa de transferência de transações para algo entre 2 e 4 TPS. Essas configurações, embora causem impacto direto na escalabilidade e no desempenho da rede, possuem também o objetivo de garantir a segurança e evitar ataques, o que será explorado com mais detalhes nas seções seguintes.

Mesmo sem haver uma unanimidade na comunidade, mais recentemente, em 2017, foi implantada uma nova estratégia chamada de *SegWit* (*Segregated Witnesses*), em que o tamanho do bloco do Bitcoin foi alterado para o limite de 4 MB, reduzindo o tempo e melhorando a taxa das transações. Mesmo com esse avanço, devido à convivência com o modelo anterior, em média o tamanho do bloco do Bitcoin não ultrapassa 2 MB, e sua taxa de transferência atinge no máximo 7 TPS (Pérez-Solà, 2018; Caffyn, 2021).

Na Ethereum, os principais problemas de escalabilidade são que cada nó precisa processar todas as transações e armazenar todo o estado de cada saldo de conta e código de contrato. Embora isso forneça uma grande segurança, limita muito a escalabilidade, resultando em uma *blockchain* que não pode processar mais transações do que um único nó. Seu tamanho de bloco é flexível e limitado pela demanda da rede (consumo de *gas*), atingindo uma taxa de transferência média de 15 TPS. A

Ethereum tem explorado estratégias de *sharding* e *layer-2* em suas atualizações mais recentes para tentar aliviar o congestionamento e melhorar o desempenho da rede (Hafid; Hafid; Samih, 2020).

Já dentro da *blockchain* privada é possível obter melhor taxa de transferência porque o protocolo de consenso é mais rápido e a segurança é mantida controlando o acesso ao livro-razão. Os sistemas baseados no protocolo de consenso BFT, por exemplo, podem oferecer bom desempenho para um pequeno número de nós, enquanto a *blockchain* baseada em PoW fornece boa escalabilidade de nós com baixo desempenho (Furtado *et al.*, 2020).

Em comparação, em outras redes de processamento de transações centralizadas, como a VISA, a taxa de transferência pode ultrapassar 65.000 TPS (VISA, 2016). O desempenho da rede *blockchain* precisa de melhorias para lidar com esse nível de *throughput* e dar suporte a aplicativos dessa natureza. Nesse contexto, o tamanho do bloco e o intervalo também são essenciais para o *throughput*. Em termos de velocidade de transação, um protocolo com intervalo de bloco mais curto resulta em maior *throughput*, mas acaba exigindo mais confirmações para fornecer o mesmo nível de segurança que um protocolo com um intervalo de tempo mais longo (Furtado *et al.*, 2020).

De modo geral, uma das estratégias mais adotadas para melhorar a escalabilidade em *blockchain* têm sido, além de aumentar o tamanho do bloco, a implementação de soluções em segunda camada (*layer-2*), como redes próprias conectadas às redes principais em formato de *sidechains* e sub-redes. Um exemplo bem conhecido de solução de segunda camada é a Lightning Network no Bitcoin, desenvolvida para aumentar a capacidade de transações sem alterar o tamanho do bloco principal (Hafid; Hafid; Samih, 2020).

Outro exemplo mais recente que demonstra um comportamento diferente dos anteriores é a rede Solana. Lançada em 2020, ela se apresenta como uma das redes *blockchain* mais rápidas. A Solana utiliza um modelo de validação baseado na combinação dos protocolos *Proof of History* (PoH) e *Proof of Stake* (PoS), com tamanho de bloco flexível e priorizando o desempenho sobre a descentralização, alcançando marcas de milhares de TPS (Brown, 2024).

14.3. Latência e largura de banda

Latência é o tempo para uma transação ser confirmada, e isso ocorre quando ela é incluída em um bloco. Aumentar o tamanho do bloco, para aumentar o rendimento, traz o custo de aumentar a latência devido a longos atrasos de propagação de blocos maiores pela rede, também implicando em segurança. Isso ocorre porque aumenta o risco de bifurcação da cadeia e, consequentemente, o risco de ataques de gasto duplo (Scherer, 2017).

A rede Bitcoin se protege contra o gasto duplo verificando cada transação adicionada à *blockchain*, certificando-se de que as entradas para a transação não foram passadas anteriormente. Para garantir a eficiência da segurança, leva um tempo considerável para gerar cada bloco. Mesmo após suas últimas atualizações, o Bitcoin atualmente requer aproximadamente 10 minutos para confirmar uma transação, para superar o custo de ataques de gasto duplo.

A latência é limitada pelo bloco no intervalo; se o intervalo do bloco for muito baixo, a utilização máxima da largura de banda da rede pode ser alcançada, causando problemas de congestionamento. Se a taxa de transferência da transação exceder a taxa de transferência efetiva real da rede, os nós não conseguirão acompanhar, o que pode resultar em negação de serviço aos usuários e na redução do poder de mineração efetivo da rede (Furtado *et al.*, 2020).

Para manter o sistema seguro, a *blockchain* apresenta algumas ineficiências em seu plano de rede. Para evitar negação de serviço pela propagação de transações inválidas, um nó deve receber e validar completamente uma transação antes de a propagar. Essa validação local de transações contribui significativamente para o tempo geral de propagação. O protocolo da camada de rede do Bitcoin primeiro propaga todas as transações e então propaga um bloco novamente quando ele é extraído. Isso efetivamente requer que cada transação seja transmitida duas vezes (Croman *et al.*, 2016).

A distância física entre os nós e o uso de *links* de baixa velocidade também podem afetar a latência, o que é mais difícil de gerenciar em redes públicas. Em um ambiente privado, empresas ou um consórcio de instituições devem colocar seus computadores que funcionam como pares próximos para reduzir o que for possível da latência (Scherer, 2017). Essas questões tornam a latência um grande problema na *blockchain* hoje. Criar um bloco e confirmar a transação deve acontecer em alguns segundos, mantendo a segurança. Outras redes centralizadas têm uma grande vantagem sobre a *blockchain*, sendo capazes de concluir transações em alguns segundos, como a VISA (Zheng *et al.*, 2018).

14.4. Armazenamento

A implementação de referência do Bitcoin e a maioria das soluções de *blockchain* hoje armazenam todo o livro-razão por padrão (Nakamoto, 2008). Como resultado, o sistema armazena muitas duplicatas de todo o livro-razão. O plano de armazenamento da *blockchain* aceita apenas gravações que adicionam dados (blocos minerados) e não oferece suporte a operações de exclusão (Croman *et al.*, 2016). A única operação de leitura comumente suportada é baixar o conteúdo de todo o livro-razão.

Portanto, o plano de armazenamento tem ineficiências notáveis. A comunidade propôs ideias interessantes que podem essencialmente dividir o armazenamento de uma estrutura de dados UTXO (*Unspent Transaction Output* – saídas de transações não gastas)[12], mas ainda assim apresentam desafios de pesquisa. Tabelas de *hash* distribuídas (*Distributed Hash Tables* – DHTs) são um possível começo, juntamente com técnicas adequadas de autenticação de dados (Croman *et al.*, 2016). Inevitavelmente, em seu estado natural, a *blockchain* tende a aumentar com o tempo.

Por exemplo, em dezembro de 2024 o tamanho da *blockchain* na rede Bitcoin é superior a 5 *terabytes* (Statista, 2025). Quando a taxa de transferência aumenta para níveis mais altos, como a rede VISA, a *blockchain* pode crescer rapidamente, atingindo um tamanho acima dos *petabytes*. Atualmente, a sincronização com a *blockchain* do Bitcoin pode levar vários dias e esse cenário tende a piorar com o tempo. Se a *blockchain* precisa lidar com mais transações, o problema do tamanho precisa ser resolvido (Zheng *et al.*, 2018).

Chamamos o tempo que leva para um novo nó baixar e processar o histórico necessário para validar o estado atual do sistema de *bootstrap*. O tempo de *bootstrap* é linear ao tamanho do histórico da *blockchain*, e também é um problema sério para outras plataformas de *blockchain* além do Bitcoin, principalmente aquelas usadas para aplicações específicas além de criptomoedas, como é o caso de soluções de contratos inteligentes. Esses tipos de sistemas precisam armazenar uma grande quantidade de dados, fazendo com que o *download* do livro-razão por cada nó leve muitos dias em certos casos (Furtado *et al.*, 2020).

---

[12] UTXO é um modelo utilizado por *blockchains* como o Bitcoin para registrar os saldos de criptomoedas. Cada UTXO representa uma saída de transação que ainda não foi utilizada como entrada em outra transação, funcionando como uma "moeda indivisível" que precisa ser completamente gasta quando usada, mesmo que parte do valor seja "trocada" e retornada como um novo UTXO. As transações que utilizam esse modelo possuem múltiplas entradas e saídas (Narayanan *et al.*, 2016).

14.5. Desperdício de recursos e deficiência dos algoritmos de consenso existentes

Os recursos dos protocolos de consenso afetam o desempenho da *blockchain* e resultam em desperdício de recursos. O algoritmo PoW é constantemente criticado por seu desperdício de energia para *hashing* voltado a fornecer segurança por meio da competição entre mineradores para obter recompensas. No PoW, a probabilidade de minerar um bloco depende do trabalho realizado pelo minerador. Na mineração de Bitcoin, são gastas enormes quantidades de energia por dia.

A dificuldade do trabalho realizado em PoW (também conhecida como dificuldade de mineração) é um fator para fornecer segurança para a *blockchain* e está diretamente relacionada ao intervalo de blocos e ao tamanho do bloco. Esses parâmetros definem a latência na qual o conteúdo é gravado na *blockchain*. Quanto menor o intervalo de blocos, mais rápida uma transação é confirmada e a probabilidade da existência de blocos órfãos aumenta. Uma dificuldade de mineração maior resulta em menos blocos gerados na rede, enquanto uma dificuldade menor resulta em mais blocos, considerando o mesmo período de tempo. Um intervalo de blocos menor e maior rendimento também significa que mais trabalho é desperdiçado (Gervais *et al.*, 2016). Os blocos órfãos representam a janela de vulnerabilidade na qual o invasor pode realizar mineração de gasto duplo ou egoísta (Dinh *et al.*, 2017). Embora os recursos oferecidos pela *blockchain* forneçam segurança em sistemas descentralizados, ela sofre de alguns riscos. *Blockchains* baseadas em PoW têm a possibilidade de um ataque de 51%. Em um ataque de 51%, uma única entidade teria controle da maior parte da taxa de *hash* da rede e seria capaz de manipular a rede (Furtado *et al.*, 2020).

14.6. Desempenho x segurança

Algumas decisões de design, como tamanho e frequência do bloco, protocolo de consenso, tipo de *blockchain* e estrutura de dados afetam diretamente características importantes do sistema, como escalabilidade, segurança, eficiência de custos e desempenho (Furtado *et al.*, 2020). Os protocolos de consenso são essenciais em *blockchain* para garantir que os livros-razão em diferentes nós sejam consistentes. Uma vez que as transações são criadas, elas precisam ser propagadas pela rede. No entanto, pode haver uma divergência de bifurcações em uma *blockchain*, uma vez que cada nó pode ter uma visão diferente de todo o estado da rede.

Os mecanismos distribuídos fornecidos pelos protocolos de consenso ajudam a mitigar esse problema (Zheng *et al.*, 2018). Os algoritmos de consenso têm o objetivo de fornecer segurança para as soluções de *blockchain*. No entanto, segurança e desempenho caminham em direções inversas e há muitas questões a serem resolvidas nesse aspecto. As *blockchains* públicas baseadas em PoW são as soluções que mais sofrem com esse paradigma, pois muito trabalho também tem que ser feito para provar que o nó não tem intenção de atacar a rede. A maioria das soluções de *blockchain* emprega essa arquitetura.

O uso de PoW em *blockchain* impacta negativamente a escalabilidade do sistema e o rendimento geral. Em termos de velocidade de transação, um protocolo com tempo de bloco mais curto precisa de mais confirmações para o mesmo nível de segurança que um protocolo com tempo de bloco mais longo. Uma confirmação é indiretamente determinada pela dificuldade, que determina quantos *hashes* são necessários para resolver um bloco.

Normalmente, o tempo de bloco significa uma taxa mais alta, que, por sua vez, requer um número maior de confirmações para satisfazer os requisitos de segurança. Uma taxa mais alta também significa que mais trabalho é desperdiçado. O tamanho do bloco também é um dos principais parâmetros relacionados ao desempenho de uma *blockchain* PoW, como o Bitcoin. Como mencionado anteriormente, a latência aumenta proporcionalmente ao tamanho do bloco. Consequentemente, aumentam os riscos de bifurcação da cadeia e de ataques de gasto duplo.

Isso afeta diretamente a segurança do sistema (Scherer, 2017). É essencial analisar se a mudança na dificuldade afeta as capacidades de ataque à cadeia mais longa, que é o principal pilar de segurança da maioria das *blockchains* baseadas em PoW. A mudança de parâmetros gera muitas discussões: a comunidade Bitcoin tem várias propostas para aumentar o tamanho máximo do bloco; no entanto, essas estratégias não são compatíveis com as estratégias adotadas pela rede.

Embora seja possível escalar o protocolo da *blockchain* ajustando parâmetros, o melhor rendimento alcançado é significativamente menor do que o limite imposto pela infraestrutura subjacente (Croman *et al.*, 2016). Bifurcações acidentais acontecem em *blockchain*, elas são comuns e podem ser resolvidas rapidamente. Os invasores podem tirar vantagem desse comportamento para realizar gastos duplos e mineração egoísta (Dinh *et al.*, 2017).

Para evitar gastos duplos, diferentes estratégias foram usadas para confirmar que uma transação está anexada com segurança à *blockchain*. A primeira é esperar que um número predeterminado de blocos (6 para Bitcoin e 12 para Ethereum) tenha sido gerado após a transação ser incluída na *blockchain*. A segunda é adotar um mecanismo de ponto de verificação, onde todos os participantes aceitarão as transações até o ponto de verificação como válidas e irreversíveis. Se uma bifurcação começar de um bloco antes que o ponto de verificação ocorra, ela não será aceita por nenhum dos participantes (Xu *et al.*, 2017).

Os protocolos de consenso em *blockchains* privadas têm um desempenho um pouco melhor, mas ainda apresentam problemas para atingir um nível mais alto de rendimento. Por exemplo, a *blockchain* baseada em BFT (*Byzantine Fault Tolerance*, um algoritmo de consenso) tem bom desempenho para um pequeno número de nós, enquanto a *blockchain* baseada em PoW oferece boa escalabilidade de nós de baixo desempenho (Scherer, 2017). Em geral, diferentemente das *blockchains* públicas, a *blockchain* privada fornece menor latência, sendo mais eficiente na propagação de transações pela rede. Para usar protocolos mais leves, a segurança é garantida, uma vez que apenas os nós que têm permissão podem ingressar na rede (Zheng *et al.*, 2018).

14.7. Privacidade

Conceitualmente, a tecnologia *blockchain* provê rastreabilidade, armazenando todo o histórico de transações e possibilitando a visualização dos dados dos endereços de carteiras envolvidas nas transações, além de saldos e valores movimentados. Isso é um problema em redes públicas (não permissionadas), mas também é um problema apresentado em redes privadas e consórcios, em que apenas os participantes envolvidos na transação deveriam conhecer todas as informações ou ainda parte delas.

A maioria das plataformas atuais de *blockchain* não possui recursos nativos para proteção dos dados propagados na rede e armazenados em seu livro-razão, trazendo um desafio para sua aplicação em diversos segmentos, principalmente no mercado financeiro regulado, em que as soluções precisam estar aderentes às leis de proteção de dados e sigilo bancário. Esse desafio faz com que soluções terceiras sejam acopladas às plataformas *blockchain* em forma de componentes *off-chain* ou em segunda camada (*layer-2*), a fim de garantir a privacidade dos usuários participantes da rede (Wang; Zhao; Wang, 2020; Zhang; Xue; Liu, 2020).

Um dos principais recursos utilizados para prover privacidade em redes *blockchain* é a criptografia homomórfica, que é baseada na utilização de chaves públicas e privadas para criptografar valores numéricos, permitindo que operações matemáticas sejam realizadas sem revelar o seu conteúdo. Ela surge como uma importante ferramenta nesse contexto porque viabiliza que os saldos das carteiras envolvidas nas transações sejam atualizados por meio de soma e subtração sem que os valores originais precisem ser descriptografados.

Para evitar a manipulação de valores de forma maliciosa, é preciso contar com mecanismos de validação capazes de verificar que os valores informados estão corretos sem revelar seu conteúdo, atendendo ao requisito de privacidade dos dados e garantindo que a transação em questão não seja uma tentativa de fraudar a rede. Surgido na década de 80, um dos métodos mais conhecidos que tem sido utilizado para esse tipo de validação é chamado de prova de conhecimento zero (ZKP – *Zero Knowledge Proof*) (Wang; Zhao; Wang, 2020; Zhang; Xue; Liu, 2020).

Em criptografia, uma prova de conhecimento zero é um protocolo no qual uma parte (provador) pode convencer outra parte (verificador) de que uma mensagem está correta sem fornecer nenhuma informação válida ao verificador. As provas de conhecimento zero podem ser classificadas em dois tipos:

- ✓ **Interativas:** o provador e o verificador trocam mensagens de acordo com algum protocolo.
- ✓ **Não interativas:** o verificador é convencido por uma única mensagem do provador e nenhuma outra comunicação é necessária.

Um exemplo de utilização de prova de conhecimento zero é o Zcash, um sistema de moeda digital que protege a privacidade por meio da tecnologia zk- SNARKs para ocultar completamente as informações da transação, incluindo o número da conta e o valor (Wang; Zhao; Wang, 2020). A utilização de soluções de privacidade traz um outro desafio, que é manter a programabilidade, a descentralização e o desempenho das plataformas *blockchain*. Com o avanço da tecnologia *blockchain* e principalmente sua aplicação pelos países na criação de suas CBDCs (*Central Bank Digital Currency* – Moeda Digital de Banco Central), é importante que haja esforços na indústria e na academia para que as redes *blockchain* possam garantir a privacidade dos dados dos usuários sem comprometer as outras características fundamentais que motivam a sua adoção.

14.8. Interoperabilidade

A interoperabilidade em *blockchain* é conhecida como a capacidade de diferentes redes *blockchain* se comunicarem, ou seja, é um conceito que estabelece um conjunto de padrões e regras que definem como diferentes plataformas e protocolos de *blockchain* podem se integrar e interagir entre si. Essa capacidade de compartilhar ou visualizar informações entre diferentes redes *blockchains* permite uma comunicação e transferência de dados sem interrupções, possibilitando a troca de ativos e realização de diversas operações sem a necessidade de intermediários, de forma segura, confiável e consistente (Chainlink, 2023).

Existem diferentes tipos de interações *cross-chain*, e uma das mais comuns é a que chamamos de *token swap*, que envolve a negociação de um ativo em uma rede de origem e o recebimento de outro ativo diferente na rede de destino. Também existe o que chamamos de *token bridge*, um mecanismo que permite que *tokens* possam ser bloqueados ou liquidados via um contrato inteligente na rede de origem e simultaneamente *tokens* sejam desbloqueados ou emitidos via um contrato inteligente separado na rede de destino.

Outras possibilidades de interação são a realização de pagamentos *cross-chain* iniciados por uma aplicação na rede de origem utilizando o ativo nativo da rede de destino para liquidação e chamadas de contratos inteligentes entre diferentes contratos de diferentes redes para consultas de informações e realização de outras operações. Alguns exemplos bem conhecidos de protocolos de interoperabilidade de *blockchain* são: Atomic Swaps, State Channels, Plasma Chains, Cross-Chain Oracles, Layer 2 Scaling Solutions e Inter-Blockchain Communication (IBC) Protocols (Chainlink, 2023).

Além da interoperabilidade para viabilizar transações entre diferentes redes DLT (*Distributed Ledger Technology*) no caso de múltiplos ativos, outro desafio relacionado a esse tema é a adoção das tecnologias de registro distribuído em ambientes mais tradicionais, devido à incompatibilidade de padrões utilizados nos atuais sistemas centralizados. Isso exige estratégias técnicas para fornecer interoperabilidade e eficiência para as operações (Furtado; Costa; Guimarães Jr, 2023). Mesmo reconhecendo a importância da DLT em impulsionar um novo nível de descentralização de TI e a introdução de novos serviços e aplicativos, ainda há uma falta de padrões consistentes entre diferentes tecnologias e plataformas, impactando a adoção em massa (Lima, 2018). Portanto, padrões e interoperabilidade estão se tornando tópicos importantes que precisam ser abordados para que o ecossistema do setor DLT perdure, alavancando a conexão com o mundo web3 e tornando o desenvolvimento de aplicações e casos de uso muito mais fácil.

Em Furtado, Costa e Guimarães Jr (2023) foi proposto um padrão de arquitetura específico para o ambiente de sistemas financeiros, sendo um modelo baseado em camadas que fornece novos recursos e conexões entre os sistemas legados com as plataformas e redes DLT públicas e privadas. Esse modelo conceitual é apresentado na Figura 14.2 e resumidamente propõe a introdução de três camadas estratégicas para viabilizar a conexão dos diferentes mundos:

- ✓ **Camada de serviço:** oferece para os produtos e serviços legados uma interface de comunicação com DLTs que abstrai as complexidades inerentes à interação com esse tipo de tecnologia. Por meio de uma configuração, as operações em DLT podem ser realizadas de forma padronizada (inclusive entre diferentes plataformas, redes e tecnologias), permitindo a interação por meio de uma única interface de comunicação.
- ✓ **Camada de provedor:** a camada do provedor agrega parceiros que permitem operações em DLTs sem a necessidade de instalar ou construir componentes internos de software ou hardware. Alguns exemplos são: APIs que permitem verificar saldos ou realizar transações em DLTs; sistemas que fornecem relatórios para auditoria de movimentações de criptomoedas; corretoras que permitem compra, venda ou troca de ativos; fornecedores que permitem acesso a nós DLT autogerenciados por plataformas de nuvem; *hubs* e APIs de BaaS (*Blockchain as a Service – Blockchain* como Serviço).
- ✓ **Camada de protocolo:** concentra todos os componentes de software usados para conectar a camada de serviço com os nós DLT. Cada DLT fornece diferentes maneiras de conectar e trocar dados por software. Alguns fornecem APIs REST, outros permitem comunicação via *websocket*, alguns via RPC, assim como outros requerem a construção de componentes desenvolvidos em linguagens de programação específicas, usando bibliotecas fornecidas especialmente para o respectivo DLT.

Essa abordagem apresenta um novo conceito de sistemas de Finanças Híbridas (*HiFi* ou *DeCeFi*), em que no mesmo ecossistema é possível fornecer finanças descentralizadas e centralizadas juntas, integrando todos os sistemas e plataformas na mesma topologia.

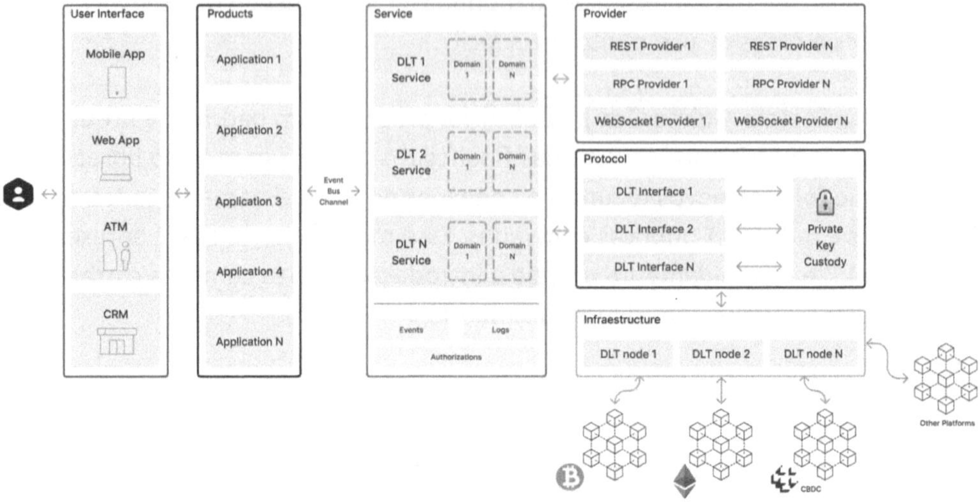

Figura 14.2. Modelo conceitual sugerido para interoperabilidade entre sistemas legados e plataformas DLT.
Fonte: Furtado, Costa e Guimarães Jr (2023).

15. Estudo de caso: a Rede Blockchain Brasil, uma rede público-permissionada de interesse público

Eldon Teixeira Coutinho
Gladstone Arantes Jr
João Lopes
Milber Bourguignon

A RBB (Rede Blockchain Brasil) foi criada a partir de um acordo de cooperação entre o Banco Nacional de Desenvolvimento Econômico e Social (BNDES) e o Tribunal de Contas da União (TCU). O histórico do BNDES em *blockchain* começou com o BNDES Token em 2018, um projeto construído na rede Ethereum com o objetivo de dar transparência ao destino dos desembolsos do banco. Em 2020, o TCU produziu o Acórdão 1613, que analisou projetos de *blockchain* no governo e concluiu que essa tecnologia poderia ser uma ferramenta importante no combate a fraudes.

No governo, o uso de *blockchain* era tipicamente limitado a redes privadas permissionadas, sendo uma rede criada para cada aplicação específica. Por outro lado, há desafios relacionados ao uso de redes públicas não permissionadas por instituições de governo, especialmente no que tange à regulação, à segurança e à governança. A criação da RBB foi motivada pela possibilidade de superar esses desafios por meio de uma rede público-permissionada unificada eu possibilita integração, colaboração, ganhos de escala e maior transparência.

Além disso, a RBB foi inspirada por projetos internacionais similares, como a LACChain (liderada pelo BID, Banco Interamericano de Desenvolvimento, com foco na América Latina), a EBSI (*European Blockchain Service Infrastructure*, da União Europeia) e a Alastria (da Espanha), que também exploram o potencial desse tipo de rede. Os principais propósitos da RBB são a redução do custo da inovação no uso de *blockchain* para aplicações de interesse público e o resgate da confiança dos cidadãos nas atividades desempenhadas por órgãos governamentais.

Essas características distinguem a RBB (e suas congêneres já citadas) de outras redes público-permissionadas, como a XDC e a Dragon Chain, que possuem um foco mais orientado à comercialização de serviços e à adoção empresarial privada. Mesmo perante as outras redes público-permissionadas citadas, a RBB se destaca pela sua governança mais descentralizada, dado que um dos seus propósitos centrais é proporcionar o *compliance by design* dos processos públicos.

O que exatamente significa "compliance by design"? É a garantia da conformidade dos processos sem a necessidade de monitoração ou auditoria da execução, obtidas já em tempo de projeto (mais precisamente, na implantação dos *smart contracts* que o automatizam)[13]. Ao ser implementado com uso de *smart contracts*, qualquer processo, transferência de recursos, entre outras atividades, ocorrerá conforme especificado explícita e publicamente nos contratos. E, no caso da necessidade de mudança das regras a serem aplicadas, tais modificações também serão realizadas de forma transparente e seguindo regras previamente explicitadas.

É claro que o real estabelecimento de um processo *compliant by design* depende de como os *smart contracts* são desenvolvidos. À infraestrutura subjacente cabe viabilizar essa possibilidade. Para isso, é necessário garantir a confiança da infraestrutura em si. A confiança de uma rede *blockchain* advém de três principais fatores: criptografia (garante o não repúdio das transações e a imutabilidade da cadeia de blocos); transparência (garante a monitoração da atividade da rede por qualquer um); e descentralização (evita a reescrita da cadeia por um ator apenas e garante a *censorship resistance*).

Na RBB, o uso adequado da criptografia é fornecido pelo próprio Besu, ao executar o protocolo QBFT (*Quorum-based Byzantine Fault Tolerance*), sobre o qual falaremos mais à frente, produzir uma *blockchain* com características similares à do Ethereum e fazer uso de criptografia assimétrica na assinatura de transações, entre outros pontos. Já a transparência é uma das premissas da rede. Sendo uma rede público-permissionada, qualquer pessoa pode executar seu próprio nó, conectar-se à rede e, assim, ter acesso de leitura à *blockchain*.

A descentralização é atingida pela variabilidade institucional da rede. A premissa é que a participação de órgãos dos três poderes (executivo, legislativo e judiciário), dos três níveis de poder (federal, estadual e municipal) e, também, de instituições de natureza jurídica privada têm um efeito similar (possivelmente superior) à necessária

---

13 Descontando os possíveis problemas relacionados à necessidade de uso de oráculos.

descentralização, evitando a possibilidade de conluio. Vale observar que esse tipo de preocupação é muito diferente da natureza das soluções permissionadas privadas.

Nessas arquiteturas, a confiança que precisa ser criada é apenas entre os participantes permissionados da rede, para que possam confiar nos *smart contracts* implantados por eles mesmos, em geral, para uma comunicação também entre os próprios. No caso da RBB, quem implanta um *smart contract* pode nem ser um dos validadores da rede, mas todo o ecossistema envolvido precisa confiar no consenso. Portanto, os requisitos de confiança se assemelham muito mais a *blockchains* públicas não permissionadas (Bitcoin, Ethereum etc.) do que a *blockchains* privadas permissionadas (construídas com Fabric etc.).

15.1. Governança e operação descentralizadas

Mesmo comparada com iniciativas similares, como LACChain, EBSI e Alastria, entre outras, a RBB tem uma preocupação mais estrita com a questão da confiança. Por isso, busca-se evitar a criação de qualquer ponto de centralização que possa gerar suspeita de controle por parte de entidade única sobre a rede.

Dessa forma, o projeto caminha no sentido de não haver ponto único de monitoração e gestão da rede. Todos os participantes podem monitorar uns aos outros e a solução de incidentes é colaborativa, obedecendo a protocolos que incluem Acordos de Níveis de Serviço (SLAs – *Service Level Agreements*) para atendimento de chamados, resolução de incidentes e outros processos de operação de infraestrutura.

Na RBB, a conexão à rede para leitura é liberada. Já a participação ativa no consenso está restrita a participantes autorizados. Essa autorização, porém, não é fornecida por um único responsável, mas é também resultado de um consenso, o que promove igualmente transparência e confiança. Ademais, além da autorização para participar do consenso, busca-se implementar *on-chain*, ou seja, através de *smart contracts* da própria rede, a maior parte das decisões que alteram o comportamento da rede. Isso equivale à extensão do próprio protocolo e dá transparência e confiança a tudo que ocorre na rede, permitindo a auditoria por parte de qualquer um não apenas do estado atual da rede, mas da sua evolução.

15.2. Hyperledger Besu e o protocolo de consenso QBFT

A escolha do padrão *Ethereum Virtual Machine* (EVM) faz todo o sentido por tratar-se de um ambiente com um pendor natural para redes públicas, além de possuir a maior disponibilidade de desenvolvedores e soluções produzidas pelo ecossistema (como carteiras, *block explorers* etc.), evitando dispêndio de recursos para a construção de elementos já fornecidos pelo mercado em forma *open source*. Além disso, a RBB seguiu os passos da LACChain, adotando o Besu, uma solução da *Linux Foundation Decentralized Trust* que, além de ser código aberto, é um cliente que suporta tanto redes públicas quanto permissionadas, garantindo uma compatibilidade maior entre esses mundos.

O Hyperledger Besu é um cliente para redes Ethereum de código aberto e distribuído sob a licença Apache 2.0. O projeto é desenvolvido pela The Linux Foundation, e, por seguir o protocolo Ethereum, contratos inteligentes (*smart contracts*) podem ser executados sob a *Ethereum Virtual Machine* (EVM). A arquitetura de código aberto do Besu e a sua compatibilidade com Ethereum o tornam uma opção poderosa para organizações que buscam adotar *blockchain* sob ambientes mais controlados e regulados, como é o caso da RBB.

O protocolo de consenso usado na RBB é do tipo PoA – *Proof of Authority* (Besu, s.d.), sob o mecanismo QBFT (*Quorum-based Byzantine Fault Tolerance*). O QBFT combina as características de tolerância a falhas bizantinas com a eficiência de um ambiente permissionado, onde os nós participantes são conhecidos e autorizados a participar da rede. Redes *blockchain* sob o protocolo de consenso QBFT podem continuar funcionando corretamente, desde que dois terços dos nós estejam em pleno funcionamento. Isso significa que, em uma rede com *N* nós, o sistema pode tolerar até *N/3* falhas, ou nós com comportamento malicioso. Uma característica muito relevante desse protocolo é que, ao ser produzido, o bloco não pode mais ser revertido, o que é diferente de quase todas as soluções públicas não permissionadas e mesmo de outros algoritmos de redes permissionadas (como o Clique, também do Besu).

15.3. Topologia e tipos de nós

A RBB foi inicialmente inspirada na LACChain e, por isso, adota a classificação de nós (*nodes*) utilizada naquela rede: nós *CORE* (núcleo) e *SATELLITE* (satélites). Os nós *SATELLITE* (satélites), como o nome já nos informa, são nós periféricos ou acessórios ao núcleo da rede e podem ser *writer nodes* e *observers nodes*. Os *writer nodes* são recebedores de transações. *DApps*, *wallets* ou componentes de software *back-end* (externos à RBB) podem enviar transações aos *writers*, desde que as contas (*accounts*) utilizadas para tal tenham sido permissionadas. Uma vez recebidas as transações, os *writers* as repassam aos *writer boot nodes*, que as repassam aos *validators*. Os *observer nodes* se conectam somente aos nós *obsever boot nodes* para leitura dos dados da rede. *Observer nodes* podem ser executados por quaisquer pessoas sem necessidade de aviso ou identificação. Eles se conectam à rede, baixam a *blockchain* e validam todas as transações que estão contidas nela, inclusive as do passado.

Os nós *CORE* (núcleo) desempenham um papel essencial no correto funcionamento do protocolo da rede, são eles: *validators* e *boot nodes*. Os nós validadores são responsáveis por criar conjuntamente os blocos da rede. Para tanto, estão envolvidos diretamente no protocolo de consenso QBFT. Nesse algoritmo, um nó é escolhido sequencialmente entre os validadores disponíveis a cada rodada (*round*) para propor um novo bloco.

O escolhido busca transações (em um *pool* de transações em memória), valida tais transações e propõe o bloco com elas, desde que cumpridas todas as exigências que o protocolo impõe. Os outros validadores precisam votar e atingir um total de mais de dois terços dos validadores. Vale notar que tanto os votos quanto o conjunto total dos validadores são registrados nos blocos, permitindo a auditoria por parte de qualquer um. A inclusão ou exclusão de um novo validador, por sua vez, exige uma votação entre os próprios validadores, exigindo um quórum maior do que 50% do total dos validadores válidos no momento.

Boot nodes são nós considerados conectores, já que aceitam novas conexões e repassam aos novos entrantes outros nós da rede para que tentem se conectar. Têm também uma função de isolar os *validators*, que são os nós mais críticos da arquitetura.

Os *boot nodes* podem ser dos tipos *writer boot nodes* ou *observer boot nodes*. *Writer boot nodes* isolam os *validators* dos *writers* e dos outros *boot nodes*, e ajudam na descoberta de outros *boot nodes* quando acionados por *writers* ou outros *boot nodes* buscando se conectar à rede. *Observer boot nodes* permitem acesso de leitura aos *observer nodes*. Como tal acesso livre deve ser apenas de leitura, os *observer boot nodes* têm o papel de proteger o resto da rede, impedindo que transações sejam propagadas a partir dos *observer nodes*.

15.4. Permissionamento

A RBB é uma rede *blockchain* do tipo público-permissionada. O permissionamento, quando configurado no Besu, permite controlar os nós (*nodes*) que podem se conectar a outros nós da rede, além das contas ou dos endereços (*accounts*) que podem enviar transações para a rede.

No Besu, o permissionamento pode ser configurado basicamente de duas formas: local ou *on-chain*. No permissionamento local, as configurações são feitas por arquivos de configuração definidos em cada nó da rede. Já a configuração do permissionamento *on-chain* é feita por contratos inteligentes (*smart contracts*) e podem habilitar o permissionamento para todos os nós da rede. Porém, é requerido que cada nó seja configurado para utilizar os mesmos *smart contracts* como fonte da verdade sobre o permissionamento. Os citados *smart contracts* são desenvolvidos seguindo padrões definidos pela EEA (*Enterprise Ethereum Aliance*), consórcio de organizações que tem como objetivo fomentar o uso da tecnologia de *blockchains* Ethereum para uso empresarial. Esses padrões são implementados pelo Besu, cliente Ethereum usado pela RBB[14].

A RBB usa permissionamento *on-chain* como meio de dar transparência às regras aplicadas, além de facilitar a implementação de esquemas mais avançados de permissionamento. Por exemplo, no Besu, o permissionamento de contas *on-chain* é implementado, na verdade, como um permissionamento de transações. Ou seja, ao receber, propagar ou detectar uma transação em um bloco, cada nó chama o *smart contract* de permissionamento passando todos os dados da transação, permitindo ao *smart contract* aplicar critérios para aceitar ou rejeitar a transação.

Com isso, é possível controlar não apenas quem pode executar transações, mas aplicar esquemas mais avançados de gestão da rede. Todas essas regras estarão *on-chain* e, portanto, submetidas à transparência necessária. O *roadmap* da RBB prevê o aumento, sempre que possível, do uso de consensos para ações de permissionamento, a fim de evitar o excesso de concentração de poder.

Outro ponto relevante é que, também com o objetivo de garantir a transparência para todos, *proxies* para os *smart contracts* de permissionamento foram implantados já no bloco gênesis. Se for necessário alterar as regras, basta "reponteirar" tais *proxies*.

---

[14] Recentemente, a LFDT (*Linux Foundation Decentralized Trust*) anunciou que a implementação do permissionamento *on-chain* passará a ser suportada apenas com o uso de *plugins*.

Isso garante que qualquer um é capaz de seguir todo o histórico de evoluções do permissionamento da rede sem dificuldade, pois tudo está transparente e não demanda posteriores alinhamentos *off-chain*, que, embora legítimos, podem trazer confusão a quem audita a rede[15]. Com isso, o próprio *observer node* do cidadão já irá aplicar o permissionamento automaticamente, sem necessidade de intervenção, e, caso detecte alguma anomalia no comportamento da rede, irá alertar a inconsistência.

Por conta do seu propósito, a RBB tem a intenção de ser mais similar a uma rede pública não permissionada do que a uma rede privada permissionada. Em redes públicas não permissionadas, como Bitcoin ou Ethereum, porém, não há limite nenhum à participação em todos os níveis, não havendo nenhuma restrição para aplicações de quaisquer naturezas, mesmo as que sejam prejudiciais ao interesse público. Pior, não há qualquer proteção contra atividades ou atores ilegais, o que pode ser muito problemático para a evolução do uso da tecnologia no âmbito do setor público, pelo menos enquanto não houver algum tipo mais específico de regulação que discipline a questão.

Parte da razão da criação da RBB é viabilizar o uso de uma rede pública por setores do poder público, explorando o potencial revolucionário dessa abordagem. Para viabilizar a participação de instituições, empresas e órgãos públicos, dois requisitos muito relevantes são: foco em aplicações de interesse público; e capacidade de responder a demandas acerca da legalidade de usuários ou de aplicações.

Tais garantias são implementáveis através de alguns mecanismos de permissionamento de transação discutidos na seção anterior, conjuntamente com algumas regras estabelecidas pelo regulamento da RBB. Esses mecanismos permitem que apenas contas previamente permissionadas possam enviar transações para a rede. O regulamento da RBB prevê que, no ato do permissionamento de uma conta, o responsável armazene *off-chain* informações acerca do proprietário da conta[16]. Assim, no caso de um acionamento pela justiça, por exemplo, sempre será possível acionar o responsável.

De forma similar, todo responsável por implantação de um *smart contract* também poderá ser acionado, dado que se trata de um tipo específico de transação. Temos chamado tal característica de *Know Your Sender*, como uma referência aos mecanismos de *Know Your Customer*, muito comuns no contexto de mercado financeiro.

---

15 Por exemplo, não será necessário comunicar à toda a comunidade que os *smart contracts* de permissionamento mudaram a partir de um determinado bloco.

16 O armazenamento é *off-chain* porque a impossibilidade de exclusão da informação causaria problemas perante a LGPD, logo, como regra geral, não se imagina registro de informações pessoais no *ledger* da RBB.

Ainda, a RBB prevê a implementação de um controle específico para a implantação de *smart contracts*, de tal forma que será possível restringir a implantação a aplicações subordinadas ao princípio do interesse público.

Os mesmos mecanismos também permitem que um *smart contract* possa ser interrompido, ou seja, ter sua invocação bloqueada. Tal bloqueio só poderia se dar por consenso, mas garantiria essa ação no caso de um acionamento pela justiça. Ou seja, deve existir um *stop button* para *smart contracts*, mas, ao mesmo tempo, uma proteção, via consenso, para que seu uso não se dê de forma abusiva.

Mecanismos mais sofisticados podem ser possíveis no futuro, de tal forma a diminuir a necessidade de se lançar mão de algo determinado no regulamento da RBB, o que, por ser muito específico, tende a ser mais opaco. Por exemplo, é possível imaginar credenciais verificáveis emitidas por algum órgão oficial de identificação de pessoas físicas e jurídicas sendo exigidas para a execução de transações. Algo similar poderia acontecer com o bloqueio de *smart contracts*, permitidos apenas perante credenciais emitidas exclusivamente para órgãos competentes. Conectar a legalidade da RBB à legalidade nacional é um caminho que pode melhorar ainda mais o potencial de torná-la *legally actionable*.

15.5. Incentivos

Um dos pontos críticos acerca de qualquer rede *blockchain* tem a ver com os incentivos para participar do consenso. Em redes públicas não permissionadas, esse incentivo tende a ser a remuneração, em geral, em *tokens* nativos da própria rede, como é o caso de Bitcoin, Ethereum etc. No caso de redes privadas permissionadas, a situação é bastante diferente e, em geral, tem a ver com o processo específico que a rede suporta, em geral, diretamente relacionado às transações de negócio que os partícipes da rede executam em conjunto. Por exemplo, se uma rede privada permissionada objetiva rastrear a cadeia de transformação e transporte de um tipo de produto, os partícipes fazem parte dessa cadeia e não podem ficar de fora.

No caso da RBB, a situação é um bocado diferente. A motivação para participar da RBB varia bastante entre os participantes e pode incluir, por exemplo, um compromisso institucional (como os casos do TCU e do BNDES), a opção por usar a rede para um caso de uso próprio, como foco de pesquisa e desenvolvimento ou prover serviço para outras instituições. Vale destacar que é permitido pelo acordo de cooperação prover serviços remunerados com a RBB, desde que subordinados ao interesse público.

Para suportar toda essa variação de interesses, o incentivo para estar na RBB é, basicamente, poder utilizá-la. Como consequência, torna-se necessário disciplinar o uso da capacidade computacional da rede, o que se dará de forma diversa do comum e é tema técnico abordado a seguir.

Por seu modelo de rede público-permissionada, além de alguns pontos já tratados, a RBB traz à tona ainda algumas necessidades e desafios específicos, não encontrados usualmente em redes públicas. Entre estes, podemos citar o controle do uso da capacidade de processamento da rede, mencionado na seção anterior, e a garantia da variabilidade dos nós validadores. O uso da capacidade de uma rede pública é moderado diretamente pelas taxas de transação e o processamento é priorizado de acordo com remunerações mais altas. Outro ponto relevante é a publicidade, uma característica natural das redes públicas não permissionadas. No caso da RBB, é preciso garantir a publicidade sem renunciar ao permissionamento no envio de transações. As redes públicas também se beneficiam da quantidade e diversidade dos nós validadores (ou mineradores), proporcionando alta confiabilidade à rede. Essas premissas, entretanto, não são válidas para o caso da RBB, sendo necessário que tais aspectos sejam endereçados de forma diferenciada.

Os mecanismos de permissionamento mencionados anteriormente também permitem o escrutínio e o controle de uso da rede. Isto é, faz-se possível verificar a quantidade de recursos computacionais utilizados por cada partícipe, permitindo disciplinar e distribuir a capacidade computacional entre estes, de tal forma a impedir o monopólio do uso da rede, evitando que um partícipe acabe custeando o processamento de outro, e equilibrar o incentivo para prover o consenso para todos.

Para realizar o acompanhamento e o controle do uso da rede, faz-se proveito do conceito de "gas" utilizado nas redes Ethereum. O "gas" (Ethereum Foundation, 2025), ou "combustível", representa o esforço computacional para que a EVM (*Ethereum Virtual Machine* – Máquina Virtual Ethereum) execute operações na rede. Quanto maior o "gas", maiores o esforço e a capacidade computacional e de armazenamento usada. Logo, espera-se que cada partícipe tenha uma fração previamente estabelecida do total de "gas" disponível na rede para que possa executar suas aplicações.

Como não poderia deixar de ser, a métrica de "gas" é completamente auditável e rastreável na *blockchain*, sendo possível ligá-la ao *smart contract* executado e à conta que disparou a transação que levou à execução. Sabendo-se que, com os mecanismos de gerenciamento de permissões, é possível identificar qual partícipe concedeu acesso à conta, torna-se plenamente possível determinar, em um certo bloco, conjunto de blocos ou período de tempo, a capacidade da rede utilizada por cada partícipe, contemplando as contas por ele autorizadas, ou mesmo a capacidade ociosa da rede. Com essa rastreabilidade em mente, a RBB já consegue medir o uso de sua capacidade e deverá seguir evoluindo no desenvolvimento de mecanismos para realizar controle mais efetivo.

15.6. Desafios: permissionamento e ataques

O permissionamento local foi a forma que a RBB encontrou de permitir que *observer nodes* de quaisquer cidadãos se conectem à rede, mas não sejam capazes de enviar transações. Embora o próprio permissionamento de contas *on-chain* já garanta que nenhuma transação indesejável seria processada pela rede, era preciso evitar que atores maliciosos levantassem nós e se conectassem à rede com o objetivo de perpetrar ataques de DoS (*Denial of Service*) aos nós mais internos da rede.

Assim, os *observer boot nodes* usam permissionamento local, ou seja, que só valem para eles. Além de ter suas portas P2P (as que são usadas para conexão entre nós) abertas na internet, os *observer boot nodes* são configurados localmente para aceitar conexões de quaisquer nós. Por outro lado, a configuração local de permissionamento de contas tem uma lista vazia – logo, nenhuma transação é propagada para os nós internos da rede, garantindo aos *observer nodes* o acesso aos blocos, mas impedindo o envio de transações.

Outro desafio já discutido é proteger a rede contra eventuais ataques, seja pela ação maliciosa de invasores ou pela tentativa de domínio da rede por um grupo de partícipes. Mesmo sendo este último um cenário muitíssimo improvável, o propósito de resgate da confiança pública exige preparação para situações extremas.

Além dos procedimentos e cuidados usuais de segurança necessários a ativos e sistemas de TI, a segurança da RBB inspira outras preocupações. Do ponto de vista decisório, o acordo de cooperação firmado entre os partícipes da RBB (BNDES; TCU, 2022) concede direito de voto àqueles que possuem validadores, o que é inspirado pelo próprio protocolo de consenso da rede, já citado, no qual a votação para inclusão ou exclusão de validadores se dá por maioria simples.

Os mecanismos de gestão da rede, como o permissionamento, espelham ambos, acatando decisões conforme a expressão de voto apenas dos partícipes provedores de consenso. A implementação de procedimentos *on-chain* dessa natureza aproximam a RBB do conceito de uma DAO (*Decentralized Autonomous Organization* – Organização Autônoma Descentralizada), descentralizando o poder, minimizando o risco de eventuais vazamentos isolados de chaves privadas (visto que uma única conta não terá poder suficiente para aprovar decisões ou executar ações) e mitigando também a possibilidade de conluio entre grupos menores de partícipes, que, sem atingir o quórum de maioria, tampouco conseguem determinar diretamente os resultados dos processos de gestão da rede.

Já do ponto de vista técnico, a produção de consenso deve ser bem protegida: seja pelo isolamento dos nós validadores (para que fiquem menos vulneráveis a ataques e sobrecargas), seja pela diversidade institucional dos partícipes (de forma a representarem diferentes perfis organizacionais e setores governamentais e da sociedade civil), ou seja pela quantidade de nós validadores (de forma a se manter o desempenho da rede dentro de parâmetros definidos e sem degradação de nível de serviço).

O isolamento dos nós validadores é endereçado pela topologia definida para a RBB, conforme explicado anteriormente. A diversidade institucional pode ser buscada através da seleção criteriosa de diferentes tipos de organização dentre os partícipes existentes, de maneira a formar um conjunto de nós validadores menos concentrado em um determinado perfil de organização, ainda que isso torne o núcleo da rede eventualmente menor.

Tal seleção torna menos provável a possibilidade de conluio entre participantes para "tomar o consenso da rede", manipulando de alguma forma a execução do algoritmo em seus nós. Por fim, esse processo de "seleção de nós validadores" também pode ser útil para manter o bom desempenho da rede. A adição irrestrita de nós validadores a uma rede com consenso através de protocolo PoA (*Proof of Authority* – Prova de Autoridade) pode levar a perda de desempenho, sendo desejável restringir a quantidade de validadores até uma certa ordem de grandeza, conforme experimentos já realizados (Fan *et al.*, 2022).

Portanto, a RBB também prevê a possibilidade de implementar um mecanismo de "rotação" de nós validadores, de forma semelhante ao que já é feito, por exemplo, na LACChain (LACNet, s.d.). Isto é, um mecanismo que, de forma periódica e de acordo com critérios estabelecidos, selecione, a partir do conjunto total de possíveis validadores, um conjunto diverso de nós, do ponto de vista de perfil institucional, e que se mantenha dentro de uma certa faixa quantitativa desejada. Assim, equilibram-se a quantidade e a diversidade dos componentes da rede, garantindo sua estabilidade técnica e, ao mesmo tempo, a confiabilidade de sua operação.

PARTE IV. INTRODUÇÃO A APLICAÇÕES E CASOS DE USO – A *BLOCKCHAIN* NO MUNDO REAL

16. A inovação do uso de *blockchain* na gestão da saúde pública e privada no Brasil

Diógenes Firmiano
Marcus Fellipe Brito
Vladimir Silva
Sandra M. Heck

16.1. Breve contextualização do tema

O Brasil reconhecidamente enfrenta um enorme desafio para alcançar as nações que desenvolvem as tecnologias que guiarão a evolução da humanidade nos próximos vinte anos face os baixos investimentos em pesquisa e inovação, sempre aquém do mínimo necessário. A adoção de novas tecnologias em áreas como o agronegócio e o setor financeiro, por exemplo, contrastam com os investimentos em outras áreas, como é o caso da saúde. Embora não seja objeto deste capítulo entender as razões históricas e recentes que explicam o baixo investimento, no Brasil, destinado à inovação e adoção de novas tecnologias pelo setor da saúde, existem alguns notáveis avanços em áreas específicas que têm apresentado um potencial desenvolvimento, sobretudo após 2020, em razão de uma conjuntura que propiciou a aceleração do uso de ferramentas e aplicações de saúde digital.

Justamente nesse cenário pós-pandemia é que se revela a importância do papel institucional do iCoLab, uma Instituição Científica, Tecnológica e de Inovação (ICT) com foco no desenvolvimento de tecnologias inovadoras utilizando *blockchain* e tecnologias de registro distribuído, que impulsiona a pesquisa científica e contribui como um agente fundamental na construção de um ecossistema de inovação tecnológica no país. Ao promover a parceria e a colaboração entre setor privado, setor público e terceiro setor, o iCoLab vem contribuindo fortemente com a transformação digital na saúde pública e privada, seja como catalisador e disseminador de uma cultura de inovação, seja como impulsionador do uso de *blockchain* para melhoria da gestão da saúde no Brasil.

16.2. Objetivos deste capítulo

Na qualidade de empreendedores do setor privado, com uma enorme experiência no desenvolvimento e na execução de soluções tecnológicas complexas para o setor da saúde, especialmente para o SUS, os objetivos deste capítulo são dois: narrar as vantagens, sobretudo em termos de inovação, que a tecnologia *blockchain* pode e já está proporcionando, na prática, para a gestão da saúde no Brasil; e citar casos de uso que, na realidade, já estão sendo implementados e gerando impactos e resultados positivos.

16.3. As inovações promovidas pela tecnologia *blockchain* na saúde

O uso da *blockchain* está apenas iniciando o seu papel transformador no setor de saúde, trazendo mais segurança, eficiência, inteligência e automação para processos essenciais. Com ela já é possível criar registros imutáveis de dados médicos em um sistema digital distribuído, criando a um só tempo tanto uma rede de dados estruturados em saúde como uma carteira digital de saúde para o paciente.

Uma carteira digital de saúde, também chamada de *Health Digital Wallet*, a propósito, é uma carteira/conta digital baseada em *blockchain*, personalizada e privativa do usuário, por meio da qual o proprietário pode acessar, armazenar e compartilhar suas informações de saúde de maneira segura, eficiente e conveniente, com avançadas técnicas de criptografia, como, por exemplo, *zero knowledge proof*, em que as chaves privadas são protegidas e apenas o proprietário tem controle sobre o acesso aos seus dados. Isso dá ao paciente/usuário a capacidade de gerir e decidir quais informações podem ser compartilhadas e com quem, conforme regras previstas codificadas em contratos inteligentes (*smart contracts)*.

Esses registros, por sua vez, protegem as informações dos pacientes contra acessos e alterações não autorizadas, garantindo que os dados sejam validados e autenticados de forma confiável, aumentando a integridade e a confiança no próprio sistema.

Primeiramente, no que diz respeito à segurança das soluções tecnológicas destinadas ao mercado da saúde, podemos destacar o uso de canais dedicados na rede *blockchain* que segmentam os dados por organização, de modo que cada participante tem acesso apenas às informações pertinentes à sua atuação, garantindo privacidade e conformidade com regulamentações como a Lei Geral de Proteção de Dados (LGPD). Essa segmentação oferece um equilíbrio essencial entre segurança e eficiência, protegendo informações sensíveis enquanto mantém os processos ágeis e independentes.

O acesso aos dados de forma integral pode ser feito através de APIs com conexão segura à rede *blockchain*, com o auxílio de *frameworks* que fazem parte do guarda-chuva de opções da Hyperledger, por exemplo, como o Hyperledger Firefly, que desempenha um papel estratégico e oferece ferramentas para monitorar e gerenciar eventos em tempo real de maneira prática.

Todas as informações relevantes, como registros médicos, tratamentos, agendamentos, resultados de exames, prescrições, linhas de cuidado e demais histórico de eventos de saúde podem ser registradas de forma imutável, facilitando o compartilhamento seguro e confiável de informações clínicas/médicas entre os profissionais de saúde envolvidos na assistência à saúde e no acompanhamento do cuidado.

A utilização de tecnologia *blockchain* como um *ledger* (registro digital imutável) para armazenar apontamentos e indicadores sobre a localização dos dados evita que informações sensíveis sejam expostas. E, com isso, melhora-se a eficiência e reduzem-se custos, além de eliminar vulnerabilidades associadas ao armazenamento direto de dados médicos.

Ao usar apontamentos, os dados permanecem armazenados na origem, em local protegido fora da *blockchain*. Assim, apenas informações essenciais, como *hashes* e *links*, são armazenadas, reduzindo a sobrecarga na rede. Na prática, por exemplo, dois laboratórios concorrentes não trocam informações de clientes e usuários, mas apenas os apontamentos desses pacientes que tiveram passagens por ambos são unidos e conectados por meio do direito de acesso pelo titular dos dados.

A recuperação e a automatização de fluxos de trabalho buscam e processam dados com base em instruções registradas na *blockchain*. Esses fluxos incluem: a identificação, detectando quando e quais dados precisam ser acessados, a consulta à base da *blockchain* visando obter parâmetros para recuperação dos dados; e a validação de *hashes* e o processamento de dados de forma segura. Com isso, ganha-se em termos de agilidade, com a redução dos tempos de resposta, e em termos de confiança, pois se assegura que os dados processados sejam consistentes e íntegros matematicamente.

Do ponto de vista da proteção de dados sensíveis de saúde e do respeito à privacidade dos pacientes, a questão da segurança dos dados é bastante avançada em razão da criptografia e da validação de *hashes*, de forma que todos os dados da rede permanecem protegidos com criptografia tanto no armazenamento quanto durante a transmissão, garantindo que somente usuários autorizados possam acessá-los. A arquitetura descentralizada da *blockchain*, portanto, contribui para maior segurança.

Embora a utilização de um sistema de controle de acesso baseado em papéis não garanta que apenas usuários autorizados possam visualizar ou modificar dados específicos, ainda assim ele é amplamente utilizado em alguns processos, como, por exemplo, na autorização de exames na saúde suplementar. Processos que utilizam papel ainda existem em milhares de unidades de saúde, clínicas, hospitais e laboratórios. De outro lado, com o uso de canais segmentados na *blockchain*, é possível assegurar que somente partes autorizadas tenham acesso a conjuntos de dados restritos. Isso ocorre porque os pacientes têm controle total sobre quem pode acessar seus dados, com a possibilidade de conceder ou revogar permissões e consentimentos a qualquer momento. Além disso, é garantido que dados sensíveis sejam protegidos mesmo com a visualização em tempo real, permitindo interações seguras e confiáveis com a rede *blockchain*.

Outra questão relevante é a descentralização da rede estruturada com governança. Todos os participantes da rede *blockchain* operam em consenso sob regras bem definidas, promovendo confiabilidade e auditabilidade. O fato de possuir elevada escalabilidade faz com que redes estruturadas em *blockchain* sejam projetadas para lidar com grandes volumes de dados, como é o caso do setor de saúde.

16.4. Vantagens propiciadas pelo uso da tecnologia *blockchain* para o setor da saúde

Para enfrentar um dos temas centrais deste capítulo com bastante objetividade, enumeramos a seguir diversas vantagens proporcionadas pelo uso da tecnologia *blockchain* para o setor da saúde:

1. Integração em um sistema único, totalmente interoperável, estruturando de forma segura ambientes de interconectividade de dados em saúde e, no caso da saúde suplementar, criando uma rede estruturada de dados entre a rede própria e credenciada, física e remota, do plano de saúde.
2. A compatibilidade com padrões como FHIR (*Fast Healthcare Interoperability Resources*) garante a integração com sistemas de saúde já existentes, incorporando regras complexas em fluxos de trabalho automatizados, reduzindo a necessidade de intervenção manual e minimizando erros.

3. O desenvolvimento de uma solução de interoperabilidade em rede *blockchain* incentiva a adoção de padrões do setor, promovendo a conformidade regulatória. E a implementação de uma governança transparente pode ser simplificada com regras e políticas codificadas nos *smart contracts*, o que facilita a conformidade com a LGPD e outras normativas específicas de regulação, gestão do consentimento e da privacidade de dados.
4. Possibilidade de estruturar a rede *blockchain* para a verticalização digital da gestão da saúde, construindo *dashboards* analíticos e visualizações gerenciais direcionados a uma série de finalidades, tais como: integração de dados estruturados da rede própria e credenciada para a saúde suplementar, regulação inteligente, auditoria inteligente, correção de problemas gerados no faturamento de serviços, unificação de dados cadastrais, eficiência na gestão de programas de atenção farmacêutica e de fornecimento de medicamentos.
5. Redução de custos e desperdícios na gestão dos recursos destinados à saúde pública e, para a saúde suplementar, redução da sinistralidade e aumento da economia na gestão operacional do plano de saúde[17].
6. Desenvolvimento de modelos de inteligência artificial para apoio às decisões de gestão em saúde, implementando processo de tomada de decisões orientadas por dados (*data driven*), para avaliação de performance dos contratados (rede credenciada, por exemplo) e para ativação de beneficiários a eventuais programas oferecidos pelo plano de saúde, entre outras finalidades.
7. Criação do Prontuário Unificado do Paciente, com compartilhamento seguro e eficiente de dados na rede *blockchain*, que oferece estrutura segura e mantém a privacidade dos pacientes por meio de controle de acesso granular.
8. Harmonização, modelagem de dados e *matching* com inteligência artificial para criação do histórico de saúde do paciente em *blockchain*, construindo a carteira digital de saúde (*Health Digital Wallet*), com ênfase na segurança, na privacidade, na integridade dos dados e na gestão do consentimento por meio de *smart contracts*.
9. Aceleração do processo de transformação digital do SUS, em total adesão com o Programa SUS Digital (Portaria GM/MS nº 3232/24), haja vista que, entre os objetivos previstos na referida portaria, a conexão entre os diversos sistemas operacionais que são utilizados atualmente pela União, pelos estados e pelos municípios é um dos principais gargalos a se enfrentar. Desse modo,

---

[17] No Brasil não temos números e estudos confiáveis, em especial quanto aos custos e desperdícios relacionados aos recursos destinados à saúde pública. Porém, nos Estados Unidos da América, os melhores estudos apontam que cerca de 25% do total anual dos gastos em saúde seriam estimados como custos e desperdícios. Vejamos: "the estimated cost of waste in the US health care system ranged from $760 billion to $935 billion, accounting for approximately 25% of total health care spending" (Shrank; Rogstad; Parekh, 2019).

redes de dados de saúde com tecnologia *blockchain* auxiliam na execução de dois dos três eixos de atuação na transformação digital previstos no Programa SUS Digital, quais sejam: (i) soluções tecnológicas e serviços de saúde digital no âmbito do SUS; e (ii) interoperabilidade, análise e disseminação de dados e informações de saúde.

10. Estruturação da jornada digitalizada do paciente, com interações conversacionais, como um pilar central da comunicação eficaz, influenciando como as informações são trocadas e entendidas no âmbito da jornada integral do paciente na rede de dados estruturada em *blockchain*.
11. Garantia da escalabilidade necessária para lidar com grandes volumes de dados em saúde, isso porque a tecnologia *blockchain* descentraliza o armazenamento de dados e distribui as informações ao mesmo tempo em que garante privacidade e anonimização. Além disso, reduz a carga sobre uma única entidade centralizadora e permite maior capacidade de processamento e armazenamento. Como resultado, a *blockchain* pode lidar com o crescente volume de dados de saúde de forma eficiente, garantindo tempo de resposta ágil, seguro e confiável.
12. Economia de recursos no controle e monitoramento de pacientes crônicos[18] e doenças raras, que são os responsáveis pela maior parte dos gastos em saúde no mundo, com a estruturação de linhas de cuidados, navegação da jornada e padronização de protocolos assistenciais.
13. Redução das filas de espera por atendimentos (especialidades, cirurgias, procedimentos eletivos e medicamentos, por exemplo) com a consolidação das diversas filas de regulação existentes entre estado, municípios e hospitais, dando transparência ao processo, inclusive com possibilidade de análise de oferta e demanda em cada região, estimando tempo médio para cada atendimento.
14. Realização da comparação de custo *versus* a produção de hospitais e unidades de saúde geridos pelo terceiro setor, auditando o cumprimento das metas assistenciais estabelecidas nos contratos e fazendo análises inteligentes das prestações de contas.
15. Melhoria da eficiência na gestão, analisando dados de internação hospitalar e procedimentos ambulatoriais e, assim, estabelecendo "risco de reinterna-

[18] Muito embora no Brasil não tenhamos números e estudos confiáveis que nos permitam afirmar qual percentual do gasto em saúde anual é relacionado aos custos com tratamentos, medicamentos e assistência à saúde voltados para os pacientes crônicos, podemos ter uma razoável ideia ao considerarmos o quanto se gasta por ano nos EUA apenas com o tratamento de pacientes crônicos. Podemos citar dois estudos interessantes: "86% of health care costs are attributable to chronic disease" (Holman, 2020) e "An average of 75% of all healthcare spending in the US is allotted to chronic illnesses" (Salib, 2022).

ção" e "risco de óbito" e sugerindo maior atenção na linha de cuidado desses pacientes.

16. Contribui enormemente para a pesquisa médica avançada ao criar um ambiente colaborativo seguro para pesquisa, desenvolvimento e inovação (PD&I) em saúde, pois instituições de pesquisa podem acessar conjuntos de dados mais abrangentes para conduzir pesquisas clínicas, acelerando a descoberta de novos tratamentos e avanços na área da saúde, além de promover colaboração entre instituições, ampliando o alcance e o impacto das descobertas científicas.
17. Evita a divulgação não autorizada de informações pessoais e preserva a confidencialidade dos dados sensíveis, além de criar uma trilha de auditoria completa das transações, permitindo a verificação e comprovação de todas as atividades realizadas com os dados de saúde, garantindo transparência e responsabilidade, e fornecendo uma camada adicional de proteção contra o uso indevido ou a manipulação não autorizada dos dados.
18. Favorece o aumento da governança de dados com a documentação do *assessment* e o mapeamento da jornada dos dados, incluindo indicadores de desempenho, identificação e avaliação de riscos, uma vez que a utilização da *blockchain* proporciona maior distribuição, transparência e rastreabilidade das transações de saúde.

16.5. Aplicações de uso e *cases* de sucesso com o uso da tecnologia *blockchain* em saúde

16.5.1. Fenótipo de diabetes (estado de Minas Gerais)

Integramos dados de 19 hospitais da Fundação Hospitalar do Estado de Minas Gerais (FHEMIG), dados da regulação (SUS FÁCIL) e da farmácia estadual (SISFAR/SIGAF). Criamos uma linha do tempo unificada por paciente, automatizando a identificação de portadores de diabetes ou suspeitos a partir de laudos laboratoriais, CID, prescrições etc. Aplicando inteligência artificial, estratificamos os pacientes que realmente precisavam da caneta de insulina, evitando tanto a sub entrega quanto a super entrega (Secretaria de Desenvolvimento Econômico do Estado de Minas Gerais, 2023).

Ao criar, em aproximadamente oito semanas, a rede de dados em saúde com a tecnologia *blockchain*, os grandes números foram: 4,9 milhões de pacientes com prontuários unificados, em um total de mais de 14 milhões de atendimentos, mais de 50 milhões de registros e mais de 3.400 estabelecimentos.

Feita a identificação de inconsistências na distribuição das canetas com análise de quem tinha critério clínico para receber e não recebia e os que recebiam além da real necessidade, a Secretaria de Saúde pôde melhorar a sua eficiência no controle e na entrega de insumos e medicamentos, realocando recursos e reduzindo custos e desperdícios na gestão das políticas públicas de saúde.

Além disso, nesse projeto, a tecnologia baseada em *blockchain* foi utilizada para automatizar o processo de dispensação de medicamentos, evitando ações indevidas, como duplicidade de receitas ou solicitações fora das normas.

16.5.2. Análise e monitoramento de mamografia e biópsia (estado de Minas Gerais)

Nosso foco foi acompanhar a Lei dos 60 dias (Brasil, 2012), que estabelece que o Sistema Único de Saúde (SUS) deve iniciar o tratamento de pacientes com câncer em até 60 dias após o diagnóstico. Utilizando um robô para coleta de dados do SISCAN, em sistema que não possuía API nem acesso automatizado, foram extraídos laudos em formato PDF de mamografias e biópsias para análise, criando um painel de monitoramento.

Foram analisadas 1.141 pacientes com a classificação BI-RADS 4 e 5, que são categorias de classificação de lesões mamárias que indicam suspeita de câncer de mama, e foi detectado um espaço de tempo significativo entre a mamografia e o laudo histopatológico de, em média, 99 dias nos casos considerados tardios. Mulheres sem biópsia foram identificadas em uma busca ativa nos municípios com os maiores atrasos (medidos em dias).

Apenas nesse recorte de análise de mamografias e biópsias de mulheres com câncer de mama com classificação BI-RADS 4 e 5, estimou-se um retorno sobre o investimento (ROI) de aproximadamente R$ 30 milhões, possível de ser alcançado no período de um ano apenas com a redução de custos relacionados ao diagnóstico precoce.

Nesse projeto, a tecnologia foi utilizada para possibilitar uma melhor alocação de recursos destinados ao investimento em prevenção e custeio das ações de política pública de saúde. E, mais relevante ainda, a implementação do projeto deverá salvar cerca de 150 vidas nos primeiros cinco anos.

16.5.3. Programa "Mãe Paulistana", da prefeitura de São Paulo

O projeto teve como objetivo melhorar a captação precoce de gestantes, integrando dados de diversos prontuários e sistemas municipais. Foi utilizado o fenótipo de gestante (similar ao fenótipo de diabetes) para verificar quantas gestantes fizeram o pré-natal dentro do tempo considerado adequado e quantas precisaram de encaminhamentos especiais.

Com isso, tivemos maior clareza sobre gestantes de alto risco e aquelas que não completaram o pré-natal ou perderam seguimento, facilitando a busca ativa das gestantes alvo.

A tecnologia baseada em *blockchain* foi utilizada para possibilitar um melhor monitoramento e acompanhamento de gestantes, bem como a potencial redução de complicações na gestação de alto risco.

16.5.4. Melhoria dos componentes e indicadores de programa de cofinanciamento da atenção básica

O sistema de prontuário local foi conectado ao e-SUS para, de forma automática, verificar cadastros incompletos, reduzir a perda de faturamento com glosas evitáveis e quais procedimentos não estavam sendo avaliados adequadamente. Foram comparados indicadores e componentes do Programa Previne Brasil, atualmente substituído pelo novo modelo de cofinanciamento federal do Piso da Atenção Primária à Saúde, com dados municipais visando aumentar o repasse de recursos.

Nesse projeto, as tecnologias baseadas em *blockchain* e inteligência artificial foram utilizadas para a identificação de potenciais ganhos de receita via melhora no envio de dados e correção de cadastros, redução de glosas (perdas com faturamento) e, consequentemente, maior captação de recursos para o financiamento da atenção básica no município.

16.5.5. Estruturação de redes de interoperabilidade de dados em saúde no Rio Grande do Sul e em Minas Gerais

Em termos de pioneirismo, no Rio Grande do Sul, com a coordenação do iCoLab, foi criado um projeto-piloto com a primeira rede público-privada de interoperabilidade de dados em saúde, denominado "Minha Saúde Digital – MSD", totalmente estruturado em tecnologia *blockchain* (Mancini, 2022). Foram integrados dados provenientes de diversos sistemas, criando em *blockchain* o primeiro prontuário unificado entre operadora, hospitais públicos, filantrópicos e privados, após o mapeamento das principais informações, todas anonimizadas, que constavam do sumário de alta e do resumo do atendimento clínico.

Essa rede descentralizada conseguiu estruturar, recuperar e padronizar diversos dados de saúde, tais como: nome do estabelecimento de atendimento, data e hora de entrada/saída, CNES (Cadastro Nacional de Estabelecimentos de Saúde) e modalidade assistencial (urgência e emergência, internação, unidade ambulatorial etc.), código de procedência (CID-10 inicial), desfecho clínico (alta clínica, internação), demais CIDs aplicados ao paciente, procedimentos realizados, resultados de exames (laboratoriais e de imagem), dados de imunização, prescrição e dispensação de medicamentos e nota de alta.

Essa abordagem demonstrou benefícios significativos, como a capacidade de oferecer aos médicos uma visão completa do histórico clínico do paciente e de que decisões médicas possam ser apoiadas e tomadas com mais rapidez e assertividade, melhorando a qualidade do cuidado oferecido. No caso de resultados de exames laboratoriais, o projeto divulgado demonstrou que, caso exista um ou mais exames laboratoriais realizados pelos pacientes, é possível reuni-los e apresentá-los de forma cronológica, com visualização padronizada para facilitar a leitura por meio de um gráfico ou tabela. Para os médicos, a solução desenvolvida se mostrou relevante também em termos de auxílio à hipótese diagnóstica e à coordenação do cuidado.

Com ferramentas de inteligência artificial e *blockchain*, foi possível demonstrar a sugestão de hipóteses diagnósticas e possíveis complicações em saúde, apresentando assim as probabilidades de determinado evento acontecer, por meio do cruzamento dos dados de saúde do paciente.

Em resumo, essa rede, somada a soluções inovadoras e 100% brasileiras, entregou uma plataforma de saúde digital, com interoperabilidade transversal, integrando as informações da linha do cuidado, covid-19 e covid-19 longa em um aplicativo para o paciente e para o profissional de saúde de forma simples, auditável, rastreável e imutável.

Com o objetivo de promover grande impacto na gestão do Sistema Único de Saúde (SUS) por parte da Secretaria de Estado de Saúde de Minas Gerais (SES-MG), foi criada a Rede Mineira de Dados em Saúde (RDS-MG) (Gusson, 2024).

Estruturada com tecnologia *blockchain* e fruto das várias iniciativas que promovem a inovação na gestão pública de Minas Gerais e da bem-sucedida interação entre negócios inovadores, soluções tecnológicas e a administração pública, a RDS-MG traz o potencial de gerar uma economia de cerca de R$ 500 milhões em 5 anos, com a redução de custos e desperdícios, por exemplo, com internações desnecessárias, duplicidade de exames solicitados e/ou realizados, diagnóstico precoce de pacientes crônicos e de doenças raras, entre outras possibilidades.

Um dos aspectos mais impactantes desse projeto foi a criação do prontuário unificado, totalmente estruturado em tecnologia *blockchain*, que entrega de forma confiável, distribuída e rastreável a linha do tempo dos dados de saúde dos pacientes, provenientes de diferentes sistemas utilizados no âmbito da SES-MG.

As informações constantes da RDS-MG podem ser utilizadas para finalidades clínicas e assistenciais, epidemiológicas e de vigilância em saúde, para fins estatísticos e de pesquisas, para gestão dos serviços de saúde oferecidos pela SES-MG, para fins regulatórios, além de servir como subsídio à formulação, à execução, ao monitoramento e à avaliação das políticas de saúde no estado de Minas Gerais.

16.6. Considerações finais

A utilização de uma rede descentralizada de dados em saúde, com a criação do prontuário unificado do paciente e da estruturação de uma carteira digital de saúde para os cidadãos, é inovação que oferece grandes benefícios, como maior controle, criptografia e privacidade dos dados, transparência, imutabilidade, rastreabilidade, empoderamento do cidadão sobre suas informações de saúde, escalabilidade e um ambiente seguro e confiável para PD&I.

A tecnologia *blockchain* inegavelmente acelera a transformação digital do setor da saúde, no Brasil e no mundo, sobretudo porque a saúde é, por natureza, fragmentada e distribuída.

Nossa experiência prática com o uso das mais avançadas tecnologias disponíveis, com o desenvolvimento de modelos de inteligência artificial e de aplicações para saúde digital, nos permite afirmar que a tecnologia *blockchain* em saúde é, sem sombra de dúvida, uma poderosa ferramenta para ampliação do acesso e da melhoria dos serviços de saúde, bem como para redução de custos e desperdícios na gestão dos recursos destinados à saúde.

17. *Blockchain* no agronegócio: o caso do vinho

Bernardo Madeira
Sandra M. Heck

O agronegócio desempenha um papel fundamental na economia, consolidando-se como um dos principais motores de desenvolvimento do país. Responsável por uma significativa parcela do Produto Interno Bruto (PIB) e pela geração de empregos e exportações, o setor abrange desde a produção agrícola e pecuária até a industrialização e comercialização de produtos.

O agro é o grande PIB brasileiro: o *Total Addressable Market* hoje é de R$ 510 bilhões, totalizando aproximadamente 300 milhões de toneladas de grãos para as principais culturas de soja e milho. Reconhecido mundialmente como um dos maiores exportadores de alimentos, nos destacamos pela produção de grãos, carnes, café, frutas e outros produtos essenciais para o abastecimento global.

O agro também contribui para a segurança alimentar, o equilíbrio da balança comercial e o fortalecimento das áreas rurais, desempenhando um papel estratégico na construção de um desenvolvimento sustentável. As exportações têm uma relevância estratégica e o Brasil é um dos principais fornecedores de alimentos e *commodities* para diversos continentes. Produtos brasileiros chegam a mercados da América do Norte, Europa, Ásia, África e Oriente Médio graças à qualidade da produção nacional.

O Brasil, para a Europa, é o parceiro mais importante, ocupando o primeiro lugar em volume. Considerando um volume de 150 mil importações na Europa, as importações brasileiras representam 9%, seguidas pelo Reino Unido, com quase 9% e Estados Unidos, com 6%.

Mas isso está em xeque. Exportações brasileiras enfrentam desafios relacionados a questões ambientais, como o desmatamento e a sustentabilidade na cadeia produtiva. O fortalecimento do agro também depende da conformidade com exigências regulatórias e ambientais impostas pelos países europeus.

Outro ponto importante que impacta diretamente as safras é a instabilidade climática e a redução de custos. O futuro do agro dependerá de estratégias integradas que envolvam tecnologia, gestão ambiental, capacidade cooperativista e fortalecimento das cadeias produtivas.

17.1. A importância da tecnologia no agro

Algumas indústrias, tradicionalmente, são mais resistentes à tecnologia. Mas isso é compreensível. Muitas tecnologias e equipamentos de agricultura de precisão, drones e sistemas de gestão digital são caros. Pequenos e médios produtores não conseguem arcar com esses custos, ainda mais quando tratamos de regiões com acesso limitado a crédito.

Nem todos os produtores possuem os recursos necessários para capacitar seus funcionários em novas tecnologias. Além disso, há desconfiança e conservadorismo cultural, já que, geralmente, produtores de pequeno e médio porte preferem confiar em práticas tradicionais. Aliás, é comum ver produtores de grande porte usando equipamentos muito caros, com alta tecnologia, mas sem conseguir configurá-los adequadamente.

Mas a inovação no setor agrícola tende a ser adotada de forma gradual. Vemos cada vez mais incubadoras e aceleradoras desempenhando um papel importantíssimo no desenvolvimento do ecossistema de inovação no agronegócio brasileiro. Essas iniciativas são pontes entre *startups* e produtores, *traders*, setor logístico e outros intervenientes.

Incubadoras e aceleradoras hoje são motores de transformação e modernização do agro brasileiro, facilitando financiamentos mais ágeis, educação e demonstração prática dos benefícios que a tecnologia proporciona, ajudando a construir confiança entre os produtores.

A tecnologia é transformadora e estratégica, sendo um dos principais fatores que impulsionam a produtividade do setor. Agricultura de precisão, drones, sensores, inteligência artificial e *big data* revolucionam as práticas e ainda auxiliam no monitoramento de pragas. Biotecnologia de sementes geneticamente modificadas e fertilizantes geram colheitas mais resistentes.

Na diversidade de climas e biomas, a tecnologia é essencial para a adaptação às mudanças climáticas e para o manejo de áreas com características específicas, como o cerrado e a Amazônia.

17.2. *Blockchain* e crédito no agro brasileiro

Antes de entender a estratégia de *blockchain* no agro, vamos entender a cadeia de suprimentos até a exportação.

Tudo começa com o produtor – aliás, tudo começa com crédito. A primeira operação que o produtor precisa fazer não é a do plantio, mas a de negociação de crédito. Para isso, o produtor trabalha com um banco ou com um fornecedor. Insumos agrícolas são, como vimos anteriormente, fertilizantes, defensivos, sementes etc. Para a aquisição desses insumos, o produtor oferece como garantia sua propriedade ou sua produção futura, seja mediante títulos de dívida ou operações de *barter*.

Barter, ou escambo, é uma ferramenta extremamente útil no agronegócio, tanto para quem está vendendo insumos como para os produtores.

Esses serviços são oferecidos no Brasil por cooperativas e grandes companhias, dentre elas Bayer, Cargill, Monsanto, Bunge etc., que movimentam mais de 1 bilhão de reais no Brasil.

O agricultor pode comprar os insumos para a sua safra sem tirar dinheiro do bolso, trocando por grãos ou matéria-prima. Essa operação garante que ele não estará exposto às taxas de juros bancárias. Já a troca é realizada sem intervenção do banco. A operação é realizada mediante o produtor, o fornecedor de insumos e a *trading*, que é a intermediadora.

O problema reside em não haver uma rede eficiente, tanto de oferta como de demanda. Tratando-se de uma operação de bolsa, mas envolvendo matéria-prima, a falta de um sistema eficiente de oferta e demanda, e principalmente de controle de preços, gera dúvidas para garantir a privacidade e assegurar a estabilidade e a rastreabilidade das operações.

Os sistemas tradicionais e não compartilhados criam ilhas com suas próprias regras e atores. Uma vez que uma transação entra nesse mundo fechado, ficamos à mercê da confiabilidade e das vontades da entidade responsável pela transação. A falta de colaboração acaba gerando oportunidades para ataques nos sistemas tradicionais: obstruções, falsificações em *commodities* e falta de eficiência ou controle nos processos corporativos assombram essas operações.

Um sistema de *barter* em *blockchain* consegue atender a todas essas demandas, já que oferece um *ledger* compartilhado, privacidade mediante criptografia, estabilidade e transparência transacional mediante consenso e execução de regras de negócio executadas pelos contratos inteligentes.

Dentro desses benefícios, operações de *barter* em *blockchain* irão reduzir as despesas necessárias para que o produtor possa operar. Graças à automação que os *smart contracts* oferecem, o sistema de *barter* consegue automatizar cálculos e processos de "hedge" (proteção) de preços futuros da matéria-prima, calculados diariamente a partir da na bolsa de Chicago, assim como a execução de pagamentos aos fornecedores de insumos.

17.3. Caso de uso: vinhos e *blockchain*, um motivo para brindar!

O que é que *blockchain* e os vinhos brasileiros têm em comum? A confiabilidade. Hoje, o Brasil dá um grande passo na indústria vinícola: graças à tokenização das safras de denominação de origem do Vale dos Vinhedos, é possível oferecer garantias de originação e rastreabilidade em toda a cadeia produtiva.

O Brasil é o primeiro país do mundo a tokenizar a denominação de origem. Em breve, no verso da garrafa, os consumidores observarão um *QR code*. À vista não parece nada fora do normal, mas, quando lido, o consumidor poderá acessar todas as informações do vinho, às quais, até então, somente as associações que regulamentam a denominação de origem tinham acesso.

Assim, o consumidor pode ter acesso facilitado a informações desde o plantio até a chegada do produto na mesa.

17.4. O potencial dos vinhos do Brasil

O mercado brasileiro de vinhos tem apresentado um crescimento expressivo nos últimos anos, impulsionado por uma combinação de fatores como o aumento do consumo interno, a diversificação de rótulos nacionais e importados e a crescente valorização da produção local. O Brasil, apesar de ser tradicionalmente associado a outras bebidas, está consolidando sua posição como um importante produtor e consumidor de vinhos.

Temos que ter admiração por quem ousa transformar as particularidades do clima tropical e subtropical em rótulos únicos e cheios de identidade. Seja um espumante vibrante, um tinto elegante ou um branco refrescante, os vinhos brasileiros surpreendem e desafiam expectativas. Para os que amam explorar novos sabores e histórias, mergulhar no universo dos vinhos brasileiros é uma descoberta apaixonante.

Com a ampliação do interesse por vinhos de qualidade e o surgimento de vinícolas que investem em tecnologia, inovação e sustentabilidade, o mercado nacional tem conseguido competir em nichos como vinhos finos, espumantes e variedades únicas adaptadas ao clima e ao *terroir* brasileiro. Além disso, a crescente cultura de apreciação de vinhos no país, acompanhada por eventos, feiras e uma maior disponibilidade de rótulos acessíveis, reflete o potencial desse mercado para continuar se expandindo e ganhando relevância no cenário internacional.

Durante 2024 surgiu um projeto fantástico: a rastreabilidade e a certificação digital de Denominação de Origem. Mas se falarmos de digitalização não faríamos justiça ao projeto. Foi desenvolvida uma plataforma que marcará um contexto histórico e único no mundo. Instituições privadas e públicas, em conjunto com o Vale dos Vinhedos, oferecem certificação de Denominação de Origem na *blockchain* na forma de NFTs.

Isso é um marco diferenciado, já que o sistema registra todo o ciclo produtivo do vinho: desde a documentação do produtor, passando pelo registro da área produtiva, pela identificação de parcela de plantio e pelas especificações da uva até as características do vinho, incluindo histórico de produção. Ainda abre as possibilidades de registrar todas as atividades de produção.

Requisito essencial para os apreciadores de um bom vinho, que buscam cada vez mais conhecer a procedência e os métodos de produção de sua bebida favorita, a Denominação de Origem/Indicação Geográfica está ganhando novos contornos no Vale dos Vinhedos, na região da Serra Gaúcha, patrimônio histórico e cultural do estado do Rio Grande do Sul.

Em uma iniciativa inédita, fruto da colaboração entre Sebrae RS, iCoLab (Instituto Colaborativo de *Blockchain*), APROVALE (Associação dos Produtores de Vinhos Finos do Vale dos Vinhedos) e as vinícolas Dom Cândido e Pizzato Vinhas e Vinhos, o projeto Origem RS inova no reconhecimento da Indicação Geográfica ao registrar a Denominação de Origem Vale dos Vinhedos (D.O.V.V.) com rastreabilidade digital em *blockchain*. A abordagem pioneira explora as potencialidades da microeconomia tokenizada, habilitada pela tecnologia *blockchain*, incluindo todo o histórico de produção do vinho a partir da captura de um *QR code* impresso na garrafa.

A ideia surgiu em 2023, durante um *workshop* ministrado pelo iCoLab ao time do Sebrae RS, abordando a temática de *agrotech* dentro das novas economias mapeadas pelo *foresight*. Como resultado, surgiu a ideia de rastreabilidade no agronegócio com a tecnologia de *blockchain*, levando ao desenvolvimento de um MVP (*Minimum Viable Product* – mínimo produto viável). Bernardo Madeira, especialista em *blockchain* da Interchains, empresa de tecnologia associada ao iCoLab, classifica o projeto como "fantástico" e afirma que vai além da simples digitalização. Segundo ele, a plataforma "marca um contexto histórico e único no mundo, um diferencial, já que o sistema registra todo o ciclo produtivo do vinho". Com esse sistema, relata Bernardo, "é possível registrar toda a documentação da vinha, passando pelo registro da área produtiva, identificação de parcela de plantio e especificações da uva, até as características da bebida produzida e seu histórico de produção".

De acordo com Sandra M. Heck, cofundadora do iCoLab e responsável pela gestão do projeto, "ao usar a tecnologia *blockchain*, conhecida por sua transparência, confiança, segurança e eficiência, além de proporcionar o selo digital de autenticidade do vinho (D.O.V.V.) e dar visibilidade aos consumidores quanto à sua procedência, beneficia as próprias vinícolas. Com os registros em cada etapa, da vinha ao vinho, a análise de conformidade e certificação, tudo passa a ser também digital, de forma imutável e descentralizada".

Para o Sebrae RS, que tem como compromisso apoiar e impulsionar micro e pequenas empresas através da inovação no estado, o objetivo foi dar um passo significativo em direção à inovação e à transparência de um setor tradicional. Segundo a Especialista de Inovação do Sebrae/RS, Dafne Agarrallua, "esta é uma iniciativa que promete mudar a forma como a autenticidade e a qualidade dos vinhos com denominação de origem são garantidas e rastreadas". E finaliza: "queríamos garantir que o Rio Grande do Sul fosse pioneiro nessa iniciativa".

Também participante do projeto, a APROVALE, entidade reconhecida oficialmente como gestora da Indicação Geográfica do Vale dos Vinhedos, assume um papel-chave na adoção de inovações para melhorar o processo de certificação. O consultor Jaime Milan acredita que "todos os projetos que visam a integração e o desenvolvimento da Comunidade do Vale dos Vinhedos são importantes para a APROVALE. Este, que proporciona a participação em um seleto grupo de entidades de visão e responsabilidade, nos é muito caro. Razão pela qual agradecemos a oportunidade que nos foi concedida pelos apoiadores, empresas e técnicos que dedicaram muito trabalho e conhecimento". Ele salienta que, por ser inovador, o tema necessita de divulgação e informação: "os nossos consumidores precisam conhecer o tema, para poder valorizar todo esse esforço que está sendo realizado".

17.5. Vinho tokenizado: uma nova experiência de consumo

Originário da Argentina, Bernardo considera o vinho uma sensação e afirma que "comprar um vinho tokenizado é mais do que uma compra, é investir em uma experiência única". Ele diz que a cultura do vinho está no seu sangue e que isso o aproximou ainda mais do projeto: "aos meus 18 anos, comecei a estudar e aprender sobre os segredos do vinho. Hoje, aos 50, minha paixão pela uva cresceu. E, graças à tecnologia *blockchain*, cada garrafa me conta sua história detalhada, desde o seu nascimento. Amantes do vinho poderão adquirir antecipadamente garrafas, antes das uvas serem colhidas, a um preço diferenciado do oferecido na ponta. Isso sim é uma experiência personalizada!", conclui o especialista.

Dar mais transparência e confiabilidade à denominação de origem do vinho é um dos objetivos do projeto, além de proporcionar uma experiência personalizada aos consumidores a partir da tokenização de um ativo real. A ideia foi abraçada pelas vinícolas Dom Cândido e Pizzato, que aceitaram o desafio de se tornarem pioneiras. Fundada em 1986, a Vinícola Dom Cândido, reconhecida vinícola butique produtora de elegantes vinhos, tanto jovens quanto de maior complexidade, traz o pioneirismo no seu DNA. Vicenzo Fávero Goelzer, representante da Dom Cândido no projeto, conta que o foco da vinícola hoje é em produtos exclusivos e que "a tokenização caiu como uma luva. Eu digo que ela serviu à Dom Cândido da mesma forma que a Dom Cândido serviu a ela. É uma vinícola revolucionária por natureza, sendo uma das primeiras do Brasil e uma das primeiras do Vale dos Vinhedos, que é também a primeira denominação de origem do Brasil".

Advogado com atuação em direito digital, tributário e civil, Vicenzo acompanhou de perto a execução do projeto e enaltece a proposta pelo valor que ela agrega à experiência do consumidor, não só para a Dom Cândido, mas também para a Pizzato e outras vinícolas que possam aderir ao projeto futuramente. Para ele, "o mercado do vinho depende muito da confiança. Para você gostar de um vinho, você precisa de paladar, olfato. Muitas informações, muita cultura, muita história estão engarrafadas ali. Você traduz muito do clima, do *terroir* de uma região, só pelo que está envasado dentro daquela garrafa, e de qual varietal [de uva] está plantada ali. É muito importante poder transparecer para as pessoas, mostrar para elas, como consumidoras, o que de fato elas estão bebendo".

Constituída em 1999, a Pizzato Vinhas e Vinhos é conhecida por produzir espumantes e vinhos de identidade única, com seus rótulos destacados em degustações e painéis de vinhos brasileiros e internacionais. A vinícola atua tanto no mercado doméstico quanto no externo, com seis destinos regulares e mais de 12 esporádicos. Flavio Pizzato, proprietário da vinícola e enólogo-chefe, entusiasta do projeto desde o início, tem atuado ativamente na disseminação do processo junto à APROVALE. Ele avalia a participação no projeto como uma experiência ímpar: "quando o Sebrae RS nos procurou, tivemos algumas incertezas quanto à aplicabilidade e temporalidade para o uso de *blockchain*". O produtor atribui à fase do ano em que o projeto foi desenvolvido a dificuldade em acompanhar a velocidade de desenvolvimento das ações. "Era um período de pré-colheita e colheita, tempo em que nos dedicamos totalmente à vindima, para não perder o melhor momento para o processamento da uva sã e fresca", completa. Entretanto, para a Pizzato, que é uma das vinícolas com maior número de rótulos com Denominação de Origem Vale dos Vinhedos (D.O.V.V.) – são oito vinhos e espumantes –, o projeto está em execução, com os *tokens* sendo acessados através das páginas de cada vinho certificado. Flavio enaltece, por fim, o trabalho realizado no projeto, que, em sua visão, alcança aquele consumidor que busca valor agregado, que valoriza o vinho como uma experiência intrínseca ao produto e presencial na geografia de origem, relacionando os momentos de prazer com o produto e sua procedência, tendo a garantia da certificação trazida pela tokenização.

Amantes do vinho, o potencial é verdadeiramente amplo. *Blockchain* oferece transparência e credibilidade de mercado que o consumidor merece ter com cada garrafa, que, envasada, apresenta uma história e uma experiência única. Isso é uma experiência personalizada!

Informações adicionais:
<https://icolab.org.br/noticia/vinhos-e-blockchain-um-motivo-para-brindar/>

18. *Blockchain*, sustentabilidade e ativos ambientais

Gustavo Leite
Thiago Rossi

Imagine um mundo em que as comunidades mais afetadas por desastres climáticos sejam diretamente beneficiadas por mercados globais de carbono alimentados por tecnologias que garantem transparência e confiança. Ou uma comunidade rural isolada, excluída historicamente das cadeias econômicas globais, recebendo acesso direto a recursos financeiros internacionais.

Os desafios ambientais atuais são proporcionais à complexidade de nossa sociedade e refletem a polaridade e desigualdade que vivemos (Rockström *et al.*, 2009). Nesse cenário, mudanças climáticas, perda de biodiversidade e desigualdade no acesso a recursos estão interligados em um sistema global delicado e difícil de gerenciar.

Eventos extremos como secas e enchentes, agravados pelo aquecimento global, já causaram prejuízos de US$ 313 bilhões em 2021 (IPCC, 2021). Ao mesmo tempo, a perda anual de 10 milhões de hectares de florestas, conforme relatório da FAO (2020), compromete a capacidade do planeta de absorver carbono e manter a temperatura. Essa dinâmica revela não apenas a escala, mas também a interdependência desses problemas, que exigem soluções inovadoras.

Políticas econômicas, por exemplo, incentivam a expansão agrícola, mas resultam na perda de 10 milhões de hectares de florestas por ano (FAO, 2020). Como resultado, agravam as mudanças climáticas e deslocam mais de 20 milhões de pessoas anualmente. Comunidades locais, pressionadas por necessidades econômicas, frequentemente adotam práticas que perpetuam a degradação ambiental, com impactos cruzados tanto locais quanto globais.

Nesse contexto, tecnologias como a *blockchain* se apresentam como ferramentas promissoras, oferecendo descentralização, transparência e rastreabilidade para integrar diferentes atores e interesses. A capacidade dessa tecnologia de lidar com a complexidade sistêmica (Tapscott; Tapscott, 2016) transforma desafios em oportunidades para uma gestão ambiental mais inclusiva, eficaz e transparente.

Afinal, qual é a proporção de responsabilidade pelas mudanças climáticas entre esses diversos agentes? A resposta para essa questão é tão complexa quanto as próprias interações entre os sistemas humanos e naturais. Isso sem incluir a variável de emissões históricas, pois as emissões atuais de gases de efeito estufa, por si só, não explicam a profundidade da crise que enfrentamos.

A imutabilidade dos registros assegura o cumprimento de metas, como a redução de emissões de carbono, cujas compensações voluntárias movimentaram mais de US$ 2 bilhões em 2021 (Donofrio *et al.*, 2021).

18.1. Impacto global e local

As ações locais são fundamentais para enfrentar desafios globais, especialmente em questões ambientais. Projetos de reflorestamento, como o programa brasileiro "Plantar Florestas", que busca restaurar 12 milhões de hectares até 2030, contribuem diretamente para a captura de carbono e para as metas do Acordo de Paris. Além disso, é possível registrar em tempo real a captura de CO_2, permitindo auditorias e demonstrando resultados com dados confiáveis.

Da mesma forma, iniciativas de reciclagem, como na Alemanha, onde 67% dos resíduos são reciclados (Statista Research Department, 2025), demonstram como práticas locais reduzem emissões e promovem a sustentabilidade. Sistemas como esse podem rastrear materiais desde a coleta até o reprocessamento, garantindo confiança e eficiência.

Tais exemplos evidenciam como esforços locais podem gerar impactos positivos no cenário global, conectando comunidades às metas ambientais planetárias com rastreabilidade e transparência. Essas capacidades da *blockchain* promovem a responsabilização das partes e facilitam a colaboração multissetorial, conectando governos, empresas e comunidades em ações coordenadas para ampliar o impacto de soluções sustentáveis.

A colaboração entre diferentes setores é essencial para enfrentar os desafios sistêmicos da sustentabilidade. Conectar o local e o global somente será possível quando iniciativas públicas, privadas e comunitárias trabalharem em colaboração.

18.2. Cooperação multissetorial

A cooperação entre iniciativas é essencial para a gestão de desafios ambientais. Governos possuem a capacidade regulatória para estabelecer políticas e metas climáticas. Empresas detêm os recursos e a inovação necessários para implementar soluções práticas. A sociedade civil fiscaliza e adota práticas sustentáveis e de engajamento local.

Entretanto, esses atores enfrentam dificuldades de alinhamento devido a prioridades e agendas distintas. A falta de transparência em decisões e ações amplia lacunas entre os setores, dificultando a criação de soluções integradas e eficazes.

Como solução, a *blockchain* oferece uma infraestrutura de consenso distribuído e descentralizado. Governos podem monitorar políticas ambientais em tempo real através de registros transparentes e imutáveis. Além disso, empresas são capazes de demonstrar conformidade regulamentar e comunidades locais podem compartilhar dados sobre seus esforços e impactos.

Plataformas baseadas em *blockchain* facilitam a troca de informações entre as partes. Dados sobre redução de emissões geram relatórios automatizados, podendo ser auditáveis pelos atores da rede. Dessa forma, promove-se maior confiança entre diferentes setores e facilita-se a coordenação, beneficiando iniciativas globais como os Objetivos de Desenvolvimento Sustentável da ONU (ODS).

A tokenização é também uma aplicação potencial, como a criação de *tokens* de carbono que representam uma tonelada de CO_2 capturada ou evitada, emitidos por projetos como reflorestamento ou geração de energia renovável. Empresas que superam suas metas de emissões poderiam optar por adquirir esses *tokens*, contribuindo financeiramente para iniciativas sustentáveis e ampliando a rastreabilidade.

Por último, a tokenização pode viabilizar novos modelos de financiamento colaborativo para a sustentabilidade, como, por exemplo, um *token* baseado em *blockchain* vinculado a projetos de conservação de biodiversidade, permitindo que investidores globais contribuam diretamente para iniciativas locais. Através de contratos inteligentes, fundos seriam liberados apenas quando metas específicas fossem atingidas, como a restauração de hectares de floresta ou o aumento da população de espécies ameaçadas. Essa abordagem introduz uma dimensão temporal crítica, garantindo a continuidade de projetos de longo prazo. Ao integrar cooperação multissetorial e incentivos financeiros, a *blockchain* pode transformar o panorama da sustentabilidade.

Ferramentas que promovam transparência e consenso podem facilitar a integração entre governos, empresas e sociedade civil, alinhando objetivos distintos em ações coordenadas e deixando o debate apenas no âmbito político e técnico. Mas como?

18.3. Desafios

Os desafios da sustentabilidade demandam uma visão de longo prazo, mas enfrentam incertezas como mudanças climáticas imprevisíveis e instabilidade política. Projetos de restauração ambiental ou transição energética podem levar décadas para gerar impacto, sendo frequentemente prejudicados por alterações nas prioridades governamentais ou econômicas.

Tecnologias inovadoras podem oferecer soluções ao criar registros confiáveis que garantam continuidade. A automatização de etapas, como a liberação de recursos vinculada à verificação de resultados, pode assegurar o cumprimento de metas preestabelecidas. Esses mecanismos contribuem para reduzir conflitos de interesse e promover confiança e estabilidade em iniciativas de longo prazo.

Enquanto a sociedade não pautar as questões de mudanças climáticas como um assunto de estado e não de governo, não teremos qualquer chance de enfrentar a crise que vivemos, seja pela escala temporal, fronteiriça ou econômica.

18.4. Conflitos de interesse e equidade

A busca pelo crescimento econômico frequentemente entra em conflito com a necessidade de preservar o meio ambiente. A expansão agrícola, a extração de recursos naturais e a urbanização geram impactos nos ecossistemas, mas também impulsionam economias locais e globais. Esses interesses poderiam ser alinhados por meio da criação de créditos ambientais negociáveis que financiam iniciativas de conservação enquanto compensam impactos produtivos. Essa abordagem incentiva práticas responsáveis e integra a sustentabilidade à estratégia econômica.

A equidade na distribuição dos benefícios é crucial para garantir a justiça e a eficácia dessas iniciativas. Populações vulneráveis, frequentemente as mais afetadas por crises ambientais, têm acesso limitado aos recursos gerados. Tecnologias descentralizadas podem beneficiar diretamente comunidades locais por meio de incentivos financeiros atrelados à conservação. Esses mecanismos ampliam oportunidades para populações marginalizadas e fortalecem o impacto positivo das soluções sustentáveis em escala global.

A transparência promovida pelo uso da *blockchain* pode conectar ações locais a metas globais. A seguir, veremos exemplos de como a *blockchain* é aplicada na prática no contexto da sustentabilidade.

18.5. Casos de uso no contexto da sustentabilidade

18.5.1. Transparência na cadeia de suprimentos

Um dos maiores desafios das cadeias de suprimento globais tem a ver com a sua opacidade, ou seja, a dificuldade em rastrear a origem dos produtos e as práticas associadas à sua produção. Com a *blockchain*, cada etapa de produção e distribuição é registrada, garantindo que *stakeholders* tenham acesso a informações detalhadas.

Um exemplo disso é a IBM Food Trust (Kamath, 2017), uma plataforma *blockchain* desenhada para aumentar a transparência e a rastreabilidade de produtos alimentícios. Com ela, diferentes *stakeholders* do sistema alimentar se conectam para prover e acessar informações sobre a origem e o tratamento dos produtos de maneira descentralizada.

Outro desafio enfrentado pelas empresas está relacionado à gestão de resíduos e emissões de gases de efeito estufa (*Greenhouse Gases* – GHG). A falta de dados precisos e confiáveis limita a confiança de *stakeholders* sobre o manejo dos resíduos e o uso de combustíveis fósseis para a operação. Interligando a *blockchain* com sensores IoT, é possível registrar em tempo real a geração de resíduos e emissões.

A comercialização de créditos de carbono é um desafio adicional. A falta de transparência sobre a procedência do crédito e a presença de intermediários onerosos demandam fiscalização frequente, aumentando os custos. Ao criar mercados descentralizados, baseados na *blockchain*, as transações são registradas de maneira pública e auditável, reduzindo riscos de falsificação e dupla contabilidade.

Projetos sustentáveis muitas vezes enfrentam desafios relacionados ao financiamento. Com os contratos inteligentes, financiadores e projetos dependem menos de intermediários ao programar condições preestabelecidas para a liberação de fundos.

O impacto da *blockchain* também se estende à capacitação de comunidades locais e pequenos negócios. Ao democratizar o acesso a informações e mercados globais, essa tecnologia possibilita a participação de agentes tradicionalmente excluídos das cadeias econômicas (Robinson, 2018). Pequenos agricultores, por exemplo, podem utilizar plataformas baseadas em *blockchain* para acessar mercados de forma direta, certificando práticas sustentáveis e conquistando maior valor por seus produtos. Isso cria um ciclo virtuoso que beneficia não apenas os indivíduos, mas também o meio ambiente.

18.5.2. Integração com IoT, IA e *smart contracts*

Com a "Trivergência" (Isaacson, 2022), ou seja, a convergência da *blockchain* com IA (inteligência artificial) e IoT (*Internet of Things* – internet das coisas), tecnologias conectadas através de uma infraestrutura criptográfica, é possível registrar dados automaticamente e aumentar a eficiência do monitoramento de projetos de sustentabilidade.

De maneira conjunta, elas oferecem automação, confiabilidade e rastreabilidade para resolver desafios ambientais com eficiência e transparência. A validação de dados com o uso de IA amplia a confiabilidade e o tratamento de erros, quando existirem, permitindo a identificação de problemas na rede de sensores quase que instantaneamente

O poder da IoT está em conectar dispositivos, sensores e máquinas em uma rede de coleta e compartilhamento de dados em tempo real (Guinard, 2017). A integração com a *blockchain* permite o registro imutável das informações ambientais capturadas em uma infraestrutura distribuída de sensores.

Dessa forma, endereçamos um desafio constante (Baumann, 2018), que é o acompanhamento contínuo das práticas sustentáveis nas cadeias de suprimento. Rastreando a origem de materiais, como madeira, alimentos e recicláveis, conseguimos dar visibilidade em tempo real aos acontecimentos na cadeia e permitimos que diferentes *stakeholders* enxerguem o micro e o macro e pontos de melhoria. Isso assegura a conformidade com regulamentações ambientais e aumenta a confiança dos consumidores.

18.5.3. O papel dos contratos inteligentes

No contexto ambiental, os *smart contracts* podem ser utilizados para automatizar processos de licenciamento e conformidade. Ao estabelecer condições prévias, dados recebidos dos sensores e enviados à *blockchain* são automaticamente validados e o contrato é executado. Estando a execução limitada pelas condições, é de interesse das partes que os processos operacionais e o funcionamento dos dispositivos IoT estejam calibrados e em sincronia, reduzindo as chances de fraude.

Um exemplo prático de uso dos contratos inteligentes na sustentabilidade pode ser visto em empresas do setor de transporte público em que o monitoramento das emissões de carbono é essencial. Ao configurar sensores IoT para monitorar as emissões de veículos automotores, o contrato inteligente pode assumir o papel de liberar automaticamente as autorizações ambientais e reportar aos órgãos competentes.

Para além da IoT, a integração da IA com a *blockchain* na sustentabilidade oferece soluções que vão desde a coleta dos dados até a sua análise nos contextos sociais e ambientais. Com a IA, complementam-se a imutabilidade e a descentralização da *blockchain* com a identificação de padrões complexos e previsão de comportamento.

No caso do monitoramento através de sensores, a IA é utilizada para analisar os dados coletados pelos sensores que estão conectados à *blockchain*. Um exemplo disso ocorre na rede de monitoramento da qualidade da água em rios: sensores registram informações e a IA processa os dados para identificar anomalias que possam estar presentes.

A IA já é utilizada para prever tendências em projetos sustentáveis (Tapscott; Euchner, 2019). Atualmente, algoritmos de aprendizado de máquina analisam dados históricos de emissões, manutenção de ativos ambientais, crescimento econômico e mudanças climáticas para estimar tendências. Previsões como essas podem ser registradas na *blockchain*, em mercados de dados como o Ocean Protocol (McConaghy, 2020). Além disso, modelos preditivos já são utilizados para prever o impacto de iniciativas de reflorestamento, recuperação de biodiversidade, monitoramento de estradas e atropelamento de fauna.

18.6. Tokenização de ativos ambientais

A tokenização de ativos ambientais é uma nova tendência que visa aprimorar a forma como a preservação do meio ambiente e a gestão de recursos naturais são tratadas. Ativos ambientais podem ser entendidos como bens públicos ou privados que podem ser avaliados de acordo com os benefícios que eles entregam.

O ciclo da água, o ciclo do carbono, o ciclo dos nutrientes nos solos, a polinização feita por insetos ou pequenos animais, todos são exemplos de serviços que acontecem naturalmente. A tokenização, portanto, desses "ativos" visa utilizar as métricas de preservação ou regeneração desses serviços para recompensar atores que agem para equilibrar os impactos negativos da ação humana. Assim, esses ativos podem ser utilizados tanto em mercados regulados quanto voluntários.

A gestão desses ativos ainda enfrenta desafios, como falta de transparência, alto custo e dificuldade de monitoramento em tempo real.

A tokenização no caso dos ativos ambientais diz respeito ao processo de converter ativos físicos (*Real World Assets* – RWA) ou intangíveis em *tokens* digitais na *blockchain*. Essa abordagem permite que sejam tokenizadas áreas de preservação, para que sejam representadas de maneira única em uma *blockchain* e seja possível efetuar a compra, venda ou troca de unidades ou frações em mercados digitais.

Com os ativos ambientais tokenizados, investidores de diferentes partes do mundo podem apoiar iniciativas ambientais de forma direta.

18.7. Finanças e sustentabilidade

Aprofundando brevemente a questão das oportunidades, vale destacar que grandes atores do mercado *blockchain* podem ter um papel significativo na viabilidade das iniciativas de sustentabilidade. *Exchanges* centralizadas ou descentralizadas são responsáveis hoje por facilitar a negociação dos ativos digitais.

Binance, Coinbase e OKX já têm explorado iniciativas de financiamentos sustentáveis, além da ClimateTrade (Antonopoulos, 2018). Com esses investimentos, as *exchanges* fortalecem sua imagem perante investidores e mostram seu comprometimento com práticas responsáveis.

Por último, investir na educação e conscientização de seus clientes significa incentivar maior participação em mercados sustentáveis através de campanhas sobre os benefícios e a importância de ativos sustentáveis. Ao listar *tokens* ambientais nas plataformas, *exchanges* podem destacar os impactos positivos que estão associados a esses ativos, com dados verificáveis sobre o retorno financeiro, mas principalmente sobre os resultados do projeto para os Objetivos de Desenvolvimento Sustentável (ODS).

18.8. Conclusão

Os próximos anos serão o alvorecer de novas soluções, ainda nem pensadas, que *blockchain*, IA e outras tecnologias irão gerar, mas será também o momento de sentirmos eventos climáticos extremos.

No mundo atual, é essencial não somente desenvolver novas tecnologias, mas usá-las para reformular sistemas econômicos e sociais.

No que tange à sustentabilidade e ao futuro da nossa existência como espécie no planeta, mais que uma revolução, precisamos de uma "desconstrução positiva" sobre o que entendemos sobre cooperação e nossa responsabilidade. *Blockchain* e sua convergência com outras tecnologias emergentes têm o potencial de acelerar essa transformação. Mas nosso maior desafio ainda é enxergar além das soluções técnicas e garantir que elas sirvam como plataformas para um futuro próspero social e ecologicamente.

19. *Compliance* na tokenização de ativos e na prestação de serviço de ativos virtuais no Brasil

Gabriel Lobato

Com o advento da internet e dos ambientes digitais, e diante da evolução da tecnologia *blockchain* e do surgimento das criptomoedas, a adoção dos ativos virtuais ganhou força não apenas no Brasil, mas em âmbito global.

Essas aplicações inovadoras, além de facilitar a inclusão financeira e aumentar a eficiência nas transações, também fomentam a criação de modelos de negócio disruptivos ao transformar a forma como valores são armazenados e transferidos, como as propriedades são estabelecidas e como a confiança é construída no ambiente digital.

Além disso, a utilização dessas tecnologias permite a atribuição de diversas funcionalidades a ativos financeiros, valores mobiliários, imobiliários, assim como a bens, direitos e serviços, em especial das empresas que possuem presença no meio digital, ampliando significativamente as possibilidades de interação econômica e inovação em diversos setores.

Isso reflete na forma como as empresas podem adotar estratégias de interação com seus clientes, na forma de comercialização de produtos e serviços, tanto no mundo digital, como também no mundo real. Isso porque trazem maior segurança, transparência e automação das operações, elevando a experiência dos usuários, além de reduzir custos de intermediários.

No Brasil, esse cenário emergente tem sido acompanhado por esforços legislativos e regulatórios que visam proporcionar segurança jurídica, fomentar a inovação e garantir a proteção dos investidores, estabelecendo um ambiente propício para o desenvolvimento sustentável do mercado de ativos digitais.

O arcabouço legal brasileiro conta com diversas legislações que estabelecem diretrizes fundamentais para o uso da internet, como o Marco Civil da Internet (Brasil, 2014), que disciplina os direitos e deveres no ambiente virtual e a proteção de dados pessoais. A Lei da Liberdade Econômica (Brasil, 2019), que institui garantias de livre mercado, reduz a burocracia e estimula a atividade empreendedora.

Complementando esse cenário, o Marco Legal das *Startups* (Brasil, 2021a) busca incentivar o desenvolvimento de empresas inovadoras, simplificando procedimentos e facilitando o acesso a investimentos.

Além dessas legislações, o Brasil está em processo de consolidação de normas e regulamentações específicas voltadas à prestação de serviços de ativos virtuais e à atividade de tokenização de ativos.

A promulgação da Lei dos Prestadores de Serviços de Ativos Virtuais (Brasil, 2022a) representou um marco relevante e estabeleceu parâmetros para a atuação de intermediários, custodiantes e *exchanges* no mercado de criptoativos.

Neste capítulo, apresentaremos uma análise da caracterização jurídica dos diferentes tipos de *tokens*, os requisitos de transparência e divulgação de informações, as implicações regulatórias decorrentes da classificação de *tokens* como valores mobiliários ou contratos de investimento coletivo e as práticas de *due diligence* necessárias para a conformidade com as normas vigentes.

Além disso, traremos os principais aspectos jurídicos e regulatórios relacionados aos Prestadores de Serviço de Ativos Virtuais (PSAVs) no Brasil. Pretendemos oferecer uma visão objetiva sobre as obrigações legais e os desafios enfrentados por esses prestadores de serviços, em relação ao cumprimento de deveres e de conformidade regulatória.

19.1. Tokenização de ativos

Segundo o Parecer de Orientação nº 40 da CVM (Brasil, 2022b), criptoativos são considerados "ativos representados digitalmente, protegidos por criptografia, que podem ser objeto de transações executadas e armazenadas por meio de tecnologias de registro distribuído (*Distributed Ledger Technologies* – DLTs)". Esses ativos podem incluir criptomoedas, *tokens* e outros instrumentos digitais com características de investimento.

Os *tokens* podem desempenhar diferentes funções e são classificados em categorias específicas de acordo com suas características e finalidades, podendo representar ativos ou utilidades em um ecossistema digital.

Essas características são cruciais para determinar o cumprimento de certas obrigações regulatórias por parte dos emissores desses ativos, bem como para assegurar a proteção dos investidores.

19.2. Tipos de *tokens*

19.2.1. *Token* de pagamento

Os *tokens* de pagamento, ou "criptomoedas", "buscam replicar as funções de moeda, notadamente unidade de conta, meio de troca e reserva de valor" (Brasil, 2022b). Em outras palavras, são utilizados de forma semelhante ao dinheiro tradicional, permitindo que usuários realizem pagamentos por bens e serviços de forma descentralizada, sem a necessidade de intermediários financeiros tradicionais.

O exemplo mais conhecido é o Bitcoin, que pode ser utilizado como meio de pagamento por meio de serviços como a Lightning Network, que proporciona transações rápidas e de baixo custo. Além de sua funcionalidade como meio de troca em ambiente descentralizado, o Bitcoin é amplamente reconhecido como uma reserva de valor no longo prazo, devido à sua oferta limitada.

19.2.2. *Token* de utilidade

Já os *tokens* de utilidade servem "para adquirir ou acessar produtos ou serviços" (Brasil, 2022b), geralmente dentro de uma plataforma ou ecossistema. Eles não têm a intenção primária de servir como investimento ou meio de troca, mas de habilitar funcionalidades ou vantagens aos detentores.

Por exemplo, um *token* de utilidade pode conceder acesso a plataformas, oferecer descontos em produtos ou serviços, permitir acesso antecipado a novas funcionalidades, receber recompensas e incentivos, possibilitar a participação em eventos exclusivos, em programas de fidelidade, dentre outros benefícios.

Desse modo, como os *tokens* de utilidade são a representação de benefícios e não de instrumentos de investimento, entende-se que não há a necessidade de cumprimento de normas regulatórias específicas voltadas para valores mobiliários ou de instrumentos financeiros.

19.2.3. *Token* referenciado a ativo

Por outro lado, ainda conforme o referido parecer da CVM (Brasil, 2022b), o *token* referenciado a ativo "representa um ou mais ativos, tangíveis ou intangíveis. São exemplos os 'security tokens', as *stablecoins*, os *non-fungible tokens* (NFTs) e os demais ativos objeto de operações de 'tokenização'".

Em outras palavras, eles são a representação de um ativo que possui um lastro subjacente, geralmente atrelado a ativos financeiros, mobiliários, imobiliários, bens e direitos. Ao tokenizar ativos tradicionais, é possível facilitar sua negociação, fracionar sua liquidez, democratizar o acesso a investimentos, acessar novos mercados e promover maior eficiência nos mercados financeiros.

Nesse sentido, quando um ativo tokenizado possui características de valores mobiliários, ou é configurado como um contrato de investimento coletivo, será necessário cumprir determinados requisitos regulatórios das normas de fiscalização da Comissão de Valores Mobiliários (CVM).

19.3. Caracterização como ativo mobiliário ou contrato de investimento coletivo

De acordo com a Lei nº 6.385/76 (Brasil, 1976), nos termos do art. 2º, que define o rol dos ativos considerados valores mobiliários, a caracterização de um *token* como ativo mobiliário ou contrato de investimento coletivo tem implicações regulatórias significativas.

Para analisar se um *token* possui características de valores mobiliários, o entendimento da CVM é pela análise à luz dos elementos relacionados ao "Teste de Howey" (Justia, 1946). Essa análise inclui a avaliação das seguintes características, que devem ser analisadas de forma simultânea:

- ✓ (i) se há investimento ou aporte em dinheiro ou bem suscetível de avaliação econômica;
- ✓ (ii) se há formalização através de instrumento contratual que resulta da relação entre investidor e ofertante, independentemente da forma;
- ✓ (iii) se há expectativa de benefício econômico ou promessas de retornos financeiros decorrentes do item seguinte;

- ✓ (iv) esforço de terceiros, ou seja, que o benefício econômico dependa de terceiro que não seja o investidor;
- ✓ (v) se há oferta pública para captação de recursos perante a poupança popular; e
- ✓ (vi) caráter coletivo do investimento.

Caso fiquem caracterizados os requisitos supramencionados, será necessário que os emissores cumpram obrigações regulatórias, como obtenção de autorizações, registro de oferta, divulgação de informações periódicas, atendimento a requisitos de controles internos e adoção de práticas de governança.

Os Ofícios Circulares da CVM, OC nº 1/2021 (Brasil, 2021b); OC nº 4/2023 (Brasil, 2023a) e OC nº 6 2023 (Brasil, 2023b) permitem maiores esclarecimentos acerca das orientações gerais sobre procedimentos a serem observados pelos emissores/ofertantes e intermediários em ofertas públicas de valores mobiliários. Eles também contêm especificidades acerca dos *tokens* de recebíveis e esclarecimentos importantes sobre a diferenciação de operações de securitização e contrato de investimento coletivo. Tais normas servem como balizas para todos aqueles que pretendem tokenizar ativos dessa natureza.

19.4. Dever de prestação de informações sobre os direitos dos titulares dos *tokens*

A transparência é um princípio fundamental no mercado de ativos virtuais, de modo a garantir que investidores e usuários tenham acesso a informações claras e precisas sobre projetos e *tokens*. Esse dever envolve a divulgação de detalhes técnicos, econômicos e operacionais, permitindo uma avaliação informada dos riscos e benefícios associados.

Para cumprir esse dever, os emissores devem fornecer informações acessíveis sobre os direitos dos titulares dos *tokens* e aspectos-chave como:

- ✓ (i) identificação do emissor e dos participantes da oferta;
- ✓ (ii) descrição das atividades do emissor ou de terceiros que influenciam a expectativa de retorno econômico;
- ✓ (iii) esclarecimento dos direitos conferidos aos titulares, incluindo remuneração e participação em deliberações;
- ✓ (iv) informações que sustentem expectativas de benefícios econômicos e potenciais valorizações;

- ✓ (v) explicação do mecanismo de consenso e do processo de emissão dos *tokens*;
- ✓ (vi) materiais educacionais sobre riscos tecnológicos;
- ✓ (vii) identificação de canais de suporte ao investidor com termos de serviço claros; e
- ✓ (viii) divulgação de eventuais taxas e encargos suportados pelos investidores na subscrição, negociação ou posse dos *tokens*.

19.5. Prestadores de Serviço de Ativo Virtual

19.5.1. Definição

A Lei dos Prestadores de Serviço de Ativo Virtuais (Brasil, 2022a) representou um marco legal significativo no Brasil ao estabelecer diretrizes para os Prestadores de Serviços de Ativos Virtuais (PSAVs).

De acordo com a legislação, os PSAVs são definidos como "pessoas jurídicas que executam, em nome de terceiros, serviços relacionados à: (i) troca entre ativos virtuais e moedas de curso legal; (ii) troca entre um ou mais ativos virtuais; (iii) transferência de ativos virtuais; (iv) custódia ou administração de ativos virtuais ou de instrumentos que possibilitem controle sobre ativos virtuais; e (v) participação em serviços financeiros relacionados à oferta ou venda de ativos virtuais por emissores" (Brasil, 2022a).

Complementando a referida lei, o Decreto nº 11.563/2023 (Brasil, 2023c) estabeleceu a competência do Banco Central do Brasil para regular, autorizar e supervisionar as atividades dos PSAVs, assim como para definir normas e procedimentos para o funcionamento, a necessidade de cumprimento de requisitos para autorização de operação, a supervisão das atividades, além da necessidade de adotar medidas para prevenir e combater a lavagem de dinheiro, o financiamento do terrorismo e outras atividades ilícitas.

19.5.2. Tipos de prestadores de serviço de ativo virtual (Consulta Pública nº 109)

A minuta da resolução do Edital de Consulta Pública nº 109/2024, divulgado pelo Banco Central do Brasil em 08 de novembro de 2024, apresenta propostas de resoluções para regulamentar a constituição e o funcionamento das prestadoras de serviços de ativos virtuais.

As medidas visam assegurar a defesa dos consumidores, fortalecer a governança do setor, mitigar riscos, criar um ambiente juridicamente seguro, além de garantir a solidez e a eficiência das operações no mercado de ativos virtuais.

Dessa forma, foi proposta a criação de três modalidades de prestadoras: intermediárias, custodiantes e corretoras de ativos virtuais, com requisitos mínimos de capital social e patrimônio líquido de R$ 1 milhão, R$ 2 milhões e R$ 3 milhões, respectivamente. O estabelecimento de limites mínimos de capital social e comprovação de liquidez, apesar de terem o condão de garantir segurança aos investidores, pode ser uma barreira de entrada para muitos que queiram empreender no setor.

Embora a norma ainda não tenha entrado em vigor, até a data da escrita deste capítulo podemos inferir interpretações sobre os tipos de prestadores de serviços de ativos virtuais propostos no edital.

As categorias mencionadas sugerem uma segmentação do mercado com base nas funções específicas desempenhadas por cada tipo de instituição, o que permite uma regulamentação mais precisa, adaptando requisitos e obrigações conforme o perfil de risco e as atividades de cada modalidade.

Intermediário

Consideramos que os "intermediários" são entidades que realizam o intermédio na distribuição de ativos virtuais (comprar, vender e trocar ativos virtuais, por conta própria e de terceiros). Eles atuam como provedores de liquidez, administram carteiras de ativos e prestam outros serviços financeiros regulados.

Em síntese, sua função é aproximar as partes interessadas, viabilizando a emissão e a negociação de ativos virtuais. Os intermediários devem seguir regras de conduta, transparência e *due diligence*, garantindo a integridade das operações e a proteção dos participantes.

Custodiante

Os "custodiantes" são responsáveis pela guarda e administração de ativos virtuais em nome de terceiros. Eles oferecem soluções de armazenamento seguro para proteger os ativos contra perdas, roubos ou acessos não autorizados.

Além disso, devem implementar robustas medidas de segurança cibernética e controles internos, além de políticas de recuperação em caso de incidentes. A confiança dos clientes nos custodiantes é essencial, pois eles delegam a responsabilidade de proteger seus ativos digitais a essas instituições.

Corretora ou "exchange"
As *exchanges* são plataformas que podem reunir características tanto de intermediários quanto de custodiantes, permitindo a compra, venda e troca de ativos virtuais, e funcionando como mercados organizados. Elas facilitam a liquidez dos ativos, proporcionando cotação de preços e execução de ordens de negociação. Além disso, podem oferecer pares de negociação entre diferentes ativos digitais ou entre ativos digitais e moedas fiduciárias.

19.5.3. Princípios a serem observados

A lei nº 14.478 (Brasil, 2022a) também estabeleceu princípios que os Prestadores de Serviços de Ativos Virtuais (PSAVs) devem seguir em suas operações, visando promover um mercado ético, seguro e alinhado com padrões internacionais.

Esses princípios incluem a garantia da livre iniciativa e da livre concorrência, a adoção de boas práticas de governança e uma abordagem baseada em riscos.

Além disso, é fundamental implementar medidas de segurança da informação e proteção de dados pessoais, em conformidade com a legislação vigente, para proteger a privacidade dos usuários.

Os PSAVs devem também assegurar a proteção e defesa dos consumidores e usuários, respeitando seus direitos, fornecendo atendimento adequado e soluções para eventuais conflitos, e também observando a proteção à poupança popular, com a adoção de práticas que evitem prejuízos à estabilidade financeira dos investidores, especialmente daqueles com menor capacidade financeira.

Por fim, os PSAVs também têm o dever de implementar políticas e procedimentos de prevenção à lavagem de dinheiro, ao financiamento do terrorismo e à proliferação de armas de destruição em massa, em alinhamento com os padrões internacionais.

19.5.4. *Compliance* regulatório

Diante dos diversos deveres e responsabilidades, o estabelecimento de um programa de *compliance* é essencial para que as empresas que desejem prestar serviços de criptoativos operem de forma legal e ética, cumprindo todas as exigências das regulatórias. Isso envolve a implementação de diversas políticas que assegurem a integridade das operações e a proteção tanto da empresa quanto de seus clientes.

Uma das primeiras é a política de *Know Your Customer* (KYC), que envolve a identificação e verificação da identidade dos clientes por meio da coleta de informações pessoais e documentos que comprovem sua autenticidade. Essa prática é fundamental para prevenir fraudes, lavagem de dinheiro e outras atividades ilícitas, garantindo que as informações dos clientes sejam precisas e atualizadas em conformidade com as leis de proteção de dados.

Complementando o KYC, a política de *Know Your Partner* (KYP) refere-se ao processo de *due diligence* com parceiros comerciais, fornecedores e outras entidades com as quais a empresa se relaciona. O objetivo é assegurar que esses parceiros também estejam em conformidade com as leis e os regulamentos aplicáveis. Avaliar a integridade, a capacidade financeira e o histórico dos parceiros é crucial para manter relações comerciais seguras e confiáveis.

Além disso, a política de *Know Your Employee* (KYE) consiste na verificação e no monitoramento dos funcionários da empresa. Isso inclui checar antecedentes, promover treinamento em *compliance* e ética e acompanhar condutas. Essa política ajuda a prevenir conflitos de interesse e fraudes internas.

As políticas de *Anti-Money Laundering* (AML) e Combate ao Financiamento do Terrorismo (CFT) são igualmente fundamentais para detectar e prevenir operações ilícitas. Por isso, as PSAVs devem identificar atividades suspeitas, reportar transações acima de determinados valores e cooperar com as autoridades competentes.

Essas políticas devem estar alinhadas com as melhores práticas internacionais e as diretrizes estabelecidas por órgãos como o GAFI/FATF (Grupo de Ação Financeira/*Financial Action Task Force*), garantindo uma abordagem consistente e eficaz no combate a atividades criminosas.

A segurança cibernética desempenha um papel crucial na proteção dos ativos digitais e das informações sensíveis contra ameaças como *hackers*, *malware* e ataques DDoS (*Distributed Denial of Service*). As empresas devem adotar medidas para garantir a confidencialidade, integridade e disponibilidade dos sistemas e dados.

Isso inclui a implementação de *firewalls*, criptografia, autenticação multifator e planos de resposta a incidentes. A segurança cibernética deve ser constantemente revisada e atualizada para enfrentar novas ameaças.

Além das medidas preventivas, é vital possuir uma política de resposta a incidentes que estabelece procedimentos claros para lidar com eventos de segurança cibernética ou outras emergências. Essa política define as responsabilidades da equipe, os canais de comunicação e as ações necessárias para mitigar os impactos dos incidentes. Ter um plano de resposta eficiente permite que a empresa reaja rapidamente a incidentes, minimizando danos e restaurando operações normais o mais breve possível.

Por fim, a política de continuidade de negócios visa garantir que a empresa possa manter suas operações essenciais durante e após eventos disruptivos, como desastres naturais, falhas técnicas ou pandemias. Isso envolve a identificação de processos críticos, a implementação de redundâncias e a elaboração de planos de recuperação. A preparação adequada assegura que a empresa possa cumprir suas obrigações e atender seus clientes mesmo em situações adversas, fortalecendo a confiança de investidores e parceiros comerciais.

Em suma, o *compliance* regulatório para criptoativos abrange a identificação e verificação de clientes e parceiros, a prevenção de atividades ilícitas, a proteção de dados e a resiliência operacional. Ao implementar essas políticas de forma eficaz, as empresas promovem um ambiente de negócios seguro, transparente e confiável, essencial para o crescimento sustentável do mercado de ativos digitais.

19.5.5. *Compliance* tributário

As instruções normativas nº 1.888/2019 (Receita Federal do Brasil, 2019a) e nº 1.889/2019 (Receita Federal do Brasil, 2019b), da Receita Federal (RF), representaram um marco significativo no que diz respeito ao estabelecimento de normas relacionadas à declaração de criptoativos por pessoas físicas e jurídicas acerca da prestação de informações perante o órgão fiscalizador.

Em apertada síntese, a norma atual prevê o seguinte: a definição de "criptoativo" e de "exchange", a obrigatoriedade de prestação de informações (tanto para pessoas físicas como jurídicas), informações sobre os tipos de operações com criptoativos que incidem o dever de prestação de informações (compra e venda, permuta, doação, depósitos e retiradas de prestadores de serviço, cessão, doação em pagamento e emissão, além de outras operações), além dos prazos e penalidades em caso de descumprimento.

No entanto, à época de sua publicação o mercado de criptoativos ainda estava começando a tomar forma. De lá até aqui, as tecnologias se desenvolveram e novos tipos de arranjos financeiros foram sendo formados e o mercado também foi se profissionalizando.

Isso levou à publicação, em novembro de 2024, da Consulta Pública acerca da instituição da Declaração de Criptoativos (Decripto), que tem o objetivo de atualizar as normas existentes.

A norma a ser atualizada traz algumas novidades, especificando e detalhando algumas definições e incluindo novos tipos de operações a serem declaradas (como transferências relacionadas a *airdrops*, rendimentos de *staking*, de mineração, de empréstimos, venda de bens ou serviços, rendimentos de criptoativo em geral e fracionamento de criptoativo não fungível).

Além disso, também amplia o escopo das informações a serem prestadas de uma maneira geral e inclui formas de avaliação de criptoativos. Também inclui, em seu anexo, procedimentos de diligência a serem cumpridos, reforçando o estabelecimento de controles internos de KYC e AML, como a identificação dos titulares das operações e os requisitos de validade de autocertificações dos usuários.

No contexto de criptoativos, a complexidade tributária aumenta devido à natureza inovadora dos ativos e às regras em constante evolução. Instituir um programa de *compliance* tributário é fundamental para assegurar que a empresa cumpra todas as obrigações fiscais, evitando sanções e prejuízos financeiros. Para operar legalmente, as empresas devem manter registros precisos de todas as transações, calcular e recolher os tributos devidos, e apresentar declarações dentro dos prazos legais.

19.5.6. *Compliance* de dados

O *compliance* de dados envolve a conformidade com leis e regulamentos relacionados à proteção de dados pessoais, como a Lei Geral de Proteção de Dados (LGPD) (Brasil, 2018) e resoluções da ANPD (Autoridade Nacional de Proteção de Dados). A política de privacidade e proteção de dados define como a empresa coleta, utiliza, armazena e compartilha dados pessoais dos usuários e deve ser transparente, informando claramente aos titulares dos dados sobre seus direitos e como exercê-los.

A empresa deve implementar medidas técnicas e organizacionais para proteger os dados contra acesso não autorizado, perda ou destruição. O cumprimento das obrigações da LGPD não apenas evita penalidades, mas também fortalece a confiança dos clientes na empresa.

19.6. Considerações finais

Por fim, consideramos que o cenário regulatório brasileiro para ativos digitais e PSAVs tem avançado constantemente e tem buscado equilibrar a inovação tecnológica com a proteção de investidores e usuários ao estabelecer definições e diretrizes claras, as quais são essenciais para fornecer segurança jurídica e promover a confiança no mercado.

Contudo, essas regulamentações não devem impor barreiras excessivamente rígidas, garantindo um ambiente que favoreça a criação de soluções inovadoras e sustentáveis. As exigências regulatórias devem ser proporcionais e orientadas ao risco, permitindo a evolução natural do mercado.

A flexibilidade regulatória é essencial para acompanhar o ritmo das inovações, enquanto medidas de governança, transparência e prevenção de ilícitos asseguram a integridade do setor.

Por fim, o sucesso do mercado de ativos digitais no Brasil depende de uma abordagem colaborativa entre reguladores, empresas e *stakeholders*. É fundamental que a regulamentação promova confiança e segurança sem sufocar a criatividade e a inovação.

20. Pagamentos internacionais e *blockchain*

Marcelo Eisele

O objetivo deste capítulo é trazer para o leitor uma visão de como a tecnologia *blockchain* tem transformado o mercado financeiro e ajudado as pessoas e empresas a mover recursos financeiros de forma rápida, segura, barata e transparente globalmente.

Nosso ponto de partida começa um pouco depois do nascimento da internet (www), quase uma década antes do *white paper* do Bitcoin – em 1999, Milton Friedman, que foi um dos mais renomados e respeitados economistas do mundo, declarou: "a única coisa que está faltando, mas que em breve será desenvolvida, é um *e-cash* confiável, um método pelo qual na internet você pode transferir fundos de A para B sem que A conheça B ou B conheça A" (Lohe, 1999). Essa previsão ressaltava o interesse de longa data na moeda digital entre pensadores econômicos.

Mas foi a partir da publicação do *white paper* do Bitcoin, em 30 de outubro de 2008, com o título "Bitcoin: A Peer-to-Peer Electronic Cash System" (Nakamoto, 2008), que o mercado passou a estudar o uso dessa tecnologia com o objetivo de permitir que os pagamentos *on-line* fossem enviados diretamente de uma parte para outra, sem passar por uma instituição financeira ou entidade validadora, de forma segura, transparente e imutável.

Ao final de 2015, mais especificamente dia 31 de outubro, com a publicação de matéria "The Trust Machine" na revista *The Economist* (2015), o mercado financeiro e o público em geral começaram a entender como essa nova tecnologia poderia ser uma grande oportunidade para transformar não somente as finanças tradicionais, tornando-as mais rápidas, eficientes, baratas e inclusivas, mas também introduzindo uma nova maneira de fazer registros públicos confiáveis sem a necessidade de um cartório validador.

Foi nesse momento que muitos que trabalhavam no mercado financeiro tradicional desenvolvendo produtos e serviços de pagamentos (inclusive eu) se viram diante de uma nova tecnologia que tinha o poder de mudar totalmente a maneira de lidar com recursos e realizar transferências globais em poucos segundos ou minutos. A inovação da tecnologia *blockchain* e das criptomoedas criou um novo paradigma: agora essa confiança é colocada em sistemas criptográficos, potencialmente transformando as estruturas financeiras existentes.

Em 2011, três engenheiros que anteriormente escreveram código para o *blockchain* Bitcoin (David Schwartz, Jed McCaleb e Arthur Britto) começaram a desenvolver o XRP Ledger (s.d.). Fascinados pelo Bitcoin, eles se propuseram a criar uma versão que melhorasse suas limitações com o objetivo de criar um ativo digital que fosse mais sustentável e construído especificamente para pagamentos. Eles queriam uma *blockchain* mais adequada para o movimento de valor, com foco na velocidade da transação e na escalabilidade.

A partir de 2012, iniciou-se a criação de novos *blockchains* e DLTs (*Distributed Ledger Technology*) – tecnologia de razão distribuída que é muito parecida com as *blockchains* tradicionais. Seu objetivo é registrar as transações de ativos e seus detalhes em vários lugares ao mesmo tempo, sendo as transações validadas internamente através de regras predefinidas e visíveis somente entre os participantes da transação. Diferentemente dos bancos de dados tradicionais, os livros-razão distribuídos não têm armazenamento de dados central ou funcionalidade de administração centralizada.

Em 2016, com o aumento do interesse do mercado financeiro, grandes empresas e bancos de pagamentos tradicionais começaram a investir pesado no estudo e no desenvolvimento de projetos e *startups* com o objetivo de fazer uso da *blockchain* para melhorar a eficiência em vários processos operacionais, especialmente nos pagamentos internacionais (CBInsights, 2017).

20.1. Evolução

Após anos de aprendizado, investimento, testes e alguns projetos descontinuados, saltamos para 2024. Felizmente, podemos comemorar que essa nova tecnologia avançou muito, permitindo o surgimento de novas empresas de pagamentos e *fintechs* que trouxeram muitas melhorias para um mercado extremamente tradicional, conservador e restritivo para a grande parte da população e pequenas e médias empresas.

Atualmente, o mercado financeiro ainda utiliza e oferece para seus clientes (pessoas físicas e empresas) um sistema de mensageria criado na década de 1970 com o objetivo de possibilitar o envio de ordens de pagamentos globais entre bancos. Infelizmente (ou felizmente para o setor financeiro) esse processo sempre foi lento e caro, exigindo que os clientes vinculassem capital valioso em várias contas pré-financiadas para efetivar esses pagamentos.

O ritmo lento atual dos pagamentos globais não é apenas inconveniente, ele afeta a lucratividade: muitas transações são rejeitadas ou exigem informação adicional, causando atrasos. Pagamentos com falha custam US$ 12 em média e corroem a lucratividade (Ripple, 2024, p. 7). Para as pequenas e médias empresas, especialmente, isso pode se traduzir em clientes perdidos, relacionamentos ruins com fornecedores, estresse adicional em torno da reconciliação e perda de receita. Mesmo quando tudo vai bem, os pagamentos globais ainda levam em média de 3 a 5 dias úteis para serem liquidados.

Esse sistema atual muitas vezes passa por uma série de bancos que fazem o papel de correspondente. Em algumas ocasiões, essa ordem de pagamento poderá passar por continentes diferentes até chegar ao destino final. Por exemplo: um pagamento saindo do Brasil para uma empresa na China frequentemente deve passar por bancos correspondentes nos EUA para depois ir para a China. Imagine o custo e o tempo para esse pagamento chegar ao beneficiário final? Além do custo dos diversos câmbios de moedas diferentes (BRL-USD-CNY), você terá o custo da transação para cada entidade.

Além disso, ainda existem taxas ocultas: as taxas de pagamento globais e as taxas de câmbio (FX) são determinadas pelo provedor de pagamento, e estas últimas geralmente são marcadas/agrupadas com outros custos e apresentadas como uma taxa única após o pagamento já ter sido iniciado. As taxas para uma transação transfronteiriça típica realizada por um banco podem chegar em torno de 2%-3% do valor total do pagamento.

A *blockchain* surgiu justamente para facilitar as transferências internacionais, sem a necessidade de um órgão centralizado para validar as transações. Esse sistema funciona 24 horas por dia, 7 dias da semana e 365 dias do ano.

No entanto, essa nova tecnologia ainda enfrenta desafios para ser adotada em larga escala pelo mercado regulado e tradicional. Entre esses desafios estão a capacidade da rede de executar milhares de transações por segundo, o tempo necessário para validar e efetivar cada transação, e a falta de programabilidade, o que limita especialmente seu uso por empresas e pelo sistema financeiro tradicional.

20.2. Mercado de pagamentos internacionais

Segundo o relatório da McKinsey *Global payments in 2024: simpler interfaces, complex reality*, o mercado de pagamentos globais movimenta anualmente (2023) um valor de US$ 1,8 quatrilhão, com 3,4 trilhões de transações (Bruno; Jeenah, 2024). Quando voltamos a nossa atenção para o Brasil, e especialmente para o mercado de câmbio, o relatório do Banco Central (s.d.) mostra que o volume mensal transacionado entre importação e exportação chega a uma média de US$ 360 bilhões, com quase 5,2 milhões de transações.

Isso mostra o tamanho do mercado e da oportunidade que temos para melhoria de eficiência. Mostra também uma nova fase que é marcada por uma mistura de bancos, provedores de serviços de pagamentos e *fintechs*, todos criando produtos e tecnologias para acompanhar essa crescente demanda por pagamentos internacionais.

Segundo pesquisa feita pela *US Faster Payments Council* (FPC) em parceria com a Ripple (2023) com 300 líderes de empresas de pagamentos de 45 países, incluindo dos setores de varejo, *fintech*, bancos, mídia, entretenimento e tecnologia, quase todos os pesquisados (97%) acreditam que a tecnologia *blockchain* e a criptomoeda terão um papel significativo ou muito significativo em permitir pagamentos mais rápidos nos próximos três anos.

Embora as tendências de pagamentos variem por região, alguns temas são mais demandados globalmente. Dentro de cada região as soluções de pagamentos modernizadas, incluindo pagamentos habilitados por *blockchain*, DLT e criptomoedas, estão trazendo cada vez mais opções que antes não eram disponibilizadas para as pessoas e empresas que tradicionalmente não tinham acesso facilitado ao mercado financeiro.

A aceleração dos pagamentos instantâneos (como Pix no Brasil e o FedNow nos EUA) e a adoção do *open banking* estão abrindo caminho para corredores de pagamento mais rápidos, eficientes e transparentes. Nesse contexto, todos têm a ganhar, inclusive com a participação mais efetiva dos bancos centrais através dos seus projetos de CBDC (*Central Bank Digital Currency*).

CBDCs são formas digitais da moeda fiduciária de um país, emitidas e regulamentadas pelo respectivo banco central. Elas são vistas como um meio potencial para modernizar sistemas financeiros, facilitar transações internacionais, promover inclusão financeira e aprimorar a implementação da política monetária.

20.3. Pagamentos globais para pequenas e médias empresas

Pequenas e médias empresas (PMEs) estão cada vez mais se "globalizando" e naturalmente passaram a lidar com complicações atuais relacionadas a pagamentos internacionais, tais como: reconciliar e corrigir transações, rastrear o *status* de um pagamento e principalmente o alto custo e burocracia. Como já citado anteriormente, os pagamentos internacionais tradicionais ainda dependem de uma rede desenvolvida há meio século.

Durante a pandemia da covid-19 (e continuando até hoje), os pagamentos transfronteiriços surgiram como um facilitador essencial.

O Relatório de Pagamentos Sem Fronteiras de 2023 da Mastercard (*Making money go further*, 2023) observa que 50% das PMEs estão conduzindo mais negócios internacionalmente do que em 2021. Hoje, as PMEs são responsáveis por mais de US$ 17 trilhões em pagamentos globais anualmente. E mais de 80% dos comerciantes que usaram métodos de pagamento globais *on-line* dizem que essas transações ajudaram seus negócios a crescer.

Pequenas e médias empresas naturalmente se beneficiam da capacidade de acessar mercados internacionais, pois isso reduz a dependência de um único mercado e atende a uma clientela mais diversificada. Os bancos médios, bancos digitais e *fintechs* que investirem em *blockchain* poderão aproveitar essa oportunidade apoiando pagamentos globais simplificados e priorizando a eficiência operacional por meio de economia de custos, expansão de negócios, velocidade, transparência e confiança.

Ainda segundo estimativas dos analistas de mercado como a Juniper Research, a economia estimada para bancos que usam *blockchain* para pagamentos globais pode chegar a US$ 10 bilhões (Hampton, 2023).

20.4. Pagamentos e *stablecoins*

Falamos anteriormente sobre os desafios e benefícios do uso da *blockchain* para pagamentos globais. Nesta seção o objetivo é mostrar como as *stablecoins* podem ajudar nesse processo e facilitar o fluxo de recursos entre diferentes países e moedas.

Um dos principais ofensores tanto de custos como de velocidade é a quantidade de conversões entre moedas necessárias para efetivar um pagamento global. E com o objetivo de evitar a alta volatilidade das criptomoedas para as transações internacionais, criou-se a *stablecoin*, que é uma moeda digital projetada para tornar essas transações mais práticas e menos sensíveis a variações.

A maioria das *stablecoins* é atrelada a uma moeda fiduciária como dólar (USD) ou euro (EUR). Por isso, as *stablecoins* têm atuado como uma porta de entrada para o uso de *blockchain* e ativos digitais para pagamentos entre usuários preocupados com a volatilidade do preço das criptomoedas e sua negociação.

Portanto, o uso de *stablecoins* para pagamentos combina os benefícios da tecnologia *blockchain* – ou seja, maior segurança, transparência, eficiência de custos e velocidade – com a confiança e a familiaridade das moedas fiduciárias tradicionais (FIAT).

Como muitos ativos digitais, as *stablecoins* podem permitir a movimentação rápida e eficiente de valores. Em 2022, as *stablecoins* lastreadas em moeda fiduciária transacionaram US$ 6,87 trilhões, superando a Mastercard e o PayPal em termos de movimentação de valor entre redes. Os pagamentos internacionais usando uma *stablecoin* podem ser até 80% mais baratos para o usuário final em comparação com o modelo tradicional (Ripple, s.d.).

À medida que a demanda por *stablecoins* cresce, principalmente porque o uso de dinheiro está em uma baixa histórica, mais indivíduos e empresas estão considerando esses ativos como alternativas de pagamento. As *stablecoins* reduzem o papel dos intermediários no atual sistema financeiro e dão suporte a transações diretas entre comerciantes e consumidores, reduzindo os custos intermediários.

Como as *stablecoins* são construídas e geradas usando a tecnologia de livro-razão distribuído (DLT)/*blockchain* e elas oferecem programabilidade para pagamentos por meio de contratos inteligentes (*smart contracts*), elas podem inspirar inovação de produtos ou serviços e vincular a economia tradicional da Web2 com o futuro das finanças – a web3.

Em 2023, o PayPal aderiu à tendência das *stablecoins* e lançou o PayPal USD (PYUSD), uma *stablecoin* lastreada por depósitos em dólares americanos, títulos do tesouro americano de curto prazo e equivalentes de dinheiro semelhantes (Team Ripple, p. 11, 2024). O PYUSD pode ser resgatado de um para um por dólares americanos. Existem ainda as mais famosas e populares USDT (rede Theter) e USDC (rede Circle), que são muito utilizadas atualmente, e em breve novas surgirão com o objetivo sempre de deixar as transações de ativos digitais mais seguras e eficientes.

Como quaisquer novas tecnologias que surgem, no início elas encontram barreiras e muitos desafios antes de serem amplamente usadas pela população.

Muitos *players* no setor bancário estabelecido percebem a criptomoeda como uma ameaça, mas felizmente isso tem mudado nos últimos anos por conta do maior apoio dos órgãos governamentais, que passaram a promulgar decisões regulatórias favoráveis ao uso dessa nova tecnologia. O Brasil tem sido um exemplo para outros países quando o assunto é o uso dos ativos digitais pelo mercado financeiro. Um dos marcos mais importantes para a regulamentação do mercado das criptomoedas no Brasil foi a lei n° 14.478/2022, conhecida como o "Marco Legal dos Criptoativos" (Brasil, 2022), sancionada em dezembro de 2022 com o objetivo de regulamentar e fiscalizar as empresas corretoras de criptoativos que realizam negociações de compra e venda de ativos digitais. Além disso, o Banco Central do Brasil tem acompanhado de perto e feito consultas públicas para aperfeiçoar os mecanismos de controle e fiscalização.

Segundo levantamento feito pela empresa Ripple (especializada em pagamentos globais usando *blockchain*) publicado em 2022 (*Payments by numbers: a quick guide to crypto-forward payments solutions*), 75% das pessoas que trabalham no setor financeiro entendem que a *blockchain* terá um impacto significativo na indústria dentro de cinco anos.

A maioria do setor financeiro entende que a tecnologia *blockchain* é um divisor de águas, mas há diferentes previsões sobre como isso afetará os negócios. Quando perguntados sobre como *blockchain* e criptomoedas afetarão especificamente seu mundo, os entrevistados citaram benefícios como: novas oportunidades de receita; taxas mais baixas para usuários finais; vantagem competitiva; maior acesso a serviços financeiros; aumento das margens de lucro; descentralização, privacidade e uma solução sustentável.

20.5. Conclusão

Como descrito neste capítulo, muitas evoluções para o uso de *blockchain* e ativos digitais foram feitas desde 2008, ano da publicação do *paper* do Satoshi Nakamoto, mas uma das mais significativas foi perceber que, assim como a internet transformou a maneira como transferimos informações, a *blockchain* e os ativos digitais estão transformando a maneira como transacionamos valores local e globalmente, sem barreiras e de forma muito mais rápida e barata.

21. Identidade digital e *blockchain*: uma nova era de autonomia e segurança

Josélio Teider

21.1. Introdução

Imagine um universo em que todas as suas interações digitais – tais como acessar serviços públicos, realizar compras *on-line* ou até mesmo abrir uma conta bancária – pudessem ser realizadas de maneira simples, segura e independente de terceiros intermediários. Nesse cenário, você, e somente você, deteria o controle total sobre sua identidade digital, protegendo suas informações contra vazamentos ou utilizações indevidas. Embora essa realidade pareça ideal, ela ainda representa um desafio no contexto atual (Atzori, 2015).

Desde os primórdios, a identidade sempre desempenhou um papel central na organização da sociedade, sendo tradicionalmente vinculada a documentos físicos, como certidões e carteiras de identidade (Kang; Santos; Doneda, 2016). Com o advento da internet, no entanto, a dinâmica mudou: a identificação pessoal não era prioridade. Essa abordagem trouxe consigo efeitos colaterais significativos, como a proliferação de fraudes e a dificuldade em autenticar usuários de forma confiável.

Com o avanço das tecnologias da informação e o domínio crescente das *big techs*, as identidades digitais passaram a ser gerenciadas de forma centralizada. Embora tenham surgido ferramentas confortáveis e práticas para os usuários, como o *login* unificado em plataformas, consolidou-se um modelo que concentra poder e informações em poucas corporações (Siqueira; Conceição; Rocha, 2021). A concentração de poder nas mãos de poucas empresas causou grande impacto sobre a privacidade e a autonomia dos usuários. Esse modelo expôs indivíduos e organizações a riscos como vazamentos de dados, controle abusivo por terceiros e dificuldade de interoperabilidade entre sistemas. A centralização trouxe desafios estruturais. Vazamentos de dados em larga escala se tornaram comuns, comprometendo informações sensíveis de milhões de usuários. Além disso, a dependência de terceiros para autenticação gerou questionamentos sobre privacidade e autonomia, enquanto a falta de interoperabilidade entre sistemas limitou o acesso e a eficiência de serviços digitais (Atzori, 2015).

Diante desse cenário, este último capítulo explora como a Identidade Digital Descentralizada (DiD), fundamentada na tecnologia *blockchain*, apresenta uma alternativa promissora para superar os desafios das abordagens tradicionais. Esse modelo descentralizado restitui aos usuários o controle sobre suas identidades, assegurando maior privacidade e autonomia.

21.2. Modelos de identidade digital

A identidade sempre desempenhou um papel central na organização social, tradicionalmente vinculada a documentos físicos como certidões e carteiras de identificação. Esses documentos ofereciam uma base confiável para reconhecer e diferenciar os indivíduos em transações e relações sociais. A evolução tecnológica, especialmente na era digital, evidenciou a necessidade de uma identidade digital. Originalmente, a internet foi concebida como um espaço de liberdade e anonimato (Kang; Santos; Doneda, 2016). No entanto, à medida que os serviços *on-line* se expandiram, tornou-se essencial identificar os usuários, a fim de fornecer experiências personalizadas e garantir a segurança. Isso culminou na adoção de sistemas digitais centralizados, gerenciados por entidades governamentais ou grandes empresas (Fernandes Monica, 2021).

Ao longo das últimas décadas, os modelos de identidade digital evoluíram para atender às demandas de uma sociedade cada vez mais conectada. Três abordagens principais ganharam destaque: os modelos centralizados, os federados e os descentralizados, cada um com características, vantagens e limitações próprias.

O modelo centralizado foi o primeiro a surgir e ainda é amplamente adotado. Nele, uma única entidade, como um governo, uma instituição financeira ou uma grande corporação, é responsável por gerenciar todas as informações do usuário. Essa abordagem centralizada proporciona simplicidade e controle direto por parte da entidade que a gerencia (Bioni *et al.*, 2022). No entanto, a centralização concentra não apenas o poder, mas também os riscos inerentes. As vulnerabilidades em sistemas centralizados frequentemente resultam em vazamentos em larga escala de dados pessoais pertencentes a milhões de indivíduos. Ademais, a falta de autodeterminação do usuário nesse modelo restringe sua capacidade de controlar o uso e o compartilhamento de suas próprias informações (Soltani; Nguyen; An, 2021).

Com o crescimento exponencial da internet e a diversificação dos serviços digitais, surgiu o modelo federado como uma tentativa de mitigar algumas das limitações do modelo centralizado. No modelo federado, diferentes provedores colaboram para autenticar os usuários em múltiplas plataformas. Um exemplo típico é o *login* por meio de redes sociais, como Google ou Facebook, que permite acessar diversos serviços com uma única credencial (Queiroz *et al.*, 2021). Apesar de o modelo federado aprimorar a conveniência do usuário e fomentar a interoperabilidade entre fornecedores, ele ainda requer a confiança em intermediários. Essa dependência mantém os riscos inerentes à centralização, enquanto as preocupações com privacidade persistem, uma vez que as empresas que oferecem esses serviços têm o controle de informações detalhadas sobre os usuários (Siqueira; Conceição; Rocha, 2021).

Por sua vez, o modelo descentralizado se destaca como uma alternativa inovadora e disruptiva. Nele, o controle das informações retorna ao próprio indivíduo, que atua como administrador de sua identidade digital (Atzori, 2015). Essa abordagem é viabilizada por tecnologias como *blockchain*, que eliminam a necessidade de intermediários confiáveis e criam um ambiente seguro, transparente e imutável.

21.3. O potencial da Identidade Digital Descentralizada

No modelo de **Identidade Digital Descentralizada**, o indivíduo é o principal responsável por sua identidade digital, eliminando a necessidade de confiar em intermediários, como empresas ou governos, para gerenciar suas informações pessoais (Siqueira; Conceição; Rocha, 2021). Para compreender a Identidade Digital Descentralizada, é importante conhecer os principais conceitos que a sustentam:

- ✓ ***Blockchain***: a tecnologia *blockchain* é o pilar do modelo da Identidade Digital Descentralizada. Seu funcionamento como um registro distribuído e imutável permite que as identidades sejam criadas, armazenadas e verificadas de maneira segura. Além disso, a *blockchain* elimina a necessidade de um ponto central de falha, tornando o sistema mais resistente a ataques e vazamentos de dados.
- ✓ **DID:** os Identificadores Descentralizados são uma peça fundamental na estrutura da Identidade Digital Descentralizada. Criados de forma descentralizada, eles possibilitam a autenticação e a verificação da identidade sem depender de autoridades centrais. Cada DID é único e pode ser utilizado para garantir a autenticidade e a privacidade das interações digitais, estabelecendo uma camada confiável de comunicação entre indivíduos e serviços.
- ✓ As **credenciais verificáveis** são documentos digitais emitidos por entidades confiáveis contendo informações verificáveis sobre o usuário, como diplomas, certificados ou registros médicos. Ao contrário dos modelos tradicionais, as credenciais verificáveis permitem que o usuário compartilhe apenas as infor-

mações necessárias, garantindo maior privacidade. Essas credenciais podem ser autenticadas diretamente por meio do *blockchain*, eliminando a necessidade de intermediários e tornando o processo mais seguro e eficiente. A integração entre Identificadores Descentralizados e credenciais verificáveis possibilita uma experiência de identidade digital verdadeiramente autônoma e confiável.

21.4. Exemplo prático: identidade digital com DIDs e credenciais verificáveis

João, ao precisar comprovar que é maior de idade para acessar um estabelecimento, utiliza sua Identidade Digital Descentralizada e uma credencial verificável para garantir sua privacidade e segurança. Ele cria um Identificador Descentralizado, um identificador único vinculado a uma chave privada sob seu controle, sem conter informações pessoais. Em seguida, João obtém uma credencial verificável digital de uma entidade confiável, que atesta sua idade. Essa credencial é digitalmente assinada, assegurando sua autenticidade e integridade.

Ao apresentar sua idade no bar, João emprega sua carteira digital para gerar uma prova criptográfica com base na credencial verificável. Ele compartilha apenas a informação necessária ("Sim, João tem mais de 18 anos") sem expor dados pessoais. O sistema do estabelecimento verifica a validade da prova na rede *blockchain* e autentica a credencial sem armazenar ou compartilhar informações adicionais.

21.4.1. Padrões e plataformas que viabilizam a Identidade Digital Descentralizada

A concretização da **Identidade Digital Descentralizada** tem como fundamento dois pilares: os padrões que norteiam sua estrutura conceitual e as plataformas tecnológicas que viabilizam sua implementação prática.

Os padrões estabelecem diretrizes para a criação de identidades compatíveis com diferentes redes e tecnologias. Um dos mais relevantes é a especificação de **Identificadores Descentralizados**, desenvolvida pelo ***World Wide Web Consortium* (W3C)**. Esse padrão define como os DIDs devem ser criados, resolvidos e utilizados, enfatizando a necessidade de interoperabilidade entre plataformas distintas e a autonomia dos usuários no gerenciamento de suas identidades digitais (W3C, 2022). Em contraste com os sistemas tradicionais, os Identificadores Descentralizados permitem que indivíduos ou organizações criem identificadores exclusivos sem a necessidade de uma autoridade central. Eles são armazenados em registros distribuídos, como *blockchains*, e podem ser consultados para acessar informações associadas, como chaves públicas e métodos de autenticação (Queiroz *et al.*, 2021).

Além disso, o W3C também promove o padrão de **credenciais verificáveis**, que complementa os DIDs. As credenciais verificáveis são documentos digitais assinados por entidades confiáveis com informações verificáveis sobre o usuário, como formação acadêmica ou situação de vacinação. Essa combinação de DIDs e credenciais verificáveis permite que os usuários compartilhem apenas as informações necessárias, protegendo sua privacidade e evitando a exposição de dados sensíveis (Siqueira; Conceição; Rocha, 2021).

Se as diretrizes são fornecidas pelos padrões, as soluções práticas são materializadas pelas plataformas tecnológicas, as quais traduzem esses princípios em aplicações concretas. As plataformas tecnológicas, como o **Hyperledger Indy**, **Aries** e **Ursa**, implementam os princípios da Identidade Digital Descentralizada. O **Indy** é projetado para gerenciar identificadores descentralizados e credenciais verificáveis. O **Aries** fornece uma infraestrutura para agentes de identidade digital, além de promover a interoperabilidade entre diferentes implementações. O **Ursa** disponibiliza bibliotecas criptográficas avançadas, incluindo algoritmos de prova de conhecimento zero, para validar credenciais verificáveis. Complementarmente, a **Sovrin Network**, uma rede pública descentralizada, permite que indivíduos e organizações registrem identificadores descentralizados e utilizem credenciais verificáveis em um ambiente confiável com governança descentralizada (Atzori, 2015).

21.4.2. Perspectivas da Identidade Digital Descentralizada

A adoção da Identidade Digital Descentralizada oferece tanto perspectivas promissoras quanto desafios significativos. Todavia, sua implementação em larga escala exige a superação de obstáculos técnicos, regulatórios e sociais. A falta de um consenso em torno de padrões globais uniformes prejudica a interoperabilidade entre sistemas, enquanto questões legais, como a conformidade com a LGPD no Brasil, requerem ajustes complexos (Goode, 2021). Além disso, o uso de tecnologias descentralizadas, como *blockchain*, impõe desafios como velocidade e escalabilidade.

Outro desafio fundamental é educar e conscientizar o público. Muitos indivíduos ainda não compreendem os benefícios e as implicações do emprego de identidades descentralizadas, o que pode restringir sua adoção. Além disso, a desinformação e a resistência cultural também podem prejudicar a transição para modelos descentralizados (Zhang *et al.*, 2022).

Para superar esses obstáculos, é essencial estabelecer parcerias entre os setores público e privado, fomentando investimentos em infraestrutura tecnológica e promovendo regulamentações adaptadas às demandas atuais. Iniciativas de padronização conduzidas por organizações como o W3C, bem como avanços tecnológicos, como a implementação de contratos inteligentes, podem contribuir para a mitigação de preocupações relacionadas à privacidade e à segurança (Xavier *et al.*, 2021).

21.5. Conclusão

A Identidade Digital Descentralizada representa uma mudança de paradigma na maneira como interagimos no ambiente digital. Fundamentada em tecnologias como a *blockchain*, a Identidade Digital Descentralizada confere aos indivíduos maior controle sobre suas informações pessoais, promovendo mais autonomia, privacidade e segurança. Embora enfrente desafios técnicos, regulatórios e culturais que dificultam sua adoção em larga escala, seu potencial para transformar a inclusão digital e a gestão de identidades é inegável. Para que essa visão se concretize, será necessário o engajamento colaborativo entre governos, empresas e sociedade, além de esforços contínuos em educação e desenvolvimento tecnológico. Essa abordagem não se restringe a uma solução meramente técnica; representa, na verdade, um avanço em direção a um futuro no qual os indivíduos possuem maior controle sobre suas vidas digitais.

Referências

AIRDROPS.IO. **StarkNet.** Disponível em: <https://airdrops.io/starknet/>. Acesso em: 09 jul. 2025.

ALCHEMY. **What are Solidity functions?** Alchemy, Oct. 4, 2022. Disponível em: <https://www.alchemy.com/overviews/solidity-functions>. Acesso em: 18 jul. 2025.

ALCHEMY. **What is Solidity?** Sep. 22, 2023. Disponível em: <https://www.alchemy.com/overviews/solidity>. Acesso em: 18 jul. 2025.

ALHARBY, M.; VAN MOORSEL, A. Blockchain-based Smart Contracts: A Systematic Mapping Study. *In*: **International Conference on Computer Science and Information Technology (CSIT-2017)**, 4., 2017. Disponível em: <https://arxiv.org/abs/1710.06372>. Acesso em: 11 jul. 2025.

ALLEN, D. W. E. Crypto airdrops: an evolutionary approach. **Journal of Evolutionary Economics**, v. 34, p. 849-872, 2024.

AMERICA'S CYBER DEFENSE AGENCY. **Understanding Digital Signatures.** Feb. 01, 2021. Disponível em: <https://www.cisa.gov/news-events/news/understanding-digital-signatures#:~:text=Digital%20signatures%20work%20by%20proving,using%20the%20sender's%20private%20key>. Acesso em: 06 jul. 2025.

ANDERSON, R. **Security Engineering:** a guide to building dependable distributed systems. 3rd. ed. Indianapolis: Wiley, 2020.

ANTONOPOULOS, A. M. **A internet do Dinheiro.** [S.l.]: EmRede, 2018.

ANTONOPOULOS, A. M.; HARDING, D. A. **Mastering Bitcoin:** programming the open blockchain. 2nd.ed. Sebastopol: O'Reilly Media, 2017. Disponível em: <https://github.com/bitcoinbook/bitcoinbook/blob/develop/BOOK.md>. Acesso em: 08 jul. 2025.

ANTONOPOULOS, A. M.; WOOD, G. **Mastering Ethereum:** building smart contracts and DApps. Sebastopol: O'Reilly Media, 2018.

ANTONOPOULOS, A.; OSUNTOKUN, O.; PICKHARDT, R. **Mastering the Lightning Network:** a second layer blockchain protocol for instant bitcoin payments. Sebastopol: O'Reilly Media, 2022.

ARBITRUM FOUNDATION. **$ARB airdrop eligibility and distribution specifications**. Disponível em: <https://docs.arbitrum.foundation/airdrop-eligibility-distribution>. Acesso em: 09 jul. 2025.

ATZORI, M. Blockchain Technology and Decentralized Governance: Is the State Still Necessary? **SSRN**, Dec. 1st, 2015. Disponível em: <https://doi.org/10.2139/ssrn.2709713>. Acesso em: 10 jul. 2025.

BANCO CENTRAL DO BRASIL. **Estatísticas sobre câmbio.** Disponível em: <https://www.bcb.gov.br/estatisticas/estatisticascambio>. Acesso em: 10 jul. 2025.

BANCO CENTRAL DO BRASIL. **Pix.** Disponível em: <https://www.bcb.gov.br/estabilidadefinanceira/pix>. Acesso em: 10 jul. 2025.

BAUMANN, T. Blockchain for Planetary Stewardship: using the disruptive force of Distributed Ledger Technology to fight climate disruption. **Blockchain Research Institute**, 2018.

BESU. **Proof of authority consensus.** Disponível em: <https://besu.hyperledger.org/private-networks/concepts/poa>. Acesso em: 09 jul. 2025.

BIONI, B. *et al.* **Entre a visibilidade e a exclusão**: um mapeamento dos riscos da Identificação Civil Nacional e do uso de sua base de dados para a plataforma gov.br. Associação Data Privacy Brasil de Pesquisa, 2022. Disponível em: <https://www.dataprivacybr.org/wp-content/uploads/2022/06/identidade-digital-vf2-1.pdf>. Acesso em: 10 jul. 2025.

BITCOIN DEVELOPER. **RPC API Reference.** Disponível em: <https://developer.bitcoin.org/reference/rpc/>. Acesso em: 06 jul. 2025.

BNDES; TCU. **Acordo de Cooperação nº D-121.2.0014.22, que entre si celebram o Banco Nacional de Desenvolvimento Econômico e Social (BNDES) e o Tribunal de Contas da União (TCU), para cooperação com vistas à formação da rede blockchain Brasil (RBB).** Disponível em: <https://github.com/RBBNet/rbb/blob/master/documentos/ACT%20-%20Documento%20firmado%20entre%20BNDES%20e%20TCU.pdf>. Acesso em: 09 jul. 2025.

BOEY, N. 50 Biggest Crypto Airdrops: $26.6B In 'Free Money'. **CoinGecko**, Sep. 25, 2024. Disponível em: <https://www.coingecko.com/research/publications/biggest-crypto-airdrops>. Acesso em: 09 jul. 2025.

BONDI, A. B. Characteristics of scalability and their impact on performance. *In*: International Workshop on Software and performance (WOSP '00), 2., Ottawa, 2000. **Proceedings...** New York: ACM, 2000.

BRASIL. **Decreto nº 11.563, de 13 de junho de 2023.** Regulamenta a Lei nº 14.478, de 21 de dezembro de 2022, para estabelecer competências ao Branco Central do Brasil. 2023c. Disponível em: <https://www.planalto.gov.br/ccivil_03/_ato2023-2026/2023/decreto/d11563.htm>. Acesso em: 10 jul. 2025.

BRASIL. **Lei Complementar nº 182, de 1º de junho de 2021.** Institui o marco legal das startups e do empreendedorismo inovador, e altera a Lei nº 6.404, de 15 de dezembro de 1976, e a Lei Complementar nº 123, de 14 de dezembro de 2006. 2021a. Disponível em: <https://www.planalto.gov.br/ccivil_03/leis/lcp/lcp182.htm>. Acesso em: 10 jul. 2025.

BRASIL. **Lei nº 12.732, de 22 de novembro de 2012.** Dispõe sobre o primeiro tratamento de paciente com neoplasia maligna comprovada e estabelece prazo para seu início. Disponível em: <https://www.planalto.gov.br/ccivil_03/_ato2011-2014/2012/lei/l12732.htm>. Acesso em: 09 jul. 2025.

BRASIL. **Lei nº 12.965, de 23 de abril de 2014.** Estabelece princípios, direitos e deveres para o uso da Internet no Brasil. Disponível em: <https://www.planalto.gov.br/ccivil_03/_ato2011-2014/2014/lei/l12965.htm>. Acesso em: 10 jul. 2025.

BRASIL. **Lei nº 13.709, de 14 de agosto de 2018.** Lei Geral de Proteção de Dados Pessoais (LGPD). Disponível em: <https://www.planalto.gov.br/ccivil_03/_ato2015-2018/2018/lei/l13709.htm>. Acesso em: 10 jul. 2025.

BRASIL. **Lei nº 13.874, de 20 de setembro de 2019.** Institui a Declaração de Direitos de Liberdade Econômica; estabelece garantias de livre mercado; altera as Leis nºs 10.406, de 10 de janeiro de 2002 (Código Civil), 6.404, de 15 de dezembro de 1976, 11.598, de 3 de dezembro de 2007, 12.682, de 9 de julho de 2012, 6.015, de 31 de dezembro de 1973, 10.522, de 19 de julho de 2002, 8.934, de 18 de novembro 1994, o Decreto-Lei nº 9.760, de 5 de setembro de 1946 e a Consolidação das Leis do Trabalho, aprovada pelo Decreto-Lei nº 5.452, de 1º de maio de 1943; revoga a Lei Delegada nº 4, de 26 de setembro de 1962, a Lei nº 11.887, de 24 de dezembro de 2008, e dispositivos do Decreto-Lei nº 73, de 21 de novembro de 1966; e dá outras providências. Disponível em: <https://www.planalto.gov.br/ccivil_03/_ato2019-2022/2019/lei/l13874.htm>. Acesso em: 10 jul. 2025.

BRASIL. **Lei nº 14.478, de 21 de dezembro de 2022.** Dispõe sobre diretrizes a serem observadas na prestação de serviços de ativos virtuais e na regulamentação das prestadoras de serviços de ativos virtuais; altera o Decreto-Lei nº 2.848, de 7 de dezembro de 1940 (Código Penal), para prever o crime de fraude com a utilização de ativos virtuais, valores mobiliários ou ativos financeiros; e altera a Lei nº 7.492, de 16 de junho de 1986, que define crimes contra o sistema financeiro nacional, e a Lei nº 9.613, de 3 de março de 1998, que dispõe sobre lavagem de dinheiro, para incluir as prestadoras de serviços de ativos virtuais no rol de suas disposições. 2022a. Disponível em: <https://www.planalto.gov.br/ccivil_03/_ato2019-2022/2022/lei/l14478.htm>. Acesso em: 10 jul. 2025.

BRASIL. **Lei nº 6.385, de 7 de dezembro de 1976.** Dispõe sobre o mercado de valores mobiliários e cria a Comissão de Valores Mobiliários. Disponível em: <https://www.planalto.gov.br/ccivil_03/leis/l6385.htm>. Acesso em: 10 jul. 2025.

BRASIL. **Ofício Circular CVM/SRE 01/2021, de 1º de março de 2021.** Orientações gerais sobre procedimentos a serem observados pelos emissores/ofertantes e intermediários em ofertas públicas de valores mobiliários. 2021b. Disponível em: <https://conteudo.cvm.gov.br/legislacao/oficios-circulares/sre/oc-sre-012021.html>. Acesso em: 10 jul. 2025.

BRASIL. **Ofício Circular CVM/SSE 04/23, de 04 de abril de 2023.** Caracterização dos "tokens de recebíveis" ou "tokens de renda fixa" como valores mobiliários. 2023a. Disponível em: <https://conteudo.cvm.gov.br/legislacao/oficios-circulares/sse1/oc-sse-0423.html>. Acesso em: 10 jul. 2025.

BRASIL. **Ofício Circular CVM/SSE 06/23, de 05 de julho de 2023.** Complemento ao Ofício Circular 4/23-CVM/SSE – "tokens de recebíveis" ou "tokens de renda fixa". 2023b. Disponível em: <https://conteudo.cvm.gov.br/legislacao/oficios-circulares/sse1/oc-sin-0623.html>. Acesso em: 10 jul. 2025.

BRASIL. **Parecer de Orientação CVM 40, de 11 de outubro de 2022.** Os criptoativos e o mercado de valores mobiliários. 2022b. Disponível em: <https://conteudo.cvm.gov.br/legislacao/pareceres-orientacao/pare040.html>. Acesso em: 10 jul. 2025.

BREIDENBACH, L. *et al.* **Chainlink 2.0:** Next Steps in the Evolution of Decentralized Oracle Networks. White paper, Apr. 15, 2021. V1.0. Disponível em: <https://research.chain.link/whitepaper-v2.pdf>. Acesso em: 09 jul. 2025.

BROWN, J. Unveiling Decentralization in Blockchain: Comparing Challenges of Bitcoin, Ethereum, and Solana. **MZ Computing Journal**, v. 5, n. 1, Jan.-June 2024. Disponível em: <https://mzresearch.com/index.php/MZCJ/article/view/177>. Acesso em: 18 jul. 2025.

BRUNO, P.; JEENAH, U. Global payments in 2024: simpler interfaces, complex reality. **McKinsey & Company**, Oct. 18, 2024. Disponível em: <https://www.mckinsey.com/industries/financial-services/our-insights/global-payments-in-2024-simpler-interfaces-complex-reality#/>. Acesso em: 10 jul. 2025.

BUTERIN, V. **Ethereum:** a next-generation smart contract and decentralized application platform. White paper, 2014. Disponível em: <https://ethereum.org/en/whitepaper/>. Acesso em: 09 jul. 2025.

BUTERIN, V. On Public and Private Blockchains. **Ethereum Foundation Blog**, Aug. 7, 2015. Disponível em: <https://blog.ethereum.org/2015/08/07/on-public-and-private-blockchains/>. Acesso em: 11 mar. 2025.

CAFFYN, G. What is the Bitcoin Block Size Debate and Why Does It Matter? **CoinDesk**, Oct. 08, 2021. Updated Apr. 09 2024. Disponível em: <https://www.coindesk.com/learn/what-is-the-bitcoin-block-size-debate-and-why-does-it-matter/>. Acesso em: 09 jul. 2025.

CASEY, M. J. The Token Economy: when money becomes programmable. **Blockchain Research Insitute**, 2017.

CBINSIGHTS. **The March of Financial Services Giants Into Bitcoin And Blockchain Startups In One Chart.** Feb. 19, 2017. Disponível em <https://www.cbinsights.com/research/financial-services-corporate-blockchain-investments/>. Acesso em: 10 jul. 2025.

CERTIK. Site. Disponível em: <https://www.certik.com/>. Acesso em: 09 jul. 2025.

CHAINALYSIS. Site. Disponível em: <https://www.chainalysis.com/>. Acesso em: 09 jul. 2025.

CHAINIDE. **ChainIDE Dashboard.** Disponível em: <https://chainide.com/s/dashboard/projects>. Acesso em: 08 jul. 2025.

CHAINIDE. Site. Disponível em: <https://chainide.com/>. Acesso em: 08 jul. 2025.

CHAINLINK. **Building and Using External Adapters.** Sep. 02, 2020. Disponível em: <https://blog.chain.link/build-and-use-external-adapters/>. Acesso em: 09 jul. 2025.

CHAINLINK. **What is Blockchain Interoperability?** Aug. 9, 2023. Disponível em: <https://chain.link/education-hub/blockchain-interoperability/>. Acesso em: 09 jul. 2025.

CHAUM, D. Blind signatures for untraceable payments. *In*: CHAUM, D.; RIVEST, R. L.; SHERMAN, A. T. (eds.). **Advances in Cryptology:** proceedings of Crypto 82. Boston: Springer, 1983, p. 199-203. Disponível em: <https://doi.org/10.1007/978-1-4757-0602-4_18>. Acesso em: 06 jul. 2025.

CHOHAN, U. **A history of Bitcoin.** Canberra: Centre for Blockchain Technologies, University of New South Wales, 2022.

CHRYSTIE, D. Coopetition in Global Commerce: why it will take a pro-competitive global village to scale blockchain. **Blockchain Research Insitute**, 2023.

COSTA, B. S. **Identidade autossoberana para além do hype.** Trabalho final do IV Grupo de Pesquisa ITS Rio. Rio de Janeiro: Instituto de Tecnologia e Sociedade, 2020.

COULOURIS, G. *et al.* **Sistemas distribuídos:** conceitos e projetos. 5.ed. Porto Alegre: Bookman, 2013.

CROMAN, K. *et al.* On scaling decentralized blockchains (a position paper). *In*: CLARK, J. *et al.* (eds.) **Financial Cryptography and Data Security.** FC 2016. Berlin: Springer, 2016.

DANNEN, C. **Introducing Ethereum and Solidity:** foundations of cryptocurrency and blockchain programming for beginners. Berkeley: Apress, 2017.

DAVIDSON, S.; DE FILIPPI, P.; POTTS, J. Economics of blockchain. **SSRN Electronic Journal**, 2016. Disponível em: <http://dx.doi.org/10.2139/ssrn.2744751>. Acesso em: 06 jul. 2025.

DE FILIPPI, P.; MANNAN, M.; REIJERS, W. Blockchain as a confidence machine: the problem of trusts & challenges of governance. **Technology in Society**, v. 62, 2020. Disponível em: <https://doi.org/10.1016/j.techsoc.2020.101284>. Acesso em: 06 jul. 2025.

DE FILIPPI, P.; WRIGHT, A. **Blockchain and the Law:** the rule of code. Cambridge, MA: Harvard University Press, 2019.

DE FILIPPI, P.; WRIGHT, A. Decentralized blockchain technology and the rise of lex cryptographia. **SSRN Electronic Journal**, 2015. Disponível em: <http://dx.doi.org/10.2139/ssrn.2580664>. Acesso em: 06 jul. 2025.

DEFILLAMA. **Breakdown by Smart Contract Languages**. Disponível em: <https://defillama.com/languages>. Acesso em: 08 jul. 2025.

DI SALVO, M. $2 Billions Flow Into Ethereum Project Arbitrum, Mostly to Farm Nyam Meme Token. **Decrypt**, Sep. 13, 2021. Disponível em: https://decrypt.co/80830/ethereum-gas-fees-nft-boom. Acesso em: 22 jul. 2025.

DINH, T. T. A. *et al.* BLOCKBENCH: a framework for analyzing private blockchains. *In*: 2017 ACM International Conference on Management of Data ACM, Chicago, 2017. **Proceedings...** New York: ACM, 2017.

DONOFRIO, S. *et al.* **State of the Voluntary Carbon Markets 2021:** Installment 1 – Market in motion. Forest Trends Association Portfolio, 2021.

ELLIS, S.; JUELS, A.; NAZAROV, S. **ChainLink:** A Decentralized Oracle Network. White paper, Sep. 04, 2017. V1.0. Disponível em: <https://research.chain.link/whitepaper-v1.pdf>. Acesso em: 09 jul. 2025.

ENTERPRISE ETHEREUM ALLIANCE. **Enterprise Ethereum Client Specification V6.** 30 Nov. 2020. Disponível em: <https://entethalliance.org/wp-content/uploads/2025/03/EEA_Enterprise_Ethereum_Client_Specification_v6.pdf>. Acesso em: 18 jul. 2025.

ENTERPRISE ETHEREUM ALLIANCE. **Technical Specifications.** Disponível em: <https://entethalliance.org/technical-specifications/>. Acesso em: 09 jul. 2025.

ESTEBAN, R. F. *et al*. Fundamentals of Blockchain and New Generations of Distributed Ledger Tecnologies: circular economy case uses in Spain. *In*: MUTHU, S. S. (ed.). **Blockchain Technologies for Sustainability, Environmental Footprints and Eco-design of Products and Processes.** Singapore: Springer, 2022. Disponível em: <https://doi.org/10.1007/978-981-16-6301-7_2>. Acesso em: 10 jul. 2025.

ETHEREUM FOUNDATION. **Ethereum development documentation.** Last update: Aug. 15, 2023. Disponível em: <https://ethereum.org/en/developers/docs/>. Acesso em: 06 jul. 2025.

ETHEREUM FOUNDATION. **Gas and fees.** Feb. 25, 2025. Disponível em: <https://ethereum.org/en/developers/docs/gas/>. Acesso em: 09 jul. 2025.

ETHEREUM FOUNDATION. **JSON-RPC API.** Last update: June 21, 2025. Disponível em: <https://ethereum.org/en/developers/docs/apis/json-rpc/>. Acesso em: 06 jul. 2025.

ETHEREUM FOUNDATION. **Transactions.** Last update: Aug. 11, 2024. Disponível em: <https://ethereum.org/en/developers/docs/transactions/>. Acesso em: 06 jul. 2025.

ETHEREUM. **Remix IDE.** Disponível em: <https://remix.ethereum.org>. Acesso em: 08 jul. 2025.

ETHEREUM. **Remix Project.** Disponível em: <https://remix-project.org/>. Acesso em: 08 jul. 2025.

FAN, C. *et al*. Performance Analysis of Hyperledger Besu in Private Blockchain. *In*: 2022 IEEE International Conference on Decentralized Applications and Infrastructures (DAPPS), 4., 2022, Newark. **Proceedings...** Piscataway: IEEE, 2022. Disponível em: <https://ieeexplore.ieee.org/document/9899854>. Acesso em: 09 jul. 2025.

FAO – Food and Agriculture Organization of the United Nations. **Global Forest Resources Assessment 2020.** FAO, 2020.

FATF – Financial Action Task Force. **Updated guidance for a risk-based approach to virtual assets and virtual asset service providers.** Disponível em: <https://www.fatf-gafi.org/publications/fatfrecommendations/documents/guidance-rba-virtual-assets-2021.html>. Acesso em: 08 jul. 2025.

FEDERAL RESERVE SYSTEM. **FedNow® Service.** July 20, 2023. Disponível em: <https://www.federalreserve.gov/paymentsystems/fednow_about.htm>. Acesso em: 10 jul. 2025.

FERNANDES MONICA, E. O Problema da Heteroformação da Identidade Digital: fundamentos para o princípio da autodeterminação informativa. **Confluências | Revista Interdisciplinar de Sociologia e Direito**, v. 23, n. 2, 2021. Disponível em: <https://periodicos.uff.br/confluencias/article/view/50670>. Acesso em: 10 jul. 2025.

FERNÁNDEZ-BLANCO, G. et al. Design, Implementation and Practical Energy-Efficiency Evaluation of a Blockchain Based Academic Credential Verification System for Low-Power Nodes. **Applied Sciences**, v. 15, n. 12, p. 6596, 2025. Disponível em: <https://www.mdpi.com/2076-3417/15/12/6596>. Acesso em: 18 jul. 2025.

FERREIRA, G. C. Redes sociais de informação: uma história e um estudo de caso. **Perspectivas em Ciência da Informação**, Belo Horizonte, v. 16, n. 3, p. 208-231, jul./set. 2011. Disponível em: <https://www.scielo.br/j/pci/a/hX6dWhCGmVCqGCC6ZnhgSMw/?lang=pt>. Acesso em: 06 jul. 2025.

FURTADO, F. R. *et al.* Towards characterizing architecture and performance in blockchain: A survey. **International Journal of Blockchains and Cryptocurrencies**, v. 1, n. 2, 2020.

FURTADO, F. R.; COSTA, A.; GUIMARÃES JR, C. An architecture proposal to provide interoperability between DLT platforms and legacy systems in the financial ecosystem. **LIFT Papers**, v. 6, n. 6, 2023.

GALXE. **Best Ways to Web3 with Galxe.** June 22, 2023. Disponível em: <https://blog.galxe.com/master-the-best-strategies-for-web3-growth-with-galxe-6f290e91ef77>. Acesso em: 09 jul. 2025.

GEEKSFORGEEKS. **Solidity – View and Pure Functions.** Feb. 17, 2023. Disponível em: <https://www.geeksforgeeks.org/solidity/solidity-view-and-pure-functions/>. Acesso em: 18 jul. 2025.

GERVAIS, A. *et al.* On the Security and Performance of Proof of Work Blockchains. *In*: 2016 ACM SIGSAC Conference on Computer and Communications Security, 2016, Vienna, Austria. **Proceedings...** ACM, 2016.

GOODE, A. Digital identity: solving the problem of trust. **Biometric Technology Today** v. 2019, n. 10, 2021. Disponível em: <https://doi.org/10.1016/s0969-4765(19)30142-0>. Acesso em: 10 jul. 2025.

GUINARD, D. The Ledger of Every Thing. **Blockchain Research Institute**, 2017.

GUSSON, C. Minas Gerais cria o primeiro prontuário unificado com blockchain para atendimentos no SUS. **CoinTelegraph Brasil**, 17 set. 2024. Disponível em: <https://br.cointelegraph.com/news/minas-gerais-creates-the-first-unified-medical-record-with-blockchain-for-sus-care>. Acesso em: 09 jul. 2025.

HAFID, A.; HAFID, A. S.; SAMIH, M. Scaling Blockchains: A Comprehensive Survey. **IEEE Access**, v. 8, 2020.

HAMPTON, S. Blockchain in Financial Services Statistics. **Juniper Research**, Aug. 03, 2023. Disponível em: <https://www.juniperresearch.com/resources/infographics/blockchain-in-financial-services-statistics/>. Acesso em: 10 jul. 2025.

HARDHAT. Site. Disponível em: <https://hardhat.org/>. Acesso em: 08 jul. 2025.

HÄRDLE, W. K.; HARVEY, C. R.; REULE, R. C. G. Understanding cryptocurrencies. **Journal of Financial Econometrics**, v. 18, n. 2, p. 181-208, 2020. Disponível em: <https://doi.org/10.1093/jjfinec/nbz033>. Acesso em: 06 jul. 2025.

HARLEV, M. A. *et al.* Breaking bad: De-anonymising entity types on the bitcoin blockchain using supervised machine learning. *In*: Hawaii International Conference on System Sciences, 51., 2018, Honolulu. **Proceedings...** Honolulu: University of Hawaii, 2018. Disponível em: <https://scholarspace.manoa.hawaii.edu/items/18527e72-e49d-4944-8700-2eecfe383203>. Acesso em: 08 jul. 2025.

HASH BLOCK. Blockchain with Rust: Secure by Design. **Medium**, 06 jul. 2025. Disponível em: <https://medium.com/@connect.hashblock/blockchain-with-rust-secure-by-design-30c87fe96561>. Acesso em: 18 jul. 2025.

HOLMAN, H. R. The Relation of the Chronic Disease Epidemic to the Health Care Crisis. **ACR Open Rheumatol.**, v. 2, n. 3, p. 167-173, Feb. 2020. Disponível em: <https://www.ncbi.nlm.nih.gov/pmc/articles/PMC7077778/>. Acesso em: 09 jul. 2025.

HYPERLEDGER FABRIC. **Conceitos Chave.** Disponível em: <https://hyperledger-fabric.readthedocs.io/pt/release-2.5/key_concepts.html>. Acesso em: 08 jul. 2025.

HYPERLEDGER FABRIC. **Hyperledger Fabric Docs.** Disponível em: <https://hyperledger-fabric.readthedocs.io>. Acesso em: 08 jul. 2025.

HYPERLEDGER. **Smart Contracts and Chaincode.** Disponível em: <https://hyperledger-fabric.readthedocs.io/en/release-2.2/smartcontract/smartcontract.html>. Acesso em: 18 jul. 2025.

IFTIKHAR, M. Solidity Global Variables. **Metaschool**, Mar. 18, 2024. Disponível em: <https://metaschool.so/articles/solidity-global-variables/>. Acesso em: 17 jul. 2025.

INTRACT. **Web3 Quests:** The Ultimate Playbook. Nov. 02, 2023. Disponível em: <https://www.blogs.intract.io/p/web3-quests-the-ultimate-playbook>. Acesso em: 09 jul. 2025.

IPCC – Intergovernmental Panel on Climate Change. **Climate Change 2021:** The Physical Science Basis. IPCC Sixth Assessment Report, 2021.

ISAACSON, T. M. Patents at Trivergence: combining blockchain, artificial intelligence, and the internet of things. **Blockchain Research Institute**, 2022.

JACOB-LOPES, E.; ZEPKA, L. Q.; DEPRÁ, M. C. (eds.) **Smart Food Industry:** The Blockchain for Sustainable Engineering. Volume I – Fundamentals, Technologies, and Management. Boca Raton: CRC Press, 2024.

JOSHI, A. P.; HAN, M.; WANG, Y. A survey on security and privacy issues of blockchain technology. **Mathematical Foundations of Computing**, v. 1, n. 2, p. 121-147, 2018. Disponível em: <https://www.aimsciences.org/article/doi/10.3934/mfc.2018007>. Acesso em: 18 jul. 2025.

JUSTIA. **SEC v. W.J. Howey Co., 328 U.S. 293 (1946).** Disponível em: <https://supreme.justia.com/cases/federal/us/328/293/>. Acesso em: 10 jul. 2025.

KAMATH, R. Food Traceability on Blockchain: Walmart's Pork and Mango Pilots with IBM. **The Journal of The British Blockchain Association**, v. 1, n. 1, 2017.

KANG, M.; SANTOS, M. W. dos; DONEDA, D. Políticas de identidade na era digital e o registro civil nacional. **Em Debate**, Belo Horizonte, v. 8, n. 6, p. 41-64, 2016.

KUMAR, N. *et al.* **Blockchain, Big Data and Machine Learning:** trends and applications. Boca Raton: CRC Press, 2021.

KUZNETSOV, O. et al. Optimizing Merkle Proof Size Through Path Length Analysis: A Probabilistic Framework for Efficient Blockchain State Verification. Future Internet, v. 17, n. 2, p. 72, 2025. Disponível em: <https://www.mdpi.com/1999-5903/17/2/72>. Acesso em: 18 jul. 2025.

LACNET. **Validator Node Rotation.** Disponível em: <https://lacnet.com/validator-node-rotation/>. Acesso em: 09 jul. 2025.

LAMPORT, L.; SHOSTAK, R.; PEASE, M. The Byzantine Generals Problem. **ACM Transactions on Programming Languages and Systems**, v. 4, n. 3, p. 382-401, July 1982. Disponível em: <https://doi.org/10.1145/357172.357176>. Acesso em: 06 jul. 2025.

LANTZ, L.; CAWREY, D. **Mastering blockchain:** unlocking the power of cryptocurrencies, smart contracts and decentralized applications. Sebastopol: O'Reilly Media, 2020.

LAYERZERO FOUNDATION. Introducing ZRO. **Medium**, June 19, 2024. Disponível em: <https://info.layerzero.foundation/introducing-zro-d39df554a9b7>. Acesso em: 09 jul. 2025.

LIMA, C. Developing Open and Interoperable DLT\/Blockchain Standards [Standards]. **Computer**, v. 51, n. 11, p. 106-111, nov. 2018.

LIU, J.; WU, J. A Comprehensive Survey on Blockchain Technology and Its Applications. *In*: International Conference on Computer Science and Intelligent Communication (CSIC 2023), 5., 2023. **Highlights in Science Engineering and Technology**, v. 85, Vancouver: Darcy & Roy Press, 2024. Disponível em: <https://www.researchgate.net/publication/379528845_A_Comprehensive_Survey_on_Blockchain_Technology_and_Its_Applications>. Acesso em: 18 jul. 2025.

LOHE, K. Milton Friedman predicts Bitcoin in 1999. **YouTube**, 27 jul. 2022. Disponível em: <https://www.youtube.com/watch?v=_YEotCxF48I>. Acesso em: 10 jul. 2025.

LOOMX. Site. Disponível em: <https://loomx.io/>. Acesso em: 08 jul. 2025.

LU, L. *et al*. Practical Declarative Smart Contracts Optimization. *In*: International Workshop on Foundations and Applications of Blockchain (FAB 2024), 6., 2024, Guangzhou, China. **Proceedings...** Disponível em: <https://vldb.org/workshops/2024/proceedings/FAB/FAB-4.pdf>. Acesso em: 18 jul. 2025.

LU, S. Ideas for Your Next Web3 Marketing Campaign. **Layer3**, Mar. 16, 2023. Disponível em: <https://app.layer3.xyz/blog/ideas-for-your-next-web3-marketing-campaign?slug=ideas-for-your-next-web3-marketing-campaign>. Acesso em: 09 jul. 2025.

MAJER, A. Enabling IoT and the Universal Sharing Network. **Blockchain Research Institute**, 2017.

MAKRIDIS, C. A. *et al*. The rise of decentralized cryptocurrency exchanges: evaluating the role of airdrops and governance tokens. **Journal of Corporate Finance**, v. 79, 2023. Disponível em: <https://doi.org/10.1016/j.jcorpfin.2023.102358>. Acesso em: 09 jul. 2025.

MANCINI, C. iCoLab e instituições do RS avançam em carteira digital de saúde de pacientes. **Blocknews**, 23 ago. 2022. Disponível em: <https://www.blocknews.com.br/financas-corporativo/icolab-e-instituicoes-do-rs-avancam-em-carteira-digital-de-saude-des-pacientes/>. Acesso em: 09 jul. 2025.

MANTLE. Ahhh I'm Huffing – Low Level EVM Programming in Huff. **Mantle Network**, July 14, 2023. Disponível em: <https://www.mantle.xyz/blog/developers/low-level-evm-programming-in-huff>. Acesso em: 18 jul. 2025.

MASTERCARD. **Making money go further:** borderless payments report 2023. Disponível em: <https://www.mastercard.com/global/en/business/cross-border-services/borderless-payments-report.html>. Acesso em: 10 jul. 2025.

MCCONAGHY, T. The Web3 Sustainability Loop: a system design for long-term growth of Web3 projects, with application to Ocean Protocol. **Medium**, Sep. 1, 2020. Disponível em: <https://medium.com/oceanprotocol/the-web3-sustainability-loop-b2a4097a36e>. Acesso em: 18 jul. 2025.

MEOW. Grow The Pie Update #1: community airdrop. **Jupiter Research**, Nov. 16, 2023. Disponível em: <https://www.jupresear.ch/t/archived-grow-the-pie-update-1/21720>. Acesso em: 09 jul. 2025.

METAMASK. **What is a browser extension, and why is MetaMask one?** Disponível em: <https://support.metamask.io/pt-br/getting-started/what-is-a-browser-extension-and-why-is-metamask-one/>. Acesso em: 08 jul. 2025.

MICROSOFT. **Solidity support for Visual Studio code.** Disponível em: <https://marketplace.visualstudio.com/items?itemName=JuanBlanco.solidity>. Acesso em: 08 jul. 2025.

MICROSOFT. **Visual Studio Code.** Disponível em: <https://code.visualstudio.com/>. Acesso em: 08 jul. 2025.

MIK, E. Smart contracts: Terminology, technical limitations and real world complexity. **Law, Innovation and Technology**, v. 9, n. 2, p. 269-300, 2017. Disponível em: <https://ink.library.smu.edu.sg/sol_research/2341>. Acesso em: 08 jul. 2025.

MINISTÉRIO PÚBLICO FEDERAL. **Roteiro de Atuação Criptoativos:** persecução patrimonial. Brasília: MPF, 2023. Disponível em: <https://www.mpf.mp.br/atuacao-tematica/ccr2/publicacoes/roteiro-atuacoes/criptoativos-persecucao-patrimonial>. Acesso em: 08 jul. 2025.

MIT OPENCOURSEWARE. **Blockchain and Money.** Fall 2018. Disponível em: <https://ocw.mit.edu/courses/15-s12-blockchain-and-money-fall-2018>. Acesso em: 06 jul. 2025.

NAKAMOTO, S. **Bitcoin:** a peer-to-peer electronic cash system. [S.l.: s.n.], 2008. Disponível em: <https://bitcoin.org/bitcoin.pdf>. Acesso em: 06 jul. 2025.

NARAYANAN, A. *et al.* **Bitcoin and Cryptocurrency Technologies:** a comprehensive introduction. Princeton: Princeton University Press, 2016.

OPENZEPPELIN. **Documentation.** Disponível em: <https://docs.openzeppelin.com/>. Acesso em: 09 jul. 2025.

OPTIMISM. **Airdrop 1.** Sep. 25, 2023. Disponível em: <https://community.optimism.io/op-token/airdrops/airdrop-1>. Acesso em: 09 jul. 2025.

PÉREZ-SOLÀ, C. *et al.* **Analysis of the SegWit adoption in Bitcoin.** Dep. of Information and Communications Engineering. Universitat Autònoma de Barcelona, 2018.

POLYGON. Blog. Disponível em: <https://polygon.technology/blog>. Acesso em: 08 jul. 2025.

POLYGON. Site. Disponível em: <https://polygon.technology/>. Acesso em: 08 jul. 2025.

POLYGON. **The Polygon Knowledge Layer.** Disponível em: <https://docs.polygon.technology/>. Acesso em: 08 jul.; 2025.

QUEIROZ, S. *et al.* Plataforma para Gestão de Identidades Descentralizadas Baseada em Blockchain. *In*: Simpósio Brasileiro de Segurança da Informação e de Sistemas Computacionais, 21., 2021, Belém. **Anais...** Porto Alegre: Sociedade Brasileira de Computação, 2021, p. 29-42. Disponível em: <https://sol.sbc.org.br/index.php/sbseg/article/view/17304>. Acesso em: 10 jul. 2025.

RAJ, K. **Foundations of blockchain:** the pathway to cryptocurrencies and decentralized blockchain applications. Birmingham; Mumbai: Packt Publishing, 2019.

RAMACHANDRAN, M. **Blockchain Engineering:** Secure, Sustainable Frameworks for Healthcare Applications. (Blockchain Technologies) Singapore: Springer, 2025. Disponível em: <https://www.researchgate.net/publication/389737186_Blockchain_Engineering_Secure_Sustainable_Frameworks_for_Healthcare_Applications_2025>. Acesso em: 18 jul. 2025.

RASKIN, M. The Law and Legality of Smart Contracts. **Georgetown Law Technology Review**, v. 1, REV 304, p. 305-341, 2017. Disponível em: <https://georgetownlawtechreview.org/the-law-and-legality-of-smart-contracts/GLTR-04-2017/>. Acesso em: 08 jul. 2025.

RECEITA FEDERAL DO BRASIL. **Instrução Normativa RFB nº 1.888, de 3 de maio de 2019.** Institui e disciplina a obrigatoriedade de prestação de informações relativas às operações realizadas com criptoativos à Secretaria Especial da Receita Federal do Brasil (RFB). 2019a. Disponível em: <https://normasinternet2.receita.fazenda.gov.br/#/consulta/externa/100592/visao/multivigente>. Acesso em: 10 jul. 2025.

RECEITA FEDERAL DO BRASIL. **Instrução Normativa RFB nº 1.889, de 06 de maio de 2019.** Altera a Instrução Normativa RFB nº 1.753, de 30 de outubro de 2017, que dispõe sobre os procedimentos para anular os efeitos dos atos administrativos emitidos com base em competência atribuída por lei comercial que contemplem modificação ou adoção de novos métodos ou critérios contábeis. 2019b. Disponível em: <https://www.normaslegais.com.br/legislacao/instrucao-normativa-rfb-1889-2019.htm>. Acesso em: 10 jul. 2025.

RIPPLE. **Big Opportunity In Small Business Payments.** 2024. Disponível em: <https://ripple.com/reports/Big-Opportunity-in-Small-Business-Payments-2024.pdf>. Acesso em: 10 jul. 2025.

RIPPLE. **Payments by numbers:** a quick guide to crypto-forward payments solutions. 2022. Disponível em: <https://ripple.com/reports/Ripple-Payments-by-the-Numbers-Guide.pdf>. Acesso em: 10 jul. 2025.

RIPPLE. **What is a Stablecoin?** Types, How They Work & Regulations. Disponível em: <https://ripple.com/insights/going-cashless-stablecoin-payments-101/>. Acesso em: 10 jul. 2025.

RIPPLE; US FASTER PAYMENTS COUNCIL. Transforming the Way Money Moves: Blockchain & Crypto in Payments. **Ripple**, 2023. Disponível em: <https://fasterpaymentscouncil.org/blog/11590/Blockchain-Crypto-in-Payments-Transforming-the-Way-Money-Moves>. Acesso em: 10 jul. 2025.

ROBINSON, R. W. Distributed and Collaborative Marketplaces: serving the unbanked. **Blockchain Research Institute**, 2018.

ROCKSTRÖM, J. *et al.* Planetary Boundaries: Exploring the Safe Operating Space for Humanity. **Ecology and Society**, v. 14, n. 2, 2009.

SALIB, V. Chronic Disease Rates and Management Strain the US Healthcare System. **TechTarget**, Sep. 06, 2022. Disponível em: <https://lifesciencesintelligence.com/features/chronic-disease-rates-and-management-strain-the-us-healthcare-system>. Acesso em: 09 jul. 2025.

SCHERER, M. **Performance and Scalability of Blockchain Networks and Smart Contracts.** Master's thesis (MSc in Computing Science and Engineering) – Department of Computing Science, Umeå University, Umeå, Sweden, 2017, 46p.

SCROLL. **Introducing Scroll's First Airdrop:** A Celebration of the Global Community. Disponível em: <https://scroll.io/blog/introducing-scrolls-first-airdrop-a-celebration-of-the-global-community>. Acesso em: 09 jul. 2025.

SECRETARIA DE DESENVOLVIMENTO ECONÔMICO DO ESTADO DE MINAS GERAIS. **Impulsionada pelo Governo de Minas, solução tecnológica aumenta a eficiência do Sistema Público de Saúde.** 22 dez. 2023. Disponível em: <https://desenvolvimento.mg.gov.br/inicio/noticias/noticia/2305/impulsionada-pelo-governo-de-minas,-solu%3F%3Fo-tecnol%3Fgica-aumenta-a-efici%3Fncia-do-sistema-p%3Fblico-de-sa%3Fde>. Acesso em: 09 jul. 2025.

SENRA, A. Apreender criptoativos exige "uma bela dose de boa vontade do devedor"? **LinkedIn**, 08 out. 2024. Disponível em: <https://www.linkedin.com/pulse/apreender-criptoativos-exige-uma-bela-dose-de-boa-vontade-senra-foutf>. Acesso em: 08 jul. 2025.

SHRANK, W. H.; ROGSTAD, T. L.; PAREKH, N. Waste in the US Health Care System: Estimated Costs and Potential for Savings. **JAMA**, v. 322, n. 15, 2019. Disponível em: <https://jamanetwork.com/journals/jama/article-abstract/2752664>. Acesso em: 09 jul. 2025.

SILIPRANDI, A.; LOPES, F. **Blockchain, Bitcoin e Smart Contracts:** a revolução dos ativos digitais. São Paulo: Tirant lo Blanch, 2019.

SIQUEIRA, A.; CONCEIÇÃO, A. F. da; ROCHA, V. Blockchain e Identidades Digitais Descentralizadas: Fundamentos e Oportunidades. *In*: KUNKEL, M. E. (org.). **Fundamentos e Tendências em Inovação Tecnológica.** Volume 2. [s.l]: Kindle Direct Publishing, 2021. Disponível em: <https://www.researchgate.net/publication/353305365_Blockchain_e_Identidades_Digitais_Descentralizadas_Fundamentos_e_Oportunidades>. Acesso em: 10 jul. 2025.

SKLAROFF, J. M. Smart Contracts and the Cost of Inflexibility. **Prize Winning Papers**, 9, 2018. Disponível em: <https://scholarship.law.upenn.edu/cgi/viewcontent.cgi?article=1009&context=prize_papers>. Acesso em: 08 jul. 2025.

SOLIDITY. Site. Disponível em: <https://soliditylang.org/>. Acesso em: 08 jul; 2025.

SOLTANI, R.; NGUYEN, U. T.; AN, A. A Survey of Self-Sovereign Identity Ecosystem. **Security and Communication Networks**, Forward Series, v. 2021, 8873429, 2021, 26p. Disponível em: <https://doi.org/10.1155/2021/8873429>. Acesso em: 10 jul. 2025.

STALLINGS, W. **Cryptography and Network Security:** principles and practice. 8th.ed. Harlow, UK: Pearson Education Limited, 2023.

STATISTA RESEARCH DEPARTMENT. Recycling rate of municipal waste in Germany from 2009 to 2017. **Statista**, July 11, 2025. Disponível em: <https://www.statista.com/statistics/632887/municipal-waste-recycling-germany/>. Acesso em: 18 jul. 2025.

STATISTA. **Size of the Bitcoin blockchain from January 2009 to June 29, 2025.** Disponível em: <https://www.statista.com/statistics/647523/worldwide-bitcoin-blockchain-size/>. Acesso em: 09 jul. 2025.

SUSNJARA, S.; SMALLEY, I. What is blockchain? **IBM**, s.d. Disponível em: <https://www.ibm.com/think/topics/blockchain>. Acesso em: 06 jul. 2025.

SWIFT. **Swift completes landmark DLT proof of concept.** Mar. 8, 2018. Disponível em: <https://www.swift.com/news-events/news/swift-completes-landmark-dlt-proof-concept>. Acesso em: 18 jul. 2025.

SZABO, N. Formalizing and Securing Relationships on Public Networks. **First Monday**, v. 2, n. 9, Sep. 1997. Disponível em: <https://doi.org/10.5210/fm.v2i9.548>. Acesso em: 08 jul. 2025.

SZABO, N. **Smart Contracts:** Building Blocks for Digital Markets. 1996. Disponível em: <https://www.truevaluemetrics.org/DBpdfs/BlockChain/Nick-Szabo-Smart-Contracts-Building-Blocks-for-Digital-Markets-1996-14591.pdf>. Acesso em: 08 jul. 2025.

TAI, E. T. T. Challenges of Smart Contracts. *In*: DI MATTEO, L. A.; CANNARSA, M.; PONCIBÒ, C. (eds.). **The Cambridge Handbook of Smart Contracts, Blockchain Technology and Digital Platforms.** Cambridge: Cambridge University Press, 2019. p. 80-101. Disponível em: <https://doi.org/10.1017/9781108592239.005>. Acesso em: 08 jul. 2025.

TAKEUCHI, E. Explaining Ethereum Contract ABI & EVM Bytecode. **Medium**, July 16, 219. Disponível em: <https://medium.com/@eiki1212/explaining-ethereum-contract-abi-evm-bytecode-6afa6e917c3b>. Acesso em: 18 jul. 2025.

TANENBAUM, A. S.; STEEN, M. V. **Sistemas distribuídos:** princípios e paradigmas. 2.ed. São Paulo: Pearson Prentice Hall, 2007.

TAPSCOTT, D.; TAPSCOTT, A. **Blockchain Revolution:** how the technology behind bitcoin is changing money, business, and the world. New York: Portfolio Penguin, 2016.

TAPSCOTT, D; EUCHNER, J. Blockchain and the Internet of Value. **Research-Technology Management**, v. 62, n. 1, p. 12-19, 2019. Disponível em: <https://doi.org/10.1080/08956308.2019.1541711>. Acesso em: 18 jul. 2025.

TASCA, P.; TESSONE, C. J. A Taxonomy of Blockchain Technologies: Principles of Identification and Classification. **Ledger Journal**, v. 4, 2019. Disponível em: <https://ledgerjournal.org/ojs/ledger/article/view/140>. Acesso em: 06 jul. 2025.

TEAM RIPPLE. Insights from Ripple's Trends in Regional Payments Report. **Ripple**, May 30, 2024. Disponível em: <https://ripple.com/insights/insights-from-ripples-trends-in-regional-payments-report/>. Acesso em: 10 jul. 2025.

TENDERLY. Site. Disponível em: <https://tenderly.co/>. Acesso em: 09 jul. 2025.

THE TRUST machine. **The Economist**, Oct. 31st, 2015. Disponível em: <https://www.economist.com/leaders/2015/10/31/the-trust-machine>. Acesso em: 10 jul. 2025.

THOMAS, S.; SCHWARTZ, E. **Smart Oracles:** a simple, powerful approach to smart contracts. White paper, 2014.

TOMAR, P. What is Solidity Programming Language: a complete guide. **Cyfrin**, Aug, 22, 2024. Disponível em: <https://www.cyfrin.io/blog/what-is-solidity>. Acesso em: 18 jul. 2025.

TRM LABS. **Illicit Crypto Ecosystem Report.** June 2023. Disponível em: <https://www.trmlabs.com/report>. Acesso em: 08 jul. 2025.

TRUFFLE SUITE. Site. Disponível em: <https://trufflesuite.com/>. Acesso em: 08 jul. 2025.

TSANKOV, P. *et al.* Securify: Practical Security Analysis of Smart Contracts. *In*: 2018 ACM SIGSAC Conference on Computer and Communications Security (CCS'18), Toronto, Canada, 2018. **Proceedings...** ACM, 2018.

TUTORIALSPOINT. **Solidity – Variables.** Disponível em: <https://www.tutorialspoint.com/solidity/solidity_variables.htm>. Acesso em: 18 jul. 2025.

TYURIN, A. V. *et al.* Overview of the Languages for Safe Smart Contract Programming. *In*: **Proceedings of the Institute for System Programming of the RAS**, v. 31, n. 3, p. 157-176, 2019. Disponível em: <https://www.researchgate.net/publication/335689429_Overview_of_the_Languages_for_Safe_Smart_Contract_Programming>. Acesso em: 18 jul. 2025.

UDEMY. **Build a Blockchain and a Cryptocurrency from Scratch.** Disponível em: <https://www.udemy.com/course/build-blockchain>. Acesso em: 23 out. 2024

UDEMY. **Formação Engenheiro de Blockchain:** o curso completo! Disponível em: <https://www.udemy.com/course/formacao-engenheiro-de-blockchain>. Acesso em: 08 jul. 2025.

VAN FLYMEN, D. Learn Blockchains by Building One. **Hackernoon**, Sep. 22, 2017. Disponível em: <https://hackernoon.com/learn-blockchains-by-building-one-117428612f46>. Acesso em: 07 jul. 2025.

VISA. **Catalyst for Commerce:** overview. 2016. Disponível em: <https://ma.visamiddleeast.com/content/dam/VCOM/download/corporate/media/visanet-technology/VisaNet-Network-Processing-Overview.pdf>. Acesso em: 09 jul. 2025.

VOELL, Z. Ethereum Classic Hit by Third 51% Attack in a Month. **CoinDesk**, Sep. 14, 2021. Disponível em: <https://www.coindesk.com/markets/2020/08/29/ethereum-classic-hit-by-third-51-attack-in-a-month>. Acesso em: 09 jul. 2025.

W3C – World Wide Web Consortium. **Decentralized Identifiers (DIDs) v1.0:** core architecture, data model, and representations. 19 July 2022. Disponível em: <https://www.w3.org/TR/did-core/>. Acesso em: 10 jul. 2025.

WAN, Z. *et al.* Smart Contract Security: a Practitioners' Perspective. 2021. **ArXiv:2102.10963v2 [cs.SE]**, Mar. 2021. Disponível em: <https://arxiv.org/abs/2102.10963>. Acesso em: 17 nov. 2024.

WANG, D.; ZHAO, J.; WANG, Y. A Survey on Privacy Protection of Blockchain: The Technology and Application. **IEEE Access**, v. 8, 2020.

WARREN, W.; BANDEALI, A. **0x:** an open protocol for decentralized exchange on the Ethereum blockchain. White Paper, Feb. 21, 2017.

WÖHRER, M.; ZDUN, U. Smart Contracts: Security Patterns in the Ethereum Ecosystem and Solidity. *In*: **International Workshop on Blockchain Oriented Software Engineering (IWBOSE)**, 2018, Campobasso, Italy. Disponível em: <https://eprints.cs.univie.ac.at/5433/7/sanerws18iwbosemain-id1-p-380f58e-35576-preprint.pdf>. Acesso em: 08 jul. 2025.

WOODS, J.; IYENGAR, R. **Enterprise Blockchain Has Arrived:** real deployments, real value. [S.l.]: [s.n.], 2019.

WORMHOLE. **Wormhole (W) Tokenomics.** Feb. 07, 2024. Disponível em: <https://wormhole.com/blog/wormhole-w-tokenomics>. Acesso em: 09 jul. 2025.

WU, B.; WU, B. **Blockchain for Teens:** with case studies and examples of blockchain across various industries. Berkeley: Apress, 2023.

XAVIER, M. R *et al.* Sobre o uso de Blockchain em soluções com Credenciais Verificáveis e Identidades Auto-Soberanas. *In*: Simpósio Brasileiro de Segurança da Informação e de Sistemas Computacionais, 21., 2021, Belém. **Anais...** Porto Alegre: Sociedade Brasileira de Computação, 2021. Disponível em: <https://sbseg2021.ufpa.br/arq/artigosWGID/SBSeg2021-ArtigoWGID-XavierCabralSetteFerraz2021.pdf>. Acesso em: 10 jul. 2025.

XRP LEDGER. **XRPL's Origin.** Disponível em: <https://xrpl.org/about/history>. Acesso em: 10 jul. 2025.

XU, X. *et al.* A taxonomy of blockchain-based systems for architecture design. *In*: **2017 IEEE International Conference on Software Architecture (ICSA)**, Gothenburg, Sweden, p. 243–252, 2017.

YAGA, D. *et al.* **Blockchain Technology Overview.** Draft NISTIR 8202. Washington, DC: NIST – National Institute of Standards and Technology, Jan. 2018. Disponível em: <https://csrc.nist.gov/CSRC/media/Publications/nistir/8202/draft/documents/nistir8202-draft.pdf>. Acesso em: 06 jul. 2025.

YOUSAF, H.; KAPPOS, G.; MEIKLEJOHN, S. Tracing transactions across cryptocurrency ledgers. *In*: **Usenix Security Symposium**, 28., Santa Clara, California, 2019. Disponível em: <https://www.usenix.org/conference/usenixsecurity19/presentation/yousaf>. Acesso em: 08 jul. 2025.

ZHANG, R.; XUE, R.; LIU, L. Security and Privacy on Blockchain. **ACM Computing Surveys (CSUR)**, v. 52, n. 3, Article 51, p. 1-34, 2020.

ZHANG, W.; ANAND, T. **Blockchain and Ethereum Smart Contract Solution Development:** dApp programming with Solidity. Berkeley: Apress, 2022.

ZHANG, Y. *et al.* Blockchain-enabled efficient distributed attribute-based access control framework with privacy-preserving in IoV. **Journal of King Saud University – Computer and Information Sciences**, v. 34, n. 10, Part B, Nov. 2022, p. 9216-9227. Disponível em: <https://doi.org/10.1016/j.jksuci.2022.09.004>. Acesso em: 10 jul. 2025.

ZHENG, P. *et al*. Blockchain-based decentralized application: a survey. **IEEE Open Journal of the Computer Society**, v. 4, p. 121-133, 2023. Disponível em: <http://dx.doi.org/10.1109/OJCS.2023.3251854>. Acesso em: 08 jul. 2025.

ZHENG, Z. *et al.* Blockchain Challenges and Opportunities: A Survey. **Int. J. Web and Grid Services**, v. 14, n. 4, 2018.

ZKNATION. **ZK Airdrop.** Disponível em: <https://docs.zknation.io/zk-token/zk-airdrop>. Acesso em: 09 jul. 2025.

Coautores

Adriana Siliprandi é mestre em Direito Empresarial, Advogada e Administradora atuante no mercado de Direito Empresarial e Digital, com foco em inovação e *blockchain*. Também é escritora, professora e conferencista. <https://www.linkedin.com/in/adrianasiliprandi/>.

Ana Paula Bernardi da Silva é doutora em Engenharia Elétrica pela UnB, professora permanente do Mestrado em Governança, Tecnologia e Inovação da UCB e aplica seus conhecimentos na administração pública federal. <https://www.linkedin.com/in/ana-paula-bernardi-da-silva-36026b275/>.

Bernardo Madeira é especialista certificado na plataforma *blockchain* especializado na implementação de projetos e no desenho de soluções inovadoras. Fundador de várias *startups* de tecnologia, agro, finanças e marketing. <https://www.linkedin.com/in/bernardosouzamadeira/>.

Diógenes Firmiano é *founder* e CEO da IAsis Saúde. Formado em Ciências da Computação pela Universidade de Brasília, com MBA em Gestão de Projetos, atua há mais de 10 anos com inovação e futurismo. <https://www.linkedin.com/in/diogenesjf/>.

Eduardo F. Mendonça é engenheiro especialista em Mercado de Capitais, Inteligência Artificial, carreira em TI e também coordenador de dados e entusiasta de web3 e *blockchain*. <https://www.linkedin.com/in/eduardoferreras/>.

Eldon Coutinho é desenvolvedor de software desde 1990. Atua como AUFC-TI no TCU, com participação em auditoria do TCU sobre *blockchain* e na criação da RBB, sendo membro dos comitês Técnico e Executivo da rede. <https://www.linkedin.com/in/eldontc>.

Fabricio Reis Furtado é Consultor de Tecnologia e Negócios no Sicredi. Possui Graduação em Engenharia Elétrica, MBA em Gestão de Negócios e TI, e Mestrado em Computação Aplicada. Realiza pesquisas e publicações sobre *blockchain*. <https://www.linkedin.com/in/fabricio-reis-furtado-509ba91a/>.

Gabriel Aleixo possui graduação em Administração e MBA em Gestão de TI pela FGV. É professor, pesquisador e empreendedor, com passagens por ITS, QR Capital e Hathor. Hoje é *Chief Blockchain Officer* da Web Lock. <https://www.linkedin.com/in/gabriel-aleixo/>.

Gabriel Lobato possui LL.M. em Direito Empresarial pela FGV Rio. Especialista em *blockchain* e web3. Pesquisador Associado ao iCoLab. Advogado atuante nas áreas *Corporate, Tech, Compliance* e *Crypto*. <https://www.linkedin.com/in/gabriel-lobato01/>.

Gladstone Arantes Jr é Doutor em algoritmos distribuídos pela COPPE/UFRJ. Coordena a Rede Blockchain Brasil pelo BNDES, dá aula no Mestrado Profissional em Economia da FGV e publicou artigos no Brasil e no exterior. <https://www.linkedin.com/in/gladstonearantes/>.

Gustavo Leite, Diretor Executivo da Ecossis, possui bacharelado em Biologia pela Unisinos, pós-graduação em Direito Ambiental e Internacional pela UFRGS e MBA em IA. Fundador do Ecotalks e do Instituto Ecossis. <https://br.linkedin.com/in/gustavoduvalleite>.

Henrique Lourenço é graduado em Engenharia da Computação com MBA em Criptoativos e *Blockchain*. Atua na área de produtos e negócios de TI em soluções de inovação, atualmente para tokenização de ativos financeiros (RWA), *blockchain*, web3. <https://www.linkedin.com/in/henriquelourenco/>.

João Lopes é engenheiro eletrônico e mestre em engenharia de sistemas. Possui experiência de mais de 25 anos em TI, tanto em funções técnicas como executivas. Atualmente trabalha no projeto da Rede Blockchain Brasil. <https://www.linkedin.com/in/jasl/>

Josélio Teider é mestre em Direito Digital pela PUC-PR, pesquisador na UFPR e professor de pós-graduação na PUC-PR. Sócio fundador do GARLIX, atua como *Chair* do *Linux Foundation Decentralized Trust Brazil Chapter*. <https://www.linkedin.com/in/joselio-teider/>.

Marcelo Eisele é graduado em Administração pela PUC-SP e Pós-graduado em MBA Executivo no Insper-SP. Foi Cofundador da Blockchain Academy e atualmente é consultor em projetos de *blockchain* e ativos digitais. <https://www.linkedin.com/in/marceloeisele/>.

Marcelo Santos é engenheiro da computação com MBA em Gestão Estratégica de Projetos, Mestrando em Governança de Tecnologia e Inovação. Atua como desenvolvedor e foi primeiro colocado no *hackathon* web3 Tokenização do Tesouro Nacional. <https://www.linkedin.com/in/marcelo-santos-b20b8949/>.

Marcus Fellipe Brito, COO da IAsis Health, traduz a visão estratégica da empresa em resultados operacionais. Com 19 anos de experiência em TI, possui ampla vivência em grandes projetos do governo. <https://www.linkedin.com/in/marcusfellipe7/>.

Milber Bourguignon é doutor em Administração pelo COPPEAD/UFRJ, mestre em Administração Pública pela EBAPE/FGV e funcionário de carreira do BNDES desde 2008. Atua nas atividades da Rede Blockchain Brasil desde 2019. <https://www.linkedin.com/in/dsc-bourguignon-mfm>.

Rafael Heck é formado em Engenharia da Computação. Engenheiro de Software especializado em tecnologias emergentes como *blockchain*, incluindo cripto e contratos inteligentes, com ampla experiência dessa tecnologia e suas aplicações práticas. <https://www.linkedin.com/in/rafael-heck-234364156/>.

Rodrigo Moreira é mestre em *Big Data* e BI, pós-graduado em TI e Desenvolvimento *Blockchain*. Atua como professor universitário, mentor, palestrante e consultor, com ampla experiência em projetos de TI. <https://www.linkedin.com/in/rodrigomoreiradossantos/>.

Sandra M. Heck é mestre em Administração, idealizadora, cofundadora e atual VP do iCoLab. Sandra foi executiva de TI (CIO) e atualmente é conselheira, professora e empreendedora de Gestão e Inovação no universo das tecnologias portadoras de futuro. <https://www.linkedin.com/in/sandramheck/>.

Solange Parisoto é entusiasta da inovação e do cooperativismo e atua no desenvolvimento de novos negócios no Sicredi. Graduada em Economia e mestre em Administração pela UFRGS, participa de estudos sobre economia tokenizada. <http://www.linkedin.com/in/solange-parisoto>.

Thiago Rossi é Engenheiro Agrônomo e Economista, especialista em IA e *Big Data* e fundador e d'A Natureza das Coisas. Thiago é *Head* de *Blockchain* da Ecossis Soluções Ambientais e mestrando em Sistemas Complexos. <http://www.linkedin.com/in/thiago-rossi>.

Tiago F. Cavazin é acadêmico em Administração, cofundador da Fitcash, um *token* esportivo. Tiago já foi segundo colocado no *hackathon* do lift e nono no *hackathon* da Nearx op. É mentor, consultor e avaliador em *startups*. <https://www.linkedin.com/in/tiagoferreiracavazin/>.

Tomas Anderson S. Silva é líder técnico na construção do Drex e nas soluções de custódia e distribuição de criptoativos Itaú, formado em Ciências da Computação, pós-graduado em *Cloud Computing* e *Value Investing*. <https://www.linkedin.com/in/tomas-anderson-souza-silva>.

Valéria Martins é mestre e bacharel em Ciência da Computação. Atua há 10 anos na indústria de software, além de ser empreendedora, educadora e pesquisadora de tecnologias emergentes como *blockchain*, IoT e IA. <https://www.linkedin.com/in/valeria-martins-silva/>.

Vladimir Silva é Advogado e Mestre em Direito e, desde 2016, investidor, empreendedor e executivo de *healthtechs*. Desde 2021, é *cofounder* e *Chief Revenue Officer* (CRO) da IAsis Health.

Sobre a Brasport

Há 30 anos, a Brasport é referência em publicações de tecnologia, gestão e carreira.

Nosso catálogo, disponível em **www.editorabrasport.com.br**, é composto por obras que você encontra tanto em livrarias físicas como na Amazon e em eventos especializados.

Além disso, nossas publicações estão acessíveis em uma plataforma digital que alcança 4 milhões de assinantes, distribuídos em 900 universidades e empresas.

Quer se unir a essa trajetória de sucesso? Entre em contato conosco pelo e-mail: **administrativo@brasport.com.br**

BRASPORT